Volker Fröhlich und Rolf Göppel
Was macht die Schule mit den Kindern? –
Was machen die Kinder mit der Schule?

REIHE »PSYCHOANALYTISCHE PÄDAGOGIK« BAND 15
Herausgegeben von Christian Büttner,
Wilfried Datler, Annelinde Eggert-Schmid Noerr
und Urte Finger-Trescher

Volker Fröhlich und Rolf Göppel (Hg.)

Was macht die Schule mit den Kindern? – Was machen die Kinder mit der Schule?

Psychoanalytisch-pädagogische Blicke
auf die Institution Schule

Psychosozial-Verlag

Bibliografische Information Der Deutschen Bibliothek
Die Deutsche Bibliothek verzeichnet diese Publikation in der Deutschen
Nationalbibliografie; detaillierte bibliografische Daten sind im Internet
über <http://dnb.ddb.de> abrufbar.

© 2003 Psychosozial-Verlag
Goethestr. 29, D-35390 Gießen,
Tel.: 0641/77819, Fax: 0641/77742
e-mail: info@psychosozial-verlag.de
www.psychosozial-verlag.de
Umschlagabbildung: Ernst Ludwig Kirchner:
»Lehrer Florian Bätschi mit Schulkindern«, 1936,
Kirchner Museum Davos
© (für Werke von Ernst Ludwig Kirchner) by
Ingeborg & Dr. Wolfgang Henze-Ketterer, Wichtrach/Bern
Umschlaggestaltung: Christof Röhl
nach Entwürfen des Ateliers Warminski, Büdingen
Printed in Germany
ISBN 3-89806-221-X

Inhalt

I. Zur (Psycho-)Analyse der Institution Schule

II. Rituale und Ressourcen

III. Was macht die Schule mit den Jugendlichen? – Was machen die Jugendlichen mit der Schule?

IV. Was macht die Schule mit den Lehrern? –
Was machen die Lehrer mit der Schule?

V. Lösungsperspektiven

Volker Fröhlich / Rolf Göppel

Einleitung

Was macht die Schule mit den Kindern? – Was machen die Kinder mit der Schule? Dass die Schule den Auftrag hat, Kindern etwas beizubringen und dass Kinder in der Schule allerhand lernen – von den Regeln der deutschen Rechtschreibung über die Prozeduren der schriftlichen Division bis hin zum Aufbau der Tulpenblüte und zur Technik des Felgaufschwungs – ist offensichtlich. Genauso offensichtlich ist aber auch, dass sich das, was in der Schule passiert, nicht auf die schlichte Vermittlung und die Aneignung von Weltwissen beschränkt. Die Prozesse und die Wirkungen, die dort stattfinden, sind vielfältiger. Schon eine erste simple alphabetische Sammlung von typischen Aktivitäten, die in der Schule vorkommen mag dies belegen: von Tätigkeiten und Anforderungen, denen die Kinder dort ausgesetzt sind, deren Objekt sie häufig werden einerseits, von Aktivitäten und Haltungen, die die Kinder als Subjekte der Schule entgegenbringen andererseits. Die entsprechenden Listen werfen ein bezeichnendes Bild auf dies Institution Schule und auf die Positionen, die Schüler und Lehrer darin einnehmen. So könnte man etwa sagen, dass die Schule – meist vermittelt durch die einzelne Lehrerin oder den einzelnen Lehrer – u.a. folgendes mit den Kindern macht:

-   sie ängstigt, ärgert, begeistert, belohnt, benotet, beschämt, beschwichtigt, bestraft, bewertet, blamiert, diagnostiziert, differenziert, drängt, droht, eilt, empört, entmutigt, enttäuscht, erklärt, erlaubt, ermutigt, fasziniert, feiert, fordert, fördert, frustriert, grenzt aus, hadert, hilft, hindert, honoriert, integriert, konfrontiert, korrigiert, kritisiert, langweilt, lähmt, lehrt, lobt, motiviert, nivelliert, organisiert, prämiert, prüft, peinigt, regelt, ritualisiert, schimpft, separiert, straft, stresst, trainiert, tröstet, übt, unterrichtet, unterstützt, verbietet, verletzt, vermittelt, verschreckt, versetzt, versetzt nicht, wiederholt, zeigt, zerredet, zürnt, ...

Auch hinsichtlich der typischen Schüleraktivitäten lässt sich leicht eine entsprechende Liste zusammenstellen:

-   sie albern, antworten, ärgern, bangen, basteln, bitten, büffeln, diskutieren, drängeln, eifern, fragen, fluchen, folgen, forschen, fürchten, gähnen, hoffen, hören, kaspern, jammern, jubeln, klagen, konkurrieren, lachen, leisten, lernen, lesen, lümmeln, meiden, melden, mobben, mogeln, motzen, neiden, ordnen, pauken, petzen, protzen, provozieren, raten, rangeln, rechnen, reden, schauen, schaukeln, schreiben, schummeln, schwänzen, schwärmen, schwätzen, schweigen, singen, sitzen, staunen, stören, streben, suchen, täuschen, träumen, tuscheln, üben, untersuchen, vergessen, verweigern, warten, zaudern, zählen ...

Diese Listen machen schon den doppelten Charakter der Schulerfahrung deutlich. Die meisten der angeführten Aktivitäten haben recht eindeutig eine positive oder eine negative Konnotation, als „erwünschte", „erfreuliche" bzw. als „unangebrachte", „problematische" Tätigkeiten und Verhaltensweisen. Sicherlich kommen viele der genannten Aktivitäten auch in

außerschulischen Kontexten vor. Dennoch scheint das Ensemble, die Gesamtkonstellation, doch sehr typisch für die Schule zu sein. Würde man die obigen Listen mit der Frage: „Welcher Institution ordnen sie die folgende Sammlung von Tätigkeiten zu?" Passanten auf der Straße vorlegen, dann dürfte man wohl ein ziemlich eindeutiges Ergebnis erwarten. Und es stellt sich die Frage, ob sich Schule überhaupt so grundlegend „neu denken" lässt (v. Hentig 1993), dass eine ganz andere Liste charakteristischer Tätigkeiten und Merkmale herauskäme. Vermutlich dürfte es eher darum gehen, die relative Häufigkeit mit der bestimmte Tätigkeiten im schulischen Alltag vorkommen, zu verändern. „Erziehen" ist als spezifische Tätigkeit gar nicht in der obigen Liste enthalten. Aber es ist kaum zu bestreiten, dass viele der oben genannten Tätigkeiten in erzieherischer Absicht erfolgen. Dabei ist freilich stets ungewiss, ob die mit konkreter erzieherischer Intention seitens der Lehrer und der Schule vorgenommenen Interventionen auch die entsprechenden Wirkungen erzielen. Noch bedeutsamer freilich ist jedoch die Frage, welche erzieherischen, oder besser, sozialisatorischen Wirkungen von der Gesamtheit und der spezifischen Struktur der in dieser Institution üblichen, erwarteten, zulässigen Aktivitäten und ihrer Zuordnung zu den dort tätigen Personen ausgehen. Schon Bernfeld hatte in seinem Sysiphos die zentrale These aufgestellt, die Schule habe „Wirkungen, die über den eigentlichen Unterricht weit hinausreichen. Die Schule – als Institution – erzieht" (Bernfeld 1925, 28). Dass wir die eingangs genannten Listen von schulischen Tätigkeiten für mehr oder weniger normal und selbstverständlich halten, kann man wohl durchaus auch als eine Wirkung unserer eigenen prägenden Schulerfahrungen ansehen. Wenn man im häuslichen Umkreis erlebt hat, welche Dynamik eine Handvoll Sechsjähriger, etwa bei einem Kindergeburtstag, entwickeln kann, dann mag man kaum glauben, dass es möglich ist, mit 25 oder mehr Kindern in einer Anfangsklasse geordneten Unterricht zu veranstalten. Es sind erstaunliche Anpassungs- und Selbstdisziplinierungsleistungen, die die Schule den Kindern abfordert, die die überwiegende Mehrheit der Kinder der Schule aber auch ganz selbstverständlich entgegenbringt. Oftmals erkennen Eltern bei Elternsprechtagen ihr Kind in den Charakterisierungen durch die Lehrerin oder den Lehrer kaum wieder und sie sind bisweilen überrascht, zu hören, dass ihr Kind sich im schulischen Kontext deutlich anders verhält als im häuslichen Umfeld, dass es dort etwa sehr viel ruhiger, schüchterner, zurückhaltender ist, als sie selbst es zu Hause erleben.
Man kann sich diese „Wirkungen" der Institution näher vergegenwärtigen, indem man die Vielfalt der Rollen betrachtet, die die Schule für die Kinder bereit hält. In diesem Sinne könnte man dann hinsichtlich der Ausgangsfrage: „Was macht die Schule mit den Kindern?" etwa zu folgenden Antworten kommen:

Schule macht Kinder...
- zu Schülerinnen und Schülern;
- zu ABC-Schützen, Erst-, Zweit- Drittklässlern etc., zu Zurückgestellten, Klassenwiederholern, und Klassenüberspringern...;
- zu Grundschülern, Hauptschülern, Realschülern, Gesamtschülern, Gymnasiasten, Sonderschülern...;
- zu Schülern der Goethe-, Einstein-, Montessori-, etc. -Schule mit ihrem je spezifischen Profil, ihrem je besonderem Ruf, ihrer je besonderen Schulkultur;
- zu Ranzenträgern, Sitznachbarn, Tischgruppenmitgliedern, Klassensprechern, Klassenbuchführern, Tafeldienstbeauftragten, Hefteausteilern, Hinterbänklern...;

- zu Morgenkreiserzählern, Stillsitzern, Arbeitsblätterausfüllern, eifrigen Meldern, Schön-schreibern, Gedichteauswendiglernern, Kopfrechnern, Diktatschreibern, Hausaufgaben-machern, Fleißbildchensammlern, Nicht-Abschreiben-Lassern, Notenkriegern, Zeugnis-empfängern ...;
- zu Klassenbesten, Klassenkaspern, Musterschülern, Problemschülern, Nachhilfeschülern, Lehrerlieblingen, Petzen, Strebern, Schlampern, Trödlern, Bullies, Mobbingopfern, ...;
- zu Schulversagern, Legasthenikern, Dysgrammatikern, Hyperaktiven, Aufmerksamkeits-gestörten, Leistungsängstlichen, langsamen Lernern, Sonderschulbedürftigen...;
- zu SMV-Mitarbeitern, Schulorchestermitgliedern, Schulchorsängern, Schulauswahlturn-ern, Theater-AG-Mitgliedern, Schülerlotsen ....;
- zu Schulverweigerern, aufmüpfigen Rebellen, gleichgültigen Allesschluckern, unauffäl-ligen Durchmoglern, punktekalkulierenden Strategen, vielseitig interessierten Lernern, hochmotivierten „Jugend-forscht-Aspiranten"...;
- zu PISA-Versagern, Opfern der Bildungkatastrophe, Standort-Deutschland-Gefährdern;

All dies sind Positionen, Rollen, zu denen die Schule die Schüler zwar nicht im unmittelba-ren technischen, kausalen Sinne „macht", die sie aber doch anbietet, bereithält, erwartet, ab-fordert, in die sie die Schüler bisweilen auch drängt und die es so eben nur innerhalb des schulischen Kosmos gibt. Gleichzeitig verweist dies natürlich auch schon darauf, dass Schüler durchaus individuell unterschiedlich mit den Anforderungen und Erwartungen der Institution Schule umgehen.

Gerade im Gefolge der international vergleichenden Schülerleistungsstudien TIMSS und PISA und der dadurch ausgelösten heftigen öffentlichen Diskussion, hat die Auseinanderset-zung mit der Frage „Was macht die Schule (eigentlich) mit den Kindern?" noch einen ande-ren Akzent bekommen: Häufig sind es Vorwürfe und Mängelrügen, die derzeit an die Schule gerichtet werden, in dem Sinn: Was versäumt die deutsche Schule an den Kindern? Warum vermag sie die bereitliegenden Potentiale nicht entsprechend zu fördern? Warum macht sie so viele Kinder nur zu so schwachen Lesern, zu so schematischen Rechnern, zu so unflexib-len, wenig kreativen Problemlösern? Fast fühlt man sich an Jegges Buchtitel „Dummheit ist lernbar" erinnert (Jegge 1976) bzw. an jene bekannte Formulierung Freuds: „Denken Sie an den betrüblichen Kontrast zwischen der strahlenden Intelligenz eines gesunden Kindes und der Denkschwäche des durchschnittlichen Erwachsenen" (Freud GW Bd. XIV, 370).

Von all dem, was in der Schule mit Kindern und durch sie geschieht, hat die traditionelle Schulpädagogik freilich nur einen schmalen Ausschnitt im Blick. Ihr geht es vor allem um die Prozesse der Auswahl, der Aufbereitung, der Vermittlung und der Aneignung von Wis-sen. Sie sieht die Schüler vor allem in ihrer Funktion als Lernende, als „Adressaten von Un-terricht". Natürlich muss sie sich dabei auch mit Fragen nach den subjektiven Lernvoraus-setzungen, nach den alterstypischen kognitiven Verarbeitungsprozessen und nach den mög-lichen Hindernissen auf dem Weg der Wissensaneignung auseinandersetzen. Dennoch bleibt ihre Perspektive partikulär. Es geht ihr im Kern um die Effektivierung von Lehr- und Lern-prozessen. Schon die Frage nach den subjektiven Bedeutungszuschreibungen den persönli-chen Sinngebungen, die die Schüler mit dem „vermittelten Stoff" verbinden, interessiert die Schulpädagogik nur am Rande. Welche Themen und welche „Lernstoffe" die Schüler aus welchen Gründen ansprechen, faszinieren, beunruhigen oder aber langweilen und anöden, ist kaum Thema der Schulpädagogik. Wie sich die Interessen, Deutungshorizonte und Weltbilder der Schülerinnen und Schüler im Laufe der etwa 10.000 Stunden, die sie bis zu ihrem 15. Lebensjahr hierzulande in der Schule verbringen, verändern, welche Abwehr- Ausweich- und Verarbeitungsstrategien sie im Laufe der Jahre entwickeln, ebenfalls nicht. Im Zentrum steht vielmehr die Frage wie Unterricht lernwirksam geplant, strukturiert, durchgeführt und ausgewertet werden kann.

Andererseits kann man auch bezüglich der komplementären Gegenfrage „Was machen die Kinder mit der Schule?" noch weitergehen und fragen, ob neben und hinter dem alltäglichen Unterrichtsgeschehen bisweilen nicht auch noch ganz anderes in der Schule inszeniert und verhandelt wird. So wird man etwa feststellen, dass die Schüler bisweilen durch individuelle Umwertung dessen, was eigentlich wichtig ist bzw. durch kollektive Uminterpretation der gegebenen Situation aus der Schule etwas machen, das nicht mehr ihrem eigentlichen primären Sinn und Zweck entspricht, dass sie die Schule zumindest um entsprechende Aspekte und Hinterbühnen erweitern. Gerade wenn man sich autobiographische Schilderungen von Schulerfahrungen anschaut, wenn man also fragt, was später von den Betroffenen als relevant und erinnerungswürdig festgehalten und berichtet wird, wenn sie über ihre Schulzeit nachdenken, dann sind es häufig neben den Leidenserfahrungen die Schilderungen davon, wie Kinder und Jugendliche kreativ und bisweilen schlitzohrig mit den Angeboten und Zwängen der Institution Schule umgehen und damit die spezifische Schulkultur mit hervorbringen: Wie sie diesen Ort nützen, um eigene Interessen zu entwickeln, um eigene Zuständigkeitsbereiche zu etablieren, um neue Beziehungsformen zu erproben, um sich in großen Gruppen mit entsprechenden Hierarchien zu behaupten, um Erwartungen geschickt zu unterlaufen, Defizite kunstvoll zu überspielen, um ihren Gerechtigkeitssinn zu schärfen, um Grenzen auszutesten, um Empörung zu dramatisieren, um die Wirkung von Gruppensolidarität zu erkunden, um Verhandlungtaktiken zu erproben, um Spaß zu haben, um sich in Szene zu setzen, um Anerkennung zu finden, um Freundschaften aufzubauen...

In diesem Sinne könnte man sagen, Kinder und Jugendliche machen aus der Schule manchmal fast so etwas wie

- ein „*Tollhaus*" (Der SPIEGEL), eine Comedy-Show bei der es vornehmlich darum geht, mit Albereien den Lehrer zu ärgern und die Mitschüler zu unterhalten;
- eine *Kampfarena* für den Generationenkonflikt, in der es um Auflehnung und Unterwerfung, Anpassung und Widerstand geht; darum, Solidarität gegen den „Klassenfeind", bestimmte Lehrer, vielleicht die Erwachsenenwelt überhaupt, zu üben;
- einen *Treffpunkt für die Clique*, einen Markt für die Organisation der nachmittäglichen Kontakte und Unternehmungen;
- ein *gruppendynamisches Labor*, in dem es darum geht, in bestimmte Cliquen reinzukommen, Positionskämpfe auszufechten, Bündnisse zu schmieden, Ausgrenzungen zu überwinden, Verletzungen und Enttäuschungen aufzuarbeiten;
- einer *Kontaktbörse*, ein Begegnungs- und Experimentierfeld für die Annäherung an das andere Geschlecht;
- eine Art *Laufsteg*, auf dem es darum geht, mit Wissen zu glänzen, sich mit kenntnisreichen Beiträgen zu präsentieren und damit die Konkurrenz auszustechen;
- einen *Markt*, auf dem (ganz unabhängig von den eigentlichen Inhalten) bestimmte Beträge von Arbeits- und Lernbereitschaft gegen bestimmte Notenpunkte und damit gegen bestimmte Lebenschancen getauscht werden;
- einen *Wartesaal*, in dem einfach die Zeit abgesessen wird;

Auch solche, von Kindern und Jugendlichen vorgenommenen Verwendungen der Institution Schule für ihre eigenen subjektiven Interessen, finden in der traditionellen Schulpädagogik kaum Berücksichtigung. Sie wird in ihnen allenfalls die eigentlichen Zwecke von Schule gefährdende, dysfunktionale Phänomene sehen, denen entgegengewirkt werden muss, um den eigentlichen Aufgaben von Schule Geltung zu verschaffen. Eine Schultheorie, die jedoch dem Anspruch gerecht werden will, die gesamte Komplexität des Wirkungs-, Beziehungs- und Handlungsgefüges von Schule in den Blick zu nehmen, wird nicht umhin kommen, neben den vordergründigen Lehr- und Lernprozessen, auch die unbewussten Implikationen und die subjektiven Verarbeitungsprozesse der in dieser Institution gemachten Erfahrungen als konstitutive Bestandteile von Schulwirklichkeit anzuerkennen.

Die subjektiven Verarbeitungen und Bedeutungszuschreibungen, sowie die „unbeabsichtigten Nebenwirkungen" des „heimlichen Lehrplanes" von Schule – dies sind Aspekte, für die sich die psychoanalytisch orientierte Pädagogik seit ihren Anfängen besonders interessiert hat. Die psychoanalytische Pädagogik kann auf eine lange Tradition der Auseinandersetzung mit dem Thema Schule zurückblicken. Dabei stand zum einen die Intention der Schulkritik im Vordergrund, damit verbunden natürlich auch das Bemühen, das schulischen Interaktionsgeschehens mit Hilfe des psychoanalytischen Theoriereservoirs zu analysieren sowie schließlich psychoanalytisch begründete Handlungsmodelle für die Schule zu entwickeln.

Auch in der Gegenwart, in der angesichts der Ergebnisse der PISA und TIMSS-Studien eine erneute allseitige Bildungskatastrophe diagnostiziert und ein schnelles Handeln zur Effektivitätssteigerung der Bildungseinrichtungen gefordert wird, scheint eine genaue und umfassende Analyse und Reflexion des Wirkungsgeschehens von und in der Schule mehr denn je notwendig.

Der vorliegende Sammelband will an die unterschiedlichen Traditionen einer psychoanalytisch orientierten Vergegenwärtigung von Schule anknüpfen und unter der Fragestellung: „Was macht die Schule mit Kindern – was machen die Kinder mit der Schule?" mögliche Antworten darauf geben, wie Lernen und Bildung unter den gegebenen institutionellen Vorgaben erleichtert bzw. erschwert werden können, und wie sich durch eine psychoanalytisch inspirierte Reflexion im pädagogischen Feld neue Handlungsperspektiven eröffnen lassen, die nicht nur auf einem an Rationalität appellierenden Professionalitätsverständnis fußen. Das Anliegen einer psychoanalytischen Pädagogik der Schule kann dabei freilich nicht darin bestehen, Handlungskonzepte zu entwickeln, die darauf abzielen, die unbewussten Wirkungen und Zuschreibungen einfach auszuschalten, sondern vielmehr darin, die komplexe Wirkung von Unbewusstem bei allen in der Institution Schule Handelnden anzuerkennen und immer wieder aufs Neue nach kreativen Lösungen zu suchen, die auf einer Reflexion des subjektiven Erlebens und Handelns im Erfahrungsraum Schule aufbauen.

Der erste Beitrag von *Volker Fröhlich* wirft ausgewählte Schlaglichter auf die Thematisierung von Schule in der Geschichte der psychoanalytischen Pädagogik und versucht aus der Analyse dieser „Wege und Irrwege" ein aktuelles Verständnis einer psychoanalytischen Pädagogik der Schule zu formulieren.

Barbara Rendtorff untersucht unter Rückgriff auf Lacans drei Register des „Realen", des „Imaginären" und des „Symbolischen" die Identifikations- und Abgrenzungsdynamik in der

Institution Schule. Sie zeigt die der Struktur dieser Institution inhärenten Ambivalenzen auf, die es letztlich erschweren, Symbolisierungsfähigkeit in der Schule zu ermöglichen.

Heiner Hirblinger versucht, ausgehend von einer Strukturanalyse der pädagogischen Praxis, die Wirkmomente des „Settings" Unterricht herauszuarbeiten. Der herkömmlichen Praxis von schulischer Unterrichtung, die größtenteils zu einer Entkoppelung von schulischem System und Lebenswelt führt, stellt er eine „Optimalstruktur" des Settings Unterricht entgegen, die unter Inanspruchnahme psychoanalytischer Supervision emotionale Erfahrungsbildung im Unterricht ermöglichen will.

Wilfried Datler analysiert ein an der Methode der „infant observation" orientiertes differenziertes Beobachtungsprotokoll, das in einer Schulklasse im Zusammenhang mit der Verbesserung einer Schularbeit gemacht wurde und das sehr genau die Beziehung zwischen der Lehrerin und der klassenbesten Schülerin in den Blick nimmt. Es wird dabei gezeigt, welche Bedeutung ein an dieser Methode orientierter Zugang für die Erforschung schulischen Beziehungsgeschehens und für die Ausbildung von Lehrerinnen und Lehrern haben kann.

Rolf Göppel unterzieht das in den USA entwickelte und in Deutschland unter dem Namen „Arizona Programm" bekannt gewordene Modell des Konfliktmanagements an Schulen einer kritischen Analyse. Dieses Modell betont sehr nachdrücklich das Prinzip der „Eigenverantwortung" und baut auf ein differenziertes System der Sanktionierung von Unterrichtsstörungen sowie auf die Aushandlung von Verträgen mit den Schülern. Göppel stellt diesem Modell Konzepte der Konfliktbewältigung aus der Tradition der psychoanalytischen Pädagogik gegenüber und verweist in seiner Bewertung darauf, dass das „Eigenverantwortungs"- Modell den Anteilen, die Lehrer selbst am Konfliktgeschehen haben, keine hinreichende Aufmerksamkeit einräumt.

Bernhard Rauh verweist in seinem Beitrag auf die besondere Bedeutung, die den Sozialbeziehungen in der „Klassengruppe" angesichts veränderter Familienstrukturen zukommt. Entgegen der gegenwärtig dominierenden Vorstellung einer autonomen Selbstregulation der Beziehungen, wird unter Bezug auf das psychoanalytische Konzept der Triangulierung die Wichtigkeit der Gestaltung der schulischen Gruppensituation als eines durch aktive Beteiligung von LehrerInnen garantierten triadischen Raumes herausgestellt.

Günther Bittner konstatiert in der schulpädagogischen Diskussion eine – vor allem unter anthropologischen Gesichtspunkten – unzureichende Thematisierung von Schule und Unterricht als spezifisches Angebot für jugendliche Lerner. In seinem Plädoyer für eine „jugendgemäße" Schule argumentiert er weniger für eine Anpassung von schulischen Curricula an die Vorlieben von Jugendlichen, sondern vielmehr für eine Sensibilisierung von Lehrern für die tieferen Gründe „abwehrbedingter" jugendlicher Lernverweigerungen.

Michael Maas ergänzt die bei Bittner angesprochene Frage nach einer „jugendgemäßen" Schule durch einen Erfahrungsbericht aus der Freien Schule Bochum. Er zeigt auf, wie durch das Angebot freier Themenwahl, Lernprozesse bei Jugendlichen in Gang gesetzt werden konnten, die eine entwicklungsfördernde Bearbeitung innerer psychischer Realität ermöglichten.

Margit Datler vergleicht in ihrem Beitrag den Stellenwert der Bedeutungszuschreibung des Erlebens von Lehrern in schulischen Situationen in der klassischen psychoanalytischen Pädagogik der 20er und 30er Jahre mit dem der aktuellen psychoanalytisch orientierten Pädagogik. Sie zeigt auf, wie sich hier ein Wandel von einer Nicht-Thematisierung von Gegenübertragungsreaktionen hin zu einer Handhabung derselben als zentralem Erkenntnisinstrument –

analog dem Wandel ihrer Bedeutung in der Psychoanalyse als therapeutischer Disziplin – vollzogen hat.

Helmut Wehr greift das im Lehrerberuf weitverbreitete Burnout-Syndrom auf und versucht, durch eine Interpretation der mythologischen Figuren Sisyphos, Prometheus und Epimetheus – welche immer wieder als Symbole für die „Unmöglichkeit" des Lehrerberufs bemüht worden sind – zu einem vertieften Verständnis der psychischen Problematik des Lehrerseins zu gelangen.

Annedore Hirblinger berichtet aus dem Projekt einer psychoanalytisch orientierten Lehrerfortbildung. Kernpunkte dieser Fortbildung, die unter Inanspruchnahme einer modifizierten analytischen Methode den Beteiligten eine subjektgebundene pädagogische Identität ermöglichen will, stellen ausführliche Fallrekonstruktionen und Fallanalysen konfliktreich erlebter schulischer Situationen dar.

Im letzten Beitrag stellt *Ariane Garlichs* das Kasseler Schülerhilfeprojekt vor, das als innovatives Konzept der universitären Lehrerbildung darauf abzielt, „Kinder verstehen zu lernen". Durch die Möglichkeit einer umfassenden Praxiserfahrung mit lernschwierigen und entwicklungsbedrohten Kindern einerseits und das Angebot einer intensiven Form der Reflexion dieser Praxis andererseits, sollen Studierende mit den Kernkonflikten ihrer späteren Berufsrolle als Lehrerinnen und Lehrer in Berührung kommen.

Literatur

Bernfeld, S. (1925): Sisyphos oder die Grenzen der Erziehung. Suhrkamp: Frankfurt/M. 1979[3]

Freud, S. (1927): Die Zukunft einer Illusion. GW Bd. XIV, Fischer: Frankfurt/M. 3.Aufl. 1976, 325-380

Hentig, H.v. (1993): Die Schule neu denken. Hanser Verlag: München, Wien

Jegge, J. (1976): Dummheit ist lernbar. Erfahrungen mit „Schulversagern". Zytglogge Verlag. Bern

I. Zur (Psycho-)Analyse der Institution Schule

Volker Fröhlich

Schule zwischen „archaischer Menschenbehandlung" und „hinreichend gutem Erfahrungsraum"
Was kann eine psychoanalytische Pädagogik der Schule leisten?

Im Jahre 1964 sah sich Fürstenau noch zu der Anmerkung veranlasst, dass Schule für die Psychoanalyse kaum ein Thema von Interesse gewesen sei. „Der größte Teil der psychoanalytischen Literatur, der überhaupt Fragen aus dem Bereich der Schule berührt" – so stellt er fest – sei der Kinderpsychotherapie gewidmet. Nur solche Themen wie „Lernstörungen und -hemmungen verschiedener Art, der Weigerung in die Schule zu gehen, sonstige emotional bedingte Verhaltensstörungen bei Schulkindern" hätten das Interesse psychoanalytischer Autoren gefunden (vgl. Fürstenau 1964, 65). Ohne Zweifel muss diese Feststellung Fürstenaus, knapp 40 Jahre später, grundsätzlich revidiert werden. Der jüngsten Arbeit von Hirblinger mit dem Titel: „Einführung in die psychoanalytische Pädagogik der Schule", ist eine umfassende thematisch gegliederte Bibliographie beigefügt, die eindrucksvoll dokumentiert, in welcher Breite das Thema Schule in der Zwischenzeit von psychoanalytisch orientierter Seite Bearbeitung gefunden hat (vgl. Hirblinger 2001). Dennoch lässt sich nicht übersehen, dass „Schule" auch heute noch nicht zu den bevorzugtesten Themen der psychoanalytischen Pädagogik gehört.
Ich will im Folgenden
1. einige kursorische Schlaglichter auf die Geschichte der Vergegenwärtigung des Themas Schule aus psychoanalytischer Sicht werfen, und dabei die Frage anreißen, welche Erwartungen hinsichtlich einer Theorie und Praxis der Schule damit verbunden wurden;
2. dabei auf mögliche Grenzen und überzogene Erwartungen einer „Psychoanalyse der Schule" hinweisen;
3. und abschließend Überlegungen anstellen, was eine gegenwärtige psychoanalytisch orientierte Pädagogik der Schule zu leisten vermag.

1. Psychoanalyse und Schule: historische Streiflichter

Ich komme noch einmal auf die eingangs zitierte Aussage Fürstenaus zurück, das psychoanalytische Interesse am Thema Schule schiene ihm bis dato überwiegend ein „störungsbezogenes" und ein „kindertherapeutisches" gewesen zu sein. Diese mit kritischem Unterton versehene Anmerkung hätte bei einem etwas genaurer Blick in die Dokumente der Anfangszeit und der ersten Hochblüte der psychoanalytischen Pädagogik doch differenzierter ausfallen können.

Wenngleich in den Beiträgen der „Zeitschrift für psychoanalytische Pädagogik" von 1927 bis 1938. ein „kindertherapeutisches Interesse" unübersehbar ist[1], zeigt sich hier bereits ein wesentlich breiter angelegtes Interesse an einer Anwendung der Psychoanalyse im Feld von Schule. Ruth Weiss hat in dieser Zeitschrift im Jahr 1936 in einem Sammelbericht mit dem Titel „Psychoanalyse und Schule" die psychoanalytischen Beiträge zu diesem Thema, die bis dato veröffentlicht worden sind, zu systematisieren versucht: Neben einer Reihe von Punkten, die man in der Tat unter die Rubrik „therapeutisches Interesse" subsumieren könnte, führt sie als Interessensgebiete etwa auf: „Über die Sexualität der Schüler", „Zur Kritik der Schulreform", „Über das Unbewußte des Lehrers", „Lehrer und Schüler", „Über das soziale Verhalten der Schüler" .... (Weiss 1936, 321ff). Das spezifische psychoanalytische Interesse, so kann man diesen Systematisierungsversuch auch lesen, fokussiert sich von Beginn an auf die Wirkung unbewusster Vorgänge im komplexen Beziehungs- und Handlungsgeschehen von Schule und Unterricht.

Als exemplarisch für dieses Interesse können z.B. die Beiträge von Kuendig in der Zeitschrift für Psychoanalytische Pädagogik stehen. Seinen mehrteiligen Artikel lässt er mit dem bezeichnenden Gedanken beginnen: „Psychoanalyse in der Schule gibt es nicht" (Kuendig, 1928, 69). Er macht damit deutlich, dass es nicht darum gehen könne, Therapie in der Schule betreiben zu wollen, dass auch in der Schule – wie Freud es für Aichhorns Verwahrlostenerziehung formuliert hatte – etwas anderes zu machen sei, als Analyse, was in der Absicht jedoch wieder mit ihr zusammentreffen könne (vgl. Freud 1925, 566). Der Artikel von Kuendig zeigt ein differenziertes Bemühen, die Grenzen und Möglichkeiten psychoanalytisch geleiteten Handelns in der Schule auszuloten. Er will nicht Psychoanalyse als Therapie in der Schule betreiben. Er vergegenwärtigt sich die Bedeutung seiner Rolle als Lehrer als Objekt der Übertragung, fokussiert die psychische Verfasstheit der Schüler, richtet seine Aufmerksamkeit darauf, wie sich ihre Konflikte im Umgang mit einzelnen Unterrichtsinhalten thematisiert finden usf. Die Einschätzung der Möglichkeiten und Wirkung psychoanalytisch aufgeklärten Handelns klingt freilich dennoch reichlich optimistisch:

„Der Lehrer darf niemals mit der Absicht an seine Zöglinge herantreten, diese nun analytisch sofort durchschauen zu wollen ... Er muß die Gelegenheiten zu seiner speziellen Tätigkeit an sich herankommen lassen, sie da fassen wo er sie findet und wo er am Eingreifen verantworten kann. Wo er Gelegenheit findet, helfend und lindernd, vorbeugend und aufbauend einzugreifen, da wird der feinfühlige Erzieher gefühlsmäßig reagieren. Sein geschultes Unbewußtes wird sich sofort nach der fraglichen Konstellation richten und das Verhalten des Lehrers bedingen" (Kuendig 1928, 72)

Aus einem aktuellen Blickwinkel können auch die von Fürstenau als „kindertherapeutisch" und „störungsorientiert" klassifizierten Interessen der ersten psychoanalytischen Pädagogen eine differenziertere Bewertung erfahren. Die Auseinandersetzungen mit Problemen wie „Lernhemmungen", „Schulangst", „Schulversagen" und ihrer Behandlung erweisen sich heute als bedeutsame Beiträge zu einem Bereich, der in einer umfassenden Theorie der Schule nicht unberücksichtigt bleiben kann: die Vergegenwärtigung der Bedingungen und

---

[1] vgl. etwa die Beiträge von Bychovski (1930): Schwierigkeiten in der Schule und ihre Psychotherapie, Grothjan: Kinderanalyse und Erziehung im Rahmen einer psychoanalytisch orientierten Schule (1937), u.a.

Einschränkungen von schulischem Lernen. Die „kindertherapeutischen" Beiträge machen deutlich, dass die erste Generation der psychoanalytischen Pädagogen den als unzureichend empfundenen pädagogischen Handlungskonzepten im Umgang mit Erziehungsschwierigkeiten und Lernstörungen in der Schule eine anderer, angemessenere Handlungs- und Praxisform entgegensetzen wollte.

Das psychoanalytische Interesse am Thema Schule – so halte ich als erstes Zwischenresümee fest – folgt von Anfang, einer Linie, die der Psychoanalyse als grundsätzliche Anwendungsmöglichkeit im Feld der Pädagogik zugestanden wurde. Anna Freud hat diese „Anwendungen" der Psychoanalyse wohl am prägnantesten zusammengefasst. In ihrer Einführung in die Psychoanalyse für Pädagogen verweist sie neben der Kinderanalyse als eigener Methode auf zwei Möglichkeiten einer Inanspruchnahme der Psychoanalyse: „Sie eignet sich zur Kritik der schon bestehenden Erziehungsformen. Als psychoanalytische Psychologie, als Lehre von den Trieben, vom Unbewußten, als Libidotheorie erweitert sie ... die Menschenkenntnis des Erziehers und schärft sein Verständnis für die komplizierten Beziehungen zwischen dem Kind und dem erziehenden Erwachsenen." (A. Freud, 1930, 133).

Als markante Vertreter dieser beiden „Anwendungen" im Bereich von Schule aus jener Pionierzeit der Psychoanalytischen Pädagogik wäre noch immer auf Hans Zulliger und Siegfried Bernfeld zu verweisen. Göppel charakterisiert das gegensätzliche Anliegen dieser beiden Protagonisten folgendermaßen: „Hier der Schweizer Landschullehrer Hans Zulliger, der von seinen psychoanalytischen Erfahrungen aus der Volksschulpraxis berichtet und aus dem unbewußten Seelenleben unserer Schuljugend" erzählt (Göppel 1991, 413). ... „Ganz anders dagegen Siegfried Bernfeld, der sich kaum für konkrete Erfahrungen aus der Schulpraxis interessiert, aber dafür sehr scharfsinnig die Rolle der Institution „Schule" in der kapitalistischen Gesellschaft analysiert" (ebd. 414) und sich dabei psychoanalytischer Deutungsmuster bedient.

Zulliger geht aus von den Schwierigkeiten seiner Schüler, die er als praktizierender Lehrer erlebt und will sie sich verstehbar machen. Seine Erfahrungen, die er mit der Psychoanalyse gemacht hatte, ermöglichten ihm eine anders gerichtete Wahrnehmung, die auch sein Handeln als Lehrer bestimmte. „Also arbeitete ich ganz im Stillen, befreite einzelne Schülerinnen und Schüler von störenden Symptomen wie Lernhemmungen, Bettnässen, Stottern, reaktive Aggressivität und Sich-nicht-einfügen-können in die Gemeinschaft" usw. (Zulliger in Kasser 1963, 38). Wenngleich man in manchen seiner Interventionen einige, aus heutiger Sicht fragwürdigen Vermengungen von therapeutischem und pädagogischem Handeln vermuten wird, ist es doch auch wieder beeindruckend, wie Zulliger den pädagogischen Rahmen zu wahren weiß und den „therapeutischen Verlockung" widersteht. Die Episode mit „Emma Hasler" und dem zerbrochenen Tintenfass mag dafür beispielhaft sein (vgl. dazu Bittner 1995, 55ff). Seine Erzählungen zeigen Zulligers feines Gespür, die sich konstellierende Beziehungsdynamik zwischen ihm und einem Schüler oder einer Schulklasse zu erfassen und sich pädagogisch förderlich nutzbar zu machen, wenngleich viele seiner beigegebenen theoretischen Erläuterungen heute nicht mehr unbedingt überzeugen können.

Ganz anders dagegen der Zugang und das Interesse bei Bernfeld (Der Name Bernfeld fehlt übrigens in der eingangs genannten Aufstellung von Weiss ganz.). Sein Interesse ist primär ein *theoretisches*. Mit scharfer Polemik holt er in seinem „Sisyphos" zu einem Rundumschlag gegen die „Institution Schule" aus, führt sie vor, als eine den herrschenden gesellschaftlichen Interessen dienende Institution, in welcher alle pädagogisch intendierten Verbesserungs- und Veränderungsversuche zwangsläufig ins Leere laufen – zur Sisyphosarbeit werden – weil sie sich eine als ubiquitär angenommene unbewußte individuelle psychische Struktur nutzbar zu machen weiß, die der gesellschaftlichen Machterhaltung dient. Wenngleich seine Auseinandersetzung mit „Schule" radikale Schul- und Gesellschaftskritik intendiert, fokusiert auch Bernfeld aus einer theoretischen Perspektive die unbewußte Beziehungsdynamik, die sich zwischen den Beteiligten einer pädagogischen Interaktion konstelliert. Galt das besondere Interesse der Schulpraktiker wie Zulliger den unbewußten Übertragungswünschen der Schüler gegenüber den Lehrern, thematisiert Bernfeld v. a. die unbewußten Beziehungsimplikationen, die von Seiten der Lehrer ausgehen und zeigt auf, wie sie ihr Schülerklientel als Projektionsfeld ihrer archaischer Konflikte benutzen (müssen). Sein viel zitierter Satz: „der Erzieher steht immer vor zwei Kindern, dem zu erziehenden vor ihm und dem verdrängten in ihm ..." (Bernfeld 1925,141), kann auch dafür stehen.

Dieser kritisch-theoretische Fokus fand in den ersten Schriften der Nachkriegsgeneration der neukonstituierten Psychoanalyse, die sich wieder für Themen außerhalb ihres eigentlichen Settings zu interessieren begann und einer sich langsam an ihre Geschichte erinnernden Psychoanalytischen Pädagogik, vor allen bei Fürstenau und Wellendorf ihre Fortsetzung und Erweiterung. In ihren Analysen führten sie Bernfelds Erziehungskritik fort, indem sie in den verschiedensten Komponenten der „Institution Schule", in den in und von ihr geforderten Rollen und Ritualen, die Wirksamkeit eines gesellschaftlichen Unbewussten aufzuzeigen versuchten. „Unsere Schule teilt abwehrende und austreibende magische Züge mit ältesten Erziehungsritualen. Sie ist in mancher Hinsicht ein Stück archaischer Menschenbehandlung", (Fürstenau 1964, 78) lautet Fürstenaus bekanntes Resümee seiner „Psychoanalyse der Schule als Institution".

Wenn ich an dieser Stelle den Blick bereits auf die Weiterentwicklung des Themas Psychoanalyse und Schule gerichtet habe, gilt es freilich auch zu fragen, ob und in welcher Weise das Anliegen einer psychoanalytischen Pädagogik der Schule, wie es durch Zulliger repräsentiert wurde, seine Fortsetzung fand. Eine solche Fortsetzung könnte man wohl am ehesten dem Reutlinger Kreis um Bittner, Ertle, Schmid (vgl. dies. 1974) und Neidhardt (vgl. ders. 1977) zugestehen, der sich Ende der 60er Anfang der 70er Jahre um eine, an der Tradition der klassischen psychoanalytischen Pädagogik inspirierten Begründung einer Theorie und Praxis einer Schule für verhaltensgestörte Kinder bemühte (Ich komme an anderer Stelle nochmals auf die Weiterentwicklung zurück).

Wenden wir nochmals kurz den Blick zurück zu den Anfängen der Auseinandersetzung der Psychoanalytischen Pädagogik mit der Schule. Wenngleich, wie ich zu zeigen versuchte, das Interesse nicht ausschließlich auf therapeutische Fragen begrenzt war, schien man insgesamt weit entfernt gewesen zu sein, von einer Vergegenwärtigung des Feldes Schule, welche in ihrer Summe den Anspruch hätte erheben können, alle wichtigen Aspekte einer Theorie der Schule hinreichend in den Blick genommen zu haben. Wenn wir als zentrale Teilaspekte einer Theorie der Schule etwa die Folgenden benennen:

1. eine Psychologie des Schulkindes,
2. Theorie der Voraussetzungen und Beeinträchtigungen von Lernbereitschaft,
3. eine Theorie der interpersonellen Beziehungen,
4. eine Curriculum-Theorie,
5. eine Didaktiktheorie und
6. eine Theorie der Institution und ihr gesellschaftlicher Auftrag

benennen, wird man für die Anfänge des psychoanalytischen Interesses ein Defizit in den Bereichen 4.) und 5.) ausmachen können. Diese „Lücke" schien bereits der eingangs erwähnten Ruth Weiss eine Bemerkung wert: „eine ganze Reihe von Fragen, insbesondere solche *didaktischer* und sozialpsychologischer Art" seien „überhaupt noch nicht in den Gesichtskreis der psychoanalytischen Pädagogik getreten" (Weiss 1936, 321).

Zu dieser Feststellung mag auch passen, dass sich in den Dokumenten zu dem von 1927-32 in kleinstem Rahmen durchgeführten psychoanalytischen Schulexperiment, der sogenannten Burlingham-Rosenfeld-Schule, in der später so bekannt gewordene Analytiker wie A. Aichhorn, E. Erikson, P. Blos als Lehrkräfte tätig waren (vgl. Göppel 1991), keine expliziten Hinweise auf eine psychoanalytisch begründete Auswahl der Lehrinhalte und der Unterrichtsgestaltung finden lassen. Man orientierte sich dort vielmehr an damals neuen reformpädagogischen Unterrichtsmodellen, wie etwa der Projektmethode von Dewey, sowie an der Montessori-Methode (vgl. ebd.).

Ein, auf der Erfahrungsbasis dieses Schulprojekts entstandener Artikel von Erikson (damals noch unter dem Namen Homburger verfasst) mit dem Titel „Triebschicksale im Schulaufsatz" (Homburger 1931) lässt deutlich werden, dass Unterrichtsgegenstände und -inhalte als Austragungsorte unbewußter Konfliktbewältigung und symbolischer Besetzungen wahrgenommen worden sind. Für eine Begründung einer psychoanalytischen Curriculum- und Didaktiktheorie erwies sich der zur Verfügung stehende psychoanalytische Theorierahmen jedoch als zu begrenzt.

Neue Impulse für das Verständnis von Lernprozessen und dem förderlichen Umgang damit in der Schule konnte erst A. Freuds Arbeit über „das Ich und die Abwehrmechanismen" aus dem Jahre 1936 ermöglichen. Sie beschreibt dort Lernen – zunächst allgemein aber auch in spezifischer Weise in der Auseinandersetzung mit konkreten Wissensinhalten – als „Bemühung des Ichs um die Triebbewältigung mit Hilfe von Gedankenarbeit" (A. Freud, 1936, 343). Wenige Jahre später versucht sich Michael Balint (1938) in einem grundsätzlichen Vergleich von psychoanalytischer Behandlung und schulischem Lernen. Wenngleich es ihm eher um eine Klärung des analytischen Selbstverständnisses geht, weist seine, an A. Freuds Abwehrlehre ausgerichtete neue Lesart von Lernen in eine Richtung, mit der auch schulische Lernprozesse nicht nur als krude „Über-Ich-Pädagogik" identifiziert werden musste: „Lernen heißt nicht nur Befehle introjizieren und als Über-ich weiterbilden und kräftigen, im Gegenteil: ‚Lernen heißt erfahren werden', d.h. das Ich bereichern, und entwickeln" (Balint 1938, 101).

Die konkrete Verknüpfung psychoanalytischer Lernkonzepte mit didaktisch/unterrichtstheoretischen Fragestellungen blieb letztlich den psychoanalytischen Pädagogen der Nachkriegszeit vorbehalten. Sie vollzog sich zunächst „im sonderpädagogischen Untergrund" – wie es Bittner einmal formulierte (Bittner 1976, 902), im Speziellen v.a. im Bereich der Verhaltensgestörtenpädagogik – wohl nicht zuletzt aus dem Grund, wie er weiter anmerkt, weil „allein der Unterricht mit Verhaltensgestörten, an denen die Zweckrationalitätseuphorie der Didaktiker ohnehin Hopfen und Malz verloren sah, psychoanalytischen Pädagogen die Narrenfreiheit [gab] individuellen, oft schwergestörten kindlichen Lernwegen mit den Mitteln psychoanalytischer Reflexion nachzugehen" (ebd.).

Hier wäre wieder zum einen auf Bittner, Ertle, Schmid (vgl. dies. 1974) und Neidhardt (vgl. ders 1977, 1985) aus Reutlingen und zum anderen auf den Kreis um Reiser und Mitarbeiter (vgl. Reiser 1972, 1977) aus Frankfurt zu verweisen. Die Arbeiten jener Zeit waren getragen von einem Bemühen, unterrichtliche Konzepte zu entwickeln und zu praktizieren, die den Ich-Bezug der Unterrichtsgegenstände ins Zentrum rücken und sie Schülern präsentieren als Stoffe, „in denen das Ich sich selbst wiederfindet, die ihm ein Stück seines eigenen Lebens widerspiegeln, in die einzudringen für das Ich bedeutet, zu sich selber ‚nach Hause' zu kommen" (vgl. Bittner 1977, 8).

Wenngleich in Rückblicken auf diese Zeit die genannten Protagonisten teilweise selbstkritisch anmerken, dass sie sich in der Verfolgung ihres Anliegens vielfach in Sümpfe verstiegen hätten, in denen eine hinreichende Differenzierung von Erziehung und Therapie nicht mehr erkennbar gewesen waren – so erscheint etwa Reiser heute seine damalige Position „Unterrichtsgeschehen ... als eine, dem pädagogischen Setting angepasste psychoanalytisch-pädagogische Behandlungstechnik zu verstehen, in der die Unterrichtsinhalte in einem Ich-Bezug stehen" müssten , als nicht mehr haltbar (Reiser 1987, 188) – beeindrucken diese Forschungsarbeiten auch heute noch durch ihre Intention, psychoanalytische Konzepte an der Realität des Unterrichtsgeschehen zu reiben und zu modifizieren. Neidhardt war es in seiner Dissertation (1977) ein wichtiges Anliegen, ein Schüler-Ich bezogenes psychoanalytisch begründetes Didaktikkonzept zu konzipieren, ohne die therapeutischen und an der psychoanalytischen Behandlungstechnik ausgerichteten Implikationen teilen zu müssen. Dennoch erschienen ihm Anleihen aus der Kindertherapie hilfreich, vor allem Zulligers Praxis einer deutungsfreien Kindertherapie, sowie Winnicotts Konzept der Übergangsphänomene.

„Die Übernahme der psychoanalytischen Theorie von den Übergangsphänomenen in den pädagogischen Bereich gestattet es dem Lehrer, auch die kindlichen Angebote der Phantasie im Unterricht aufzugreifen. Dadurch unterstützt er den Schüler in seinem Bestreben, den Übergang von der innerpsychischen zur äußeren Welt zu vollziehen" (Neidhardt 1977, 97).

Die Unterrichtskonzeptionen können hier nicht detailliert dargestellt werden. Ich will an dieser Stelle jedoch festhalten, dass sich die Vergegenwärtigung dieses Bereiches einer Theorie der Schule aus psychoanalytischer Sicht in seiner Weiterentwicklung aus der ausschließlich sonderpädagogischen Ecke herausgearbeitet hat. Als wichtige Eckpunkte einer solchen wieterreichenden schulpädagogischen Vergegenwärtigung wären Rumpfs Arbeit über „Unterricht und Identität" (1976), die Arbeiten im Umfeld von Garlichs zur Grundschulpädagogik (Fröhlich-Uhl 1985, Garlichs 2000) und Hirblingers Arbeiten aus dem Erfahrungsbereich des Gymnasiums (vgl. etwa Hirblinger 1992, 1999) zu nennen.

2. Eine psychoanalytische Theorie der Schule?

Ich habe bislang versucht verschiedene Stränge einer psychoanalytisch orientierten Auseinandersetzung mit dem Thema „Schule" als Beiträge zu verschiedenen *Teilbereichen* einer Theorie der Schule vorzustellen. Keine der bisher angesprochenen Arbeiten beansprucht eine umfassende psychoanalytisch begründete Theorie der Schule sein zu wollen.

Zu einer der ersten Arbeiten der man einen solchen Anspruch unterstellen könnte, zählt wohl Mucks Buch „Psychoanalyse und Schule" aus dem Jahr 1980. Er greift dort, nach einer ausführlichen Einführung in psychoanalytische Grundbegriffe und Theorieaspekte, systematisch alle relevanten Teilbereiche einer Theorie der Schule auf und kommentiert sie aus einer psychoanalytischen Sicht: „Schule und außerschulische Rahmenbedingungen", „Schule als Institution", „der Unterrichtsprozess" und „schulische Kommunikationsprozesse". Die Intention, welcher er hierbei folgt, beschreibt er in seinem Vorwort folgendermaßen: Er möchte die Darstellung der Theorie und Praxis der Psychoanalyse auf Schwerpunkte *zentrieren*, die zum besseren Verständnis von Problemen in und mit der Schule relevant seien. Damit will er eine sinnvolle *Problematisierung* des schulischen Alltags erreichen und in einem dritten Schritt beispielhaft die *Anwendung* des dargestellten psychoanalytischen Denkens auf Problemstellungen in der Schule beziehen (vgl. Muck 1980, 9). Auf einen ersten Blick erscheint das Unterfangen Mucks, die bisher eher partikular betrachteten Aspekte von Schule aus psychoanalytischer Sicht in einen Zusammenhang zu stellen, sinnvoll, doch gerät es in seiner Durchführung etwas problematisch – v. a. was das implizite Verhältnis von Psychoanalyse und Pädagogik bzw., Schule betrifft. Er blickt auf die Schule aus dem Blickwinkel eines psychoanalytisch aufgeklärten Experten. Er legt die Schule quasi auf die Couch und überzieht ihre einzelnen strukturellen und inhaltlichen Bestandteile mit seinem psychoanalytischen Begriffs- und Theorieinventar, und leitet daraus Konsequenzen für ein angemessenes – psychoanalytisch aufgeklärtes – pädagogisches Handeln ab. Eine Kostprobe dazu, die den Aspekt Leistung in der Schule thematisiert:

„Psychoanalytisch könnten wir von einem Bild des Menschen ausgehen, der in der Lage ist, Triebbedürfnisse zu sublimieren, statt abzuwehren (z. B. durch Verdrängen, Isolieren, Intellektualisieren). Wie in Teil A dargestellt, wird beim Sublimieren das Streben nach Lust einem anderen als dem direkten Triebziel zugeleitet. Dadurch bleibt die Triebenergie, von Abwehrmechanismen ungebremst, erhalten: Leistung macht Lust. Bei der Beschreibung der Ich-Erziehung haben wir bereits darauf hingewiesen, daß Sublimierungen, zumindest bei Jugendlichen, nur innerhalb positiver Beziehungen aufrechterhalten werden können. Mit positiven Beziehungen meinen wir Beziehungsangebote, die gekennzeichnet sind durch das bereits beschriebene Klima der Geborgenheit und Anerkennung, durch das Interesse an gemeinsamen Zielen, durch die Bereitschaft, den einzelnen in seiner Eigenart zu fördern, ohne Konkurrenzkämpfe als neue, regressive Motivationen einzuführen. Leistungen ergeben sich dann innerhalb gelebter Beziehungen, ihre Beurteilung folgt nicht aus einer Benotung von Ausscheidungskämpfen, sondern aus der teilnehmenden Beobachtung und Beschreibung des tatsächlichen Gesamtarbeitsverlaufes. Es ist naheliegend, daß sehr viele Lehrer den guten Willen haben, genau das zu tun, was hier beschrieben wird; das vorgegebene Schulsystem gibt jedoch noch zu wenig Möglichkeiten, entsprechend zu handeln ...." (ebd. 140).

Aus dem an sich berechtigten Anliegen, auf Aspekte aufmerksam zu machen, die eine herkömmliche Schultheorie nicht wahrgenommen zu haben scheint, wird mit Rückgriff auf psychoanalytische Theoriestücke die vorherrschende Praxis schulischer Leistungsbewertung kritisiert und dabei unversehens ein psychoanalytisch begründetes Ziel (Sublimierung statt Triebabwehr) postuliert, das mittels eines psychoanalytisch aufgeklärten Lehrers, der durch ein richtig eingesetztes Beziehungsangebot, welches Leistungskonflikte gar nicht entstehen läßt, erreicht werden kann.
Ansätze einer Psychoanalyse der Schule wie die Mucks nähren letztlich eine Phantasie durch die Psychoanalyse ein Wissen, eine Methode, eine Technik zur Verfügung gestellt zu bekommen, mit der sich „in der Schule Probleme meistern ließen, die mit den üblichen pädagogischen Mitteln nicht zu bewältigen sind" (Wellendorf 1991, 20f). Die fast zwangsläufige Enttäuschungen dieser Erwartungen bei „Anwendern", setzt sich dann häufig in einer Verschiebung der Idealbildung auf das Therapeutische schlechthin fort. Wellendorf verweist hierbei auf seine Erfahrung in Supervisionsgruppen mit Lehrern, bei welchen er häufig

wahrnehmen konnte, wie sich die Teilnehmer mit der „idealisierten Mächtigkeit der Psychoanalyse" identifizierten, die in dem Wunsch Ausdruck fand, „aus der ungeliebten Rolle des Lehrers in die Rolle des Psychoanalytikers zu wechseln" (vgl. ebd.).
Diese „ungewollten Nebenwirkungen" einer psychoanalytisch inspirierten Reflexionsarbeit von Schule führen zu der Frage, was eine psychoanalytisch orientierte Auseinandersetzung mit der Schule grundsätzlich zu leisten im Stande ist, und wie sie es in – einer dem Gegenstand und der an ihr Beteiligten – angemessenen Weise leisten kann.

3. Was kann eine psychoanalytische Pädagogik der Schule heute leisten?

Hirblinger hat in seinem neuen Buch „Einführung in die psychoanalytische Pädagogik der Schule" drei Modelle genannt, in der die Wechselbeziehung von Psychoanalyse und pädagogischer Theoriebildung denkbar seien:
1. „Lehrer eignen sich in ihrem Praxisfeld psychoanalytisches Wissen an, Sie beschäftigen sich z.B. mit Entwicklungsproblemen der Adoleszenz um Schüler „besser zu verstehen", sie übernehmen Orientierungen aus dem Konzept der Ich-Psychologie, um zu klären was Lernen, was Lernstörung, was Erfahrungsbildung sei", oder
2. „Sie entwickeln eine neue Rollenauffassung, in der sie die Beziehung zum Schüler, nach dem von Freud entworfenen Modell einer Arzt-Patient-Beziehung umgestalten. An die Stelle administrativ vorgegebenen Rollenvorschriften, treten neue Orientierungen: Empathie, Übertragung und der Versuch die eigene Übertragung zu verstehen." Oder
3. „Lehrer werden selber Forscher. Sie befassen sich ... mit dynamisch unbewussten Prozessen in zwischenmenschlichen Beziehungen, generieren jedoch aus eigener Erfahrung und Praxis jene Abstraktionen und Modelle, die im pädagogischen Setting wirksam sind."

Für Hirblinger greifen die beiden ersten Modelle zu kurz, dennoch wird man sich klar machen müssen, dass psychoanalytisch orientierte Pädagogen über weite Strecken der Geschichte und auch der Gegenwart in der Schule sich dieser Modelle eins und zwei bedient haben. Dieser Zugang schien in den „Pionierzeiten", in denen es darum ging, die Tragweite der Psychoanalyse für andere, benachbarte Theorie- und Praxisbereiche abzutasten und auszuloten berechtigt und notwendig. Gerade auch notwendig um die Grenzen einer solchen Umsetzbarkeit zu erfahren. Dass eine solche Sensibilität bereits früh entwickelt werden konnte, zeigt sich bereits in solchen Vergegenwärtigungen dieses Themas wie der von Kuendig („Eine Psychoanalyse in der Schule kann es nicht geben" – vgl. Kuendig 1928, 69). Vielleicht lässt sich damit auch die Zurückhaltung im Anspruch, eine psychoanalytisch begründete Theorie der Schule formulieren zu wollen, nachvollziehen.
Das dritte Modell, das Hirblinger anspricht, verweist hinsichtlich eines Beitrages zu einer Theorie der Schule auf eine Inanspruchnahme der Psychoanalyse als Forschungsmethode, besser noch, als „Forschungsparadima". Dieses Modell fordert eine konsequente Subjektperspektive ein, die die eigene biographische Involviertheit in den zur Untersuchung anstehenden Prozessen – sei es eine problematische Unterrichtssituation, ein didaktisches Problem, Schwierigkeiten im Kollegium oder was immer noch – hinreichend zu thematisieren weiß und die letztlich dazu befähigen sollte – so Hirblinger sinngemäß – etwa zwischen den ge-

sellschaftlichen Aufträgen einer Lehrerrolle und den biographisch bedingten Dispositionen unterscheiden zu können (vgl. Hirblinger 2001, 10).

So sehr dieses Modell zu zunächst überzeugen scheint, v.a. was die umfassende Reflexion des Einbezug des Forschenden und Lehrenden in den Erkenntnis- und Handlungsprozesses betrifft, so sehr scheinen mir Hirblingers eigenen Konzeptualisierungsversuche jedoch auch noch bestimmt von einer idealen Vorstellung, ein dem Setting Schule angepasstes psychoanalytisch geleitetes Handlungskonzept entwerfen zu können, in dem „'gleichschwebende Aufmerksamkeit' in einer 'nicht-defensiven Position' aller Beteiligten" (ebd. 43) ermöglicht werden soll.

Die Wege und Mittel die Hirblinger für eine psychoanalytische Vergegenwärtigung von Schule vorschlägt – Fallerzählungen aus einer Betroffenen-Perspektive, die bildhaft zeigen können, wie Lehrer und Schüler miteinander verstrickt sind – sind nachvollziehbar und für ein tieferes Verständnis schulischer Beziehungsprozesse unverzichtbar.

Was die Konzeptualisierungsmöglichkeiten angeht, werden sie situationsbezogene, retrospektive Deutungen liefern können, nicht zuletzt als notwendiges Korrektiv herkömmlicher Schultheorien. Was jedoch eine mögliche Handlungsrelevanz betrifft, müsste sich ein solches Konzept hinsichtlich eines Professionalisierungsanspruches doch eher bescheiden.

Ich möchte dieses Konzept deshalb kontrastieren mit einem Rückgriff auf einen hier zu Beginn bereits ins Spiel gebrachten Pionier der Psychoanalytischen Pädagogik der Schule: Hans Zulliger. Diese Wahl mag zunächst vielleicht erstaunen, denn Zulligers Fallerzählungen thematisieren nicht ausdrücklich dessen eigene unbewussten Verstrickungen und die Sicherheit mit der er seine Fälle „löst", läßt die Vermutung zu, dass Zulliger selbst auch einem „konzeptualisierten Handlungsentwurf" folgt.

Diese scheinbaren „Mängel" sollten wir zunächst historisch „entschuldigen" (vgl. M. Datler in diesem Band). Über eigene affektive Anteile im pädagogischen Beziehungsgeschehen offen zu reden, war zu Lebzeiten Freuds nicht an der Tagesordnung. Die unbewußte Wirkmächtigkeit der analytischen Abstinenzregel stand dem wohl entgegen. Doch lassen auch Zulligers bildhafte Erzählungen vielfach eine „subversive Wirksamkeit unbewusster Prozesse" aller Beteiligten erkennen, die vielleicht gerade durch eine „Zergliederung" mittels psychoanalytischer Begrifflichkeiten – Zulliger hat in dies seinen eigene Interpretationsversuchen ja teilweise selbst vorgeführt – verloren gehen würde. Auch läßt die Gesamtheit seiner Erzählungen erkennen, dass er bei seinen „Interventionen" weniger einem methodisch geleitetem Handeln folgt als vielmehr, sich um Adäquanz bemühend jeweils spontan reagiert: sich auf Situationen einlässt, Übertragungsangebote aufnimmt oder zurückweist, selber Übertragungsangebote macht, auf die reale Dimension seiner Lehrerautorität pocht, usw.

Vielleicht haben Zulligers Geschichten noch einen weiteren Nachteil: sie erzählen nur Gelungenes, doch wer spricht schon gerne über gescheitertes und problematisches pädagogisches Geschehen, wenn er selbst daran beteiligt ist. Hier sähe ich in der Tat einen großen Ergänzungsbedarf, dem Hirblinger in der Durchführung seines Ansatzes jedoch hinreichend Rechnung trägt.

Trotz all dieser Begrenzungen, die es zu berücksichtigen gilt, scheut sich Bittner nicht Zulligers psychoanalytisch inspiriertes Handeln in der Schule als Exempel heranzuziehen um zu verdeutlichen, was psychoanalytisch orientierte Pädagogik grundsätzlich heute zu leisten vermag:

Zulliger „fand sich in einer bestimmten Lebens- und Berufssituation als junger Lehrer, und er hatte eine Erfahrung gemacht mit der Psychoanalyse. .. Er fing an, etwas von dem, was er in der Analyse erfahren hatte, in seinen Berufsalltag einzuschmuggeln. Daraus und aus nichts anderem bestand seine Psychoanalytische Pädagogik.
So geht es noch heute. Wer „psychoanalytisch *erziehen* will", der mußte irgend eine persönliche Erfahrung mit der Psychoanalyse gemacht haben: sei es durch eine eigene Analyse, durch Teilnahme an ... einer Balint-Gruppe, oder durch Lektüre, die etwas in Gang gebracht hat. Solche Erkenntnis, wie richtig oder falsch, umfassend oder fragmentarisch, geht am Alltag nicht ohne Spuren vorüber. Sie ändert den Alltag den persönlichen wie den beruflichen.
Psychoanalytische Pädagogik als *Wissenschaft* ist der Diskurs der betroffenen Subjekte über die Dunkelstellen pädagogischer Interaktion – ein Diskurs, der allein dadurch, daß er geführt wird, die Praxis verändert. Psychoanalytische Erziehung als Praxis ist die Bezeichnung für alles, was sich an unserem erzieherischen Umgang mit Menschen dadurch verändert – hoffentlich zum Besseren verändert, ohne dass dies immer garantiert ist –, daß wir psychoanalytische Erfahrungen gemacht bez. psychoanalytische Gedanken im Hinterkopf haben" (Bittner 1996, 254).

Drei Anmerkungen zum Schluss dazu:
-   Dass solche „psychoanalytische Gedanken" heute anders aussehen werden als zu Zulligers Zeiten, scheint offensichtlich. Sie werden sich an der fortgeschriebenen Theorie der Psychoanalyse entlang bewegen, deshalb sollte man sich die Relativität dieser Gedanken bewusst halten und sie nicht konkretistisch für „Wahrheiten" halten.
-   Dass wir sie in systematisierender Absicht vortragen, wenn sie einem Anspruch von Wissenschaftlichkeit genügen wollen (das wären Konzeptualisierungen), scheint nachvollziehbar und geboten.
-   Dass wir sie unter Einbezug unserer eigenen Involviertheit offenlegen, sind wir dem Anspruch der Psychoanalyse als „einziger methodisch Selbstreflexion in Anspruch nehmender Wissenschaft" (Habermas) schuldig. Auch über Schule – wie über andere bedeutsame Vorgänge im Leben – sollte nicht nur objektiv gesprochen werden, sondern auch vor dem Hintergrund persönlicher Erfahrungen (vgl. Bittner/Fröhlich 1997).

Was wird eine solche Psychoanalyse der Schule bewirken können? Ich denke nicht zuletzt kann sie uns dazu verhelfen, unsere psychoanalytisch inspirierten „Träume vom guten Lehrer" (Scarbath 1992) zurecht zu rücken, in der Hoffnung, nicht nur hinreichend gut sein zu müssen, sondern auch hinreichend schlecht sein zu dürfen und damit die Möglichkeit zuzulassen, dass die „Absolventen" der Institution Schule, die damit erfahrenen Begrenzungen auch als Möglichkeit nutzen können, sich selbst und ihre eigenen Wünsche zu entdecken.

Literatur:

Balint, B.(1938): Ich-Stärke, Ich Pädagogik und „Lernen". In: J. Cremerius (Hrsg.): Psychoanalyse und Erziehungspraxis. Fischer: Frankfurt 1971, 92-102
Bernfeld, S. (1925): Sisyphos oder die Grenzen der Erziehung. Suhrkamp: Frankfurt/ M. 1973
Bittner G. (1976): Das „unbewusste Ich" des Kindes im unterrichtlichen Lernprozess – Psychoanalytische Anmerkungen zu H. Rumpf: Unterricht und Identität". In: Zeitschrift für Pädagogik, 22. Jg., 901-905
Bittner, G. (1977): Vergessene Dimensionen des Lernens. Vorwort. In: Neidhardt, W. (Hrsg): Kinder, Lehrer und Konflikte. Vom psychoanalytischen Verstehen zum pädagogischen Handeln, Juventa: München, 1977, 7-10
Bittner, G. (1995): Hans Zulliger. In: Fatke, R., Scarbath, H. (Hrsg.): Pioniere psychoanalytischer Pädagogik, Lang: Frankfurt am Main, 1995, 53-65

Bittner, G. (1996): Kinder in die Welt, die Kinder in die Welt setzen. Kohlhammer: Stuttgart

Bittner, G./Ertle, Ch./Schmid, V. (1974): Schule und Unterricht bei verhaltensgestörten Kindern. In: Deutscher Bildungsrat. Gutachten und Studien der Bildungskommission, Sonderpädagogik 4. Klett: Stuttgart

Bittner, G./ Fröhlich, V. (1997): Lebensgeschichten – Über das Autobiographische im pädagogischen Denken. Die Graue Edition: Zug, Kusterdingen

Bychovski, G. (1930): Schwierigkeiten in der Schule und ihre Psychotherapie. In: Zeitschrift für Psychoanalytische Pädagogik, 4. Jg., 420-430

Homburger, E. (1931): Triebschicksale im Schulaufsatz. In: Zeitschrift für Psychoanalytische Pädagogik, 5. Jg., 417-445

Freud. A. (1930): Einführung in die Psychoanalyse für Pädagogen, Schriften Bd. 1, Kindler: München 1980

Freud, A. (1936): Das Ich und die Abwehrmechanismen, Schriften Bd. 1, Kindler: München 1980

Freud, S. (1925): Geleitwort zu "Verwahrloste Jugend" von August Aichhorn, GW XIV. Fischer: Frankfurt/M. 5.Aufl.1976, 565-567

Fröhlich- Uhl, C. (1983): Lebenswelt Grundschule – Die erste Lehrerin: Schüler erzählen von ihren Erfahrungen. Gesamthochschule Kassel

Fürstenau, P. (1964): Zur Psychoanalyse der Schule als Institution. In: Das Argument, 1964, 29. Jg., 65-78

Garlichs, A./ Hagstedt, H. (2000): Schüler verstehen lernen – Das Kasseler Schülerhilfeprojekt. Auer: Donauwörth

Göppel. R. (1991): Die Burlingham- Rosenfeld-Schule in Wien (1927- 1932). In: Zeitschrift für Pädagogik, 37. Jg., 411-430

Grothjan, M. (1937): Kinderanalyse und Erziehung im Rahmen einer psychoanalytisch orientierten Schule. In Zeitschrift für psychoanalytische Pädagogik, 11. Jg., 20-28

Habermas, J. (1968): Erkenntnis und Interesse. Suhrkamp: Frankfurt am Main

Hirblinger, H. (1992): Pubertät und Schülerrevolte. Matthias-Grünewald-Verlag: Mainz

Hirblinger, H. (1999): Erfahrungsbildung im Unterricht. Juventa: Weinheim, München

Hirblinger, H. (2001) Einführung in die psychoanalytische Pädagogik der Schule. Königshausen & Neumann: Würzburg

Kasser, W. (1963): Hans Zulliger. Eine Biographie und Würdigung seines Wirkens. Huber: Bern

Kuendig, W. (1928): Psychoanalytische Streiflichter aus der Sekundarschulpraxis. In. Zeitschrift für Psychoanalytische Pädagogik 2. Jg., 69-82

Muck, M. (1980): Psychoanalyse und Schule. Grundlagen, Situationen, Lösungen. Klett: Stuttgart

Neidhardt, W: (1977): Kinder, Lehrer und Konflikte. Juventa: München

Reiser, H. (1972): Zur Praxis der psychoanalytischen Erziehung in der Sonderschule. In: Leber, A./ Reiser, H. (Hrsg.): Sozialpädagogik, Psychoanalyse und Sozialkritik. Luchterhand: Neuwied

Reiser, H. (1977): Integration psychoanalytischer Konzepte in die Arbeit mit Sonderschülern. In: Feuser, G. (Hrsg.): Behinderte Pädagogik - Behindernde Pädagogik - Verhinderte Pädagogik. Jaarick: Oberbiel

Reiser, H. (1987): Erziehung und Technik in der psychoanalytisch orientierten themenzentrierten Gruppenarbeit. In: Reiser, H./Trescher, H.- G. (Hrsg.): Wer braucht Erziehung? Impulse der psychoanalytischen Pädagogik. Matthias- Grünewald-Verlag: Mainz, 181-196

Rumpf, H. (1976): Unterricht und Identität. Perspektiven für ein humanes Lernen. Juventa: München

Scarbath, H. (1992): Träume vom guten Lehrer. Auer: Donauwörth

Weiss, H. (1936): Psychoanalyse und Schule. In Zeitschrift für Psychoanalytische Pädagogik, 10. Jg., 321-336

Wellendorf, F. (1991): Grenzen der Erziehung- Überlegungen zur Schule als Institution. In: Schäfer, G. (Hrsg.): Soziale Erziehung in der Grundschule. Juventa: Weinheim, München, 107-122

Winnicott, D.W.: (1973): Vom Spiel zur Kreativität. Klett-Cotta: Stuttgart 1973

Zulliger, H. (1966): Bausteine zur Kinderpsychotherapie und Kinderpsychologie. Huber: Bern

Barbara Rendtorff

Die Institution als dreifacher Ort

Bei dem folgenden Text handelt es sich weniger um eine ausgereifte Theorie, als um eine Ideen-Skizze, die vor allem als Anregung verstanden werden will, um der Frage nachzugehen, wie das Verhältnis von SchülerInnen und LehrerInnen zueinander und zu dem in der Schule vermittelten Wissen von der Struktur der Institution Schule beeinflusst ist. Der Titel verdankt sich einem Vortrag von Marie-Claire Boons, einer zum Umfeld Lacans gehörenden französischen Psychoanalytikerin, den sie 1986 während einer Tagung über die Problemlage der psychoanalytischen Vereinigungen und die Geschichte der Ecole Freudienne mit ihren Konflikten und Spaltungen gehalten hat (Boons 1987). Es geht ihr also um einen ganz anderen Gegenstand, trotzdem finde ich ihren Ansatz spannend und fruchtbar – und zwar vor allem aus zwei Gründen. Zum einen ist nach meiner Auffassung die Psychoanalyse auch für die Erziehungswissenschaft vor allem interessant und ergiebig als *Strukturtheorie*, und weniger als individuell-therapeutische Perspektive. Und zweitens scheint mir der Ansatz inspirierend, weil Lacan ja mit der Signifikantentheorie den Strukturgedanken weitestmöglich vorangetrieben hat.
Dazu zunächst eine ganz kurze Einfügung. Das Signifikanten-Konzept beruht auf der Unterscheidung zwischen Signifikat (dem „Bezeichneten", der sächlichen Seite der Worte) und Signifikant (dem „Bezeichnenden", ihrer lautlichen Seite). Der zentrale Gedanke des Konzepts ist, dass „Sinn" nicht den Dingen (den Signifikaten) selbst anhaftet, sondern durch die Verkettung der Signifikanten miteinander entsteht, indem diese sich voneinander unterscheiden – aber nur, sofern sie sich dabei aufeinander beziehen. Ihre Unterscheidung (ihr Abstand) voneinander und ihre gleichzeitiger Verbindung erzeugt Sinn und Bedeutung. Diese sind also immer relational, in eine Struktur eingebettet und gewissermaßen „unabhängig" von den Dingen selbst.[1]
Von hier aus lässt sich nun auch ein Blick auf Schule herstellen, der es ermöglicht, die in ihr stattfindenden Aktivitäten und Beziehungen zu analysieren, ohne nach so etwas wie Sinn oder Verstehen zu suchen, gewissermaßen als reine Form, die ein Stück weit unabhängig ist von ihrem Inhalt, anders gesagt: sich um jeden beliebigen Inhalt herum organisieren kann.

Die Formulierung „dreifacher Ort" verweist natürlich auf Lacans drei Register oder Ordnungen (das Reale, das Symbolische, das Imaginäre),[2] in deren Geflecht sich, wie Boons

---

[1] Lacan hat dieses Konzept, wie insgesamt seine Theorie, leider nicht systematisch dargestellt. Vgl. z.B. Lacan, Jacques (1966): Das Drängen des Buchstabens im Unbewussten oder die Vernunft seit Freud. In: Ders. (1975): Schriften II. Olten; Lacan, Jacques : Funktion und Feld des Sprechens und der Sprache in der Psychoanalyse. In: Ders. (1986): Schriften I. Weinheim; vgl. auch sehr kritisch aber recht klar in der Darstellung: Bowie, Malcolm (1994): Lacan. Göttingen

[2] Diese Register sind ebenfalls ein fundierendes Konzept der lacanianischen Psychoanalyse, eine Weiterentwicklung der (schon bei Freud triadisch gedachten) Grundstruktur der psychoanalytischen Vorstellung von der menschlichen Psyche. Der Begriff „Register" (oder: Ordnungen) verweist dabei darauf, dass es sich um nicht-substanziell gedachte Dimensionen des psychischen Erlebens handelt. Alles, was Menschen tun und erleben, spielt sich gleichzeitig in diesen verschiedenen Registern ab, erscheint dabei aber auf jeweils charakteristisch

schreibt, jegliches menschliche Abenteuer entfaltet. Boons betrachtet nun, wie Institutionen sich in ihrer Dynamik auf diesen drei Ebenen / in der Perspektive dieser drei Register darstellen lassen.

Da ist zunächst die Ebene des Imaginären. Bei Lacan ist das Imaginäre der Ort der Spiegelbilder, der Identifizierungen und gegenseitigen Abhängigkeiten, aber auch der Ort der Täuschungen und des Verkennens. Das imaginäre Ich, das *moi*, ist das, was ich über mich weiß und denke, das Bild, das ich über die Beziehungen zu anderen von mir entwerfe. Die ursprünglichen Identifizierungen, aus denen das Ich hervorgegangen ist, werden in den Beziehungen zur Außenwelt, zu anderen Menschen und Dingen, wiederholt, bestärkt, ausgestaltet und dadurch dauerhaft gemacht. Wenn Identifikationen im Imaginären kreisen und der Symbolisierung entzogen bleiben, können sie nicht aufgegeben oder verflüssigt werden. Die imaginäre Beziehung der Subjekte zueinander, gewissermaßen von *moi* zu *moi*, ist also auch der Bereich des narzisstischen Idealichs.

Hier setzt Boons an und beschreibt die imaginäre Dimension der Institution als den Ort der Ähnlichkeiten und Verbindungen, der Aufhebung von Individualitäten hin auf ein gemeinsames „Wir", Phantasma eines Ganzen. Dieses Phantasma kollektiver und homogener Allmacht wird organisiert durch eine doppelte Form der Identifikationen: in der Vertikalen als Identifikation mit dem Ideal der Institution (also der Sache, dem Führer oder dem Meisterdiskurs), in der Horizontalen als Identifikation der Mitglieder untereinander. Die im imaginären Feld erzeugte Gemeinsamkeit funktioniert auch über die Abgrenzung von anderen, die z.B. zu anderen Institutionen gehören.

Das „Wir", das über diese Identifikationen erzeugt wird, hat also auch mit gegenseitiger Abhängigkeit zu tun, und mit Rivalität in Bezug auf die Ähnlichkeit: Die Abweichung eines Mitglieds gefährdet den Zusammenhalt, der auf Gleichheit gründet. (Das ist übrigens bei allen Gleichheitsdiskursen der Fall: sie tendieren dazu, sich terroristisch gegen ihre Mitglieder zu wenden. Das konnte man schon bei Hannah Arendt nachlesen.)

Jetzt das zweite Register, das Symbolische, die Ordnung der Sprache, der Verweisungen und Verkettungen. Hier gibt es keinen „Sinn" – das Netz der Signifikantenkette (so bezeichnet Lacan die sprachliche Struktur, in der jedes Wort seinen Sinn nur aus seinem Bezug zu anderen Wörtern erhält) ist mehr ein *Gefüge* für Sinn, und die einzelnen Signifikanten beziehen ihren Sinn aus ihren Verbindungen und Verweisungen, nicht etwa aus ihrer Inhaltsschwere. Symbolisierungen sind „Aufhebungen" – so wie sprachliche Begriffe von den Dingen, die sie bezeichnen, abstrahieren (deshalb heißt es bei Lacan, das Wort sei ein „Mord an der Sache"). Insofern haben sie immer eine innere Verbindung zum Tod, und das Begehren erwächst aus dem, was Lacan den Mangel nennt.

Das Reale, um das noch vorwegzunehmen, ist das, was weder symbolisch noch imaginär ist, worüber das Subjekt keinerlei Macht hat. Es ist also einerseits das materiell Gegebene, andererseits das Unvorhersehbare, das dem Menschen zustößt, ohne sich aus der Ordnung der Signifikanten herzuleiten. Deshalb auch bei Lacan die irritierende Formulierung, das Reale sei das Unmögliche – das unmöglich zu Fassende und zu Beherrschende also. (Das ist bei Lacan ein bisschen dunkel, muss uns aber hier nicht weiter interessieren.) Malcolm Bowie nennt

---

unterschiedliche Weise – und lässt sich deshalb auch je verschieden auffassen und beantworten. Insofern bietet dieses Konzept der Register einen großen Schutz vor Vereindeutigungen und Verkürzungen.

deshalb die drei lacanianischen Register etwas ironisch „Schwindel, Mangel und Unmöglichkeit" (vgl. Bowie 1994, 108).

Auf der Ebene des Symbolischen / der symbolischen Ordnung bildet nun in dem Aufsatz von Boons der oberste Signifikant der Institution (die Idee, der Auftrag) oder sein eventueller Träger (der Meister, der Priester) den Kern, um den herum sich eine Hierarchie der Plätze entfaltet. Von diesem obersten Signifikanten geht das größte Versprechen auf Befriedigung des Begehrens aus, deshalb gilt hier: je näher am Meister / der Idee, desto wertvoller ist der Platz. (Die Nähe bemisst sich dabei nicht unbedingt an der institutionellen Gliederung, sondern an der „Intimität" zur Macht der Institution. So kann z.B. ein Minister eine „Marionette" sein, während einer seiner Referenten im Hintergrund die Fäden zieht.) Das begünstigt (oder erzeugt) imaginäre Effekte (bzw. sie erscheinen ja nur im Imaginären). Die Hierarchie der Plätze wird interpretiert als eine Hierarchie des Wissens: „Einen Platz zu haben, bedeutet in den Augen anderer, dass man etwas weiß, was sie nicht wissen", schreibt Boons. Am wenigsten wissen natürlich diejenigen, die außerhalb der Institution bleiben. Da sich der Wert des Platzes, den jemand innehat, aus der Nähe zum obersten Signifikanten ableitet, so ist im übrigen klar, dass das Subjekt aus dieser Rechnung verschwindet. Wurde im imaginären Feld die Gemeinsamkeit erzeugt, so im symbolischen die Hierarchie, i.d.R. auch ausgedrückt im Lohn, den die Mitglieder erhalten.

Boons unterscheidet nun an dieser Stelle zwei Typen von Institutionen (und das wird sich für unser Thema als wichtig erweisen): die Institution im engeren Sinne, als bürokratische oder staatliche Einrichtung, und einen Typus von Institution, den sie „Organisation" nennt – also selbst gegründete Projekte, politische Gruppen mit Institutions-Charakter oder, in ihrem Fall, psychoanalytische Schulen. Diese beiden Typen unterscheiden sich vor allem in ihrem „Kreislauf der Schulden".

Man könnte sich diese Unterscheidung vielleicht besser als zwei verschiedene Modi im Verhältnis zur Institution vorstellen. Denn tatsächlich, schreibt Boons, mischen sich in konkreten, real existierenden Institutionen diese beiden Verfahrens- und Identifikationsweisen und kommen nicht in Reinform vor.

Organisationen leben von dem, was sie den Subjekten abschöpfen, ihre Basis sind eine starke Mobilisierung des Begehrens der Individuen, die sich identifizieren sollen, ihren Platz subjektivieren und gewissermaßen einen Überschuss einbringen. Die Identifikation mit der Organisation ist also ungleich höher als die mit der reinen (bürokratischen) Institution – und das verweist darauf, dass die Bezahlung in beiden Formen der Institution geradezu umgekehrt verläuft: Die bürokratische Institution bezahlt ihre Mitglieder durch nach ihrer Arbeit bemessenen Lohn, aber die Organisation *wird* zugleich auch durch ihre Mitglieder bezahlt, durch den Überschuss, also den Teil an Realem, den sie ihr opfern. Und weil es ein Überschuss ist (an Engagement, an Nachdenken, an Zeit, Lust, Intensität im Arbeitsprozess usw.), der sich aus dem Begehren der Subjekte speist, ist auch klar, dass er tendenziell unendlich und nicht berechenbar ist.

Der Unterschied resultiert also aus dem Verhältnis der Mitglieder zur Institution: Im Falle der bürokratischen Institution tragen sie nicht die Verantwortung für sie und ihr Fortkommen, da die Institution auch vor ihnen und ohne sie existiert, während der Typ „Organisation" nur in dem Maße „wirklich" ist, wie die Mitglieder ihn dazu machen, anders gesagt:

nur aus der „Möglichkeit der Beschlagnahme von Subjekten" lebt, die mit ihrer Person (ihrem Überschuss) dafür zahlen.

Einen wesentlichen Teil seiner Energie bezieht der Typ „Organisation" also aus einem aggressiven Antagonismus: aus der Abgrenzung gegen andere, die nicht dazugehören, und aus einem inneren Prinzip des Schuldigseins, das denjenigen anfällt, der sich nicht (oder nicht genug) hingibt. Auch diese Aspekte sind potentiell unendlich und nicht berechenbar.

Der Modus „Organisation" und der Modus „reine bürokratische Institution" unterscheiden sich folglich auch zentral hinsichtlich der Frage nach der Legitimität des Sinns, den die Institution vorgibt und bewacht. Bleibt dieser für die reine Institution außerhalb, den Subjekten entzogen, und von ihnen nicht zu verantworten, so ist er beim Typ „Organisation" in die Verantwortung der Mitglieder gestellt, aber verschleiert durch die oft unbewussten oder undurchschaubaren Wirkungen des Begehrens (insbesondere wenn es einen „Guru" / einen Meisterdiskurs gibt. Boons' Kritik zielt hier natürlich auf Lacan).

Versuchen wir jetzt, diese Perspektive auf die Institution Schule anzuwenden, so zeigen sich im wesentlichen drei zentrale Problemfelder: im Feld des Imaginären die problematische Gemeinsamkeit zweier aufeinander bezogener und doch einander ausschließend konzipierter Gruppen (SchülerInnen und LehrerInnen) innerhalb der Schule; zweitens die Frage, um welchen Signifikanten sich die Schule organisiert, und drittens die Frage, wie innerhalb der Schule der Modus „reine Institution" und der Modus „Organisation" aufeinandertreffen.

Im imaginären Feld schafft die Institution Gemeinsamkeit und Identifikation, schreibt Boons. Aber welche und wessen Gemeinsamkeit ist das in der Schule? Schule ist eine Instanz der Nostrifizierung. Ob und wie lange man in ihr ausgehalten hat, ergibt meritokratische und stratifizierende Markierungspunkte für jedes Mitglied der Gesellschaft. Von hier aus leitet sich eine grundsätzliche Unähnlichkeit in den Positionen der Gruppen „SchülerInnen" und „LehrerInnen" ab. Denn im Unterschied zu einer Institution wie dem Militär oder der Staatsbürokratie haben wir in der Schule nicht eine gestufte Hierarchie von Rängen, sondern zwei Gruppen, die jede für sich an ihrer Ähnlichkeit in Abgrenzung zur anderen arbeiten. Wir haben also zwei Institutionen in einer. Die eine, deren Aufgabe es ist, das kulturelle Gedächtnis der Gesellschaft zu bewahren, auszulegen, weiterzugeben und seine Übernahme durch die nächste Generation zu kontrollieren und zu bewerten. Die andere, deren Aufgabe es ist, sich dem kulturellen Wissen der Gesellschaft, das ihr angeboten wird, zu konfrontieren, es zu prüfen und darüber zu befinden, inwieweit sie es sich aneignen, es umgestalten oder verwerfen will.

SchülerInnen sind einander gleich auf der horizontalen Ebene der Identifikation untereinander, die vertikale wird bestimmt durch den Bezug zur Nostrifikation einerseits (das macht sie einander ähnlich) und zur Stratifikation andererseits (das macht sie zu Rivalen), und die Hierarchie der Plätze bestimmt sich aus der Anerkennung durch die Gruppe der LehrerInnen. Die Tendenz muss also dahin gehen, untereinander die Rivalität im Zaum zu halten, weil sie die Ähnlichkeit gefährdet, anders gesagt: die z.B. von Leistungsunterschieden ausgehende Bedrohung der Ähnlichkeit muss ausgeglichen werden durch deren Sicherung auf der horizontalen Ebene, nicht zuletzt durch Verstärkung der Abgrenzung gegen die Anderen – im üblichen Fall die LehrerInnen. Die Gruppe der SchülerInnen verdeckt ihre Rivalität, indem sie ihre „Ungleichheit" auf die Ungerechtigkeit der LehrerInnen zurückführt. Die Entwick-

Nostrifiziera – einbürgen, ein
ausländisches Ex-
amen anerkennen

lung individueller Freiheit, die im Bildungsgedanken enthalten ist, wird also durchkreuzt von der zur Kollektivierung drängenden Dynamik innerhalb der Institution.

Für LehrerInnen gilt zum einen dasselbe: die Tendenz, sich gegenseitig der Ähnlichkeit zu versichern, indem die Lehrerschaft sich gemeinsam gegen SchülerInnen und Elternschaft verteidigend zusammenschließt, ist bekannt, auch die sprichwörtliche Zurückhaltung von LehrerInnen gegenüber Fortbildungen usw. Die Gruppe der LehrerInnen positioniert sich aber *über* der der SchülerInnen und ist deshalb tendenziell nach unten hin, oder: von unten her in ihrer Anerkennung gefährdet. Deshalb ist der Preis der Ähnlichkeit hier ein internes Kritikverbot. Ihr Gewinn ist die phantasmatische Aufwertung des Kollektivs als Träger des kulturellen Gedächtnisses und dadurch natürlich auch ihre individuelle Wichtigkeit als TrägerInnen dieser Aufgabe. Was aber die beiden Gruppen verbindet, lässt sich an dieser Stelle noch nicht erkennen.

Der „Kernpunkt", also mit Boons der oberste Signifikant, der das Zentrum der Institution bildet, ist natürlich auf den ersten Blick betrachtet das Wissen – in einem komplexen emphatischen Sinne verstanden: die kulturellen Güter der Gesellschaft, ihr kulturelles Gedächtnis, sofern es die Möglichkeit individueller Aneignung und Weiterbearbeitung bietet – kurz: das gemeinsame Wissen als Basis individuellen Nutzens. Für die Gruppe der LehrerInnen steht also im Zentrum das Wissen, sofern es weitergegeben werden soll. Das schließt eine Verfügung über das Wissen ein, aus der sich ja die Aufgabe und damit gewissermaßen die Existenzberechtigung der Lehrerschaft herleiten. Die Weitergabe ist also an seine Verteidigung geknüpft: es muss wertvoll sein, damit seine Vermittler wertvoll sind.

Die Hierarchie der Plätze, die sich in Boons' Skizze aus der Nähe zum obersten Signifikanten ableitet, liegt hier zum einen in einer nicht-offiziellen Hierarchie der Fächer, die Anlass zu Animositäten in vielen Lehrerkollegien gibt, zwischen den musischen und wissenschaftlichen Fächern, zwischen Haupt- und Nebenfächern usw. Hier zeigt sich übrigens, wie oben angedeutet, dass es durchaus von praktischem Nutzen ist, das organisierende innere Prinzip der Institution als Signifikantenwirkung zu analysieren: so kann man sich den Effekten widmen, die durch die Positionierung erzeugt werden (also z.B. durch den gemeinsam geteilten Glauben an die Wichtigkeit verschiedener Gegenstände), statt nach der tatsächlichen Wichtigkeit dieser Gegenstände zu suchen (die es ja nur als relationale, imaginäre gibt).

Aber die Hierarchie der Fächer ist nur eine Seite der Medaille. Denn gleichzeitig ist die Position des Lehrers von Seiten der Institution ausdrücklich mit einem Auftrag an eigener Ausgestaltung des Wissens verbunden – wie Mollenhauer in einem schönen alten Aufsatz Ende der 60er Jahre schreibt: „Der Lehrer hat die in der Struktur der gegenwärtigen Gesellschaft begründete Möglichkeit, seine eigenen pädagogischen Motive ins Spiel zu bringen und nach ihnen zu entscheiden" (Mollenhauer 1970, 89). Das macht die horizontale Strategie der Ähnlichkeitsverteidigung schwierig, denn jeder individuelle Spielraum tendiert zu Rivalität. So erscheint von hier aus die starke Tendenz zur Verteidigung der (horizontalen) Gruppen-Identität und imaginären Ähnlichkeit nach außen als Strategie, um das Kollektiv und damit den eigenen Platz gegen die Spannungen im Innern zu schützen. Der Effekt ist demnach, dass die LehrerInnen ihr Privileg / ihre Aufgabe der Interpretation des Wissens (als Forschung und als Frage) nicht nutzen können.

Wenn die Institution Schule in der Perspektive der LehrerInnen tatsächlich um das Wissen (immer emphatisch verstanden) organisiert wäre, dann wäre allerdings zu bedenken, dass dieses ja eine große Dynamik hat, weil es immer aus sich heraus zur Veränderung drängt, den Keim der Veränderung in sich trägt und, indem es den Heranwachsenden zur Verfügung gestellt wird, sich mit offenem Ausgang aussetzt. Das darf aber nach unseren Überlegungen gerade nicht sein, weil es die mühsam stillgestellte Gleichheit im Kollektiv der LehrerInnen gefährden würde. Es ist also, so gesehen, nicht einfach das Wissen, das im Zentrum der symbolischen Ordnung der Institution Schule steht, sondern das Wissen, sofern es von seinen Hütern möglichst unverändert bewahrt wird. Während sie es gemeinsam bewachen und seine Weitergabe kontrollieren, bewachen sie sich gegenseitig.

Als ich mit meinen Überlegungen an diesem Punkt angekommen war, war ich ein bisschen deprimiert, denn das heißt ja im Ergebnis, dass (als Effekt im Realen) sich LehrerInnen und SchülerInnen dahingehend einig sind, einander auf der horizontalen Ebene der Identifikation als Gleiche beständig gegenseitig im Zaum zu halten, und dadurch die Möglichkeiten, die sie alle hätten, stillstellen, während ein Abweichen, wie Boons es beschreibt, nur schuldhaft möglich ist.

Die einzige Chance, hier noch Bewegung hineinzubringen, liegt also in dem dritten in der Einleitung angesprochenen Punkt: dem Verhältnis vom Modus „reine Institution" zum Modus „Organisation". Und jetzt wird die Sache vollends verrückt. Denn aus dieser Unterteilung (die ich im Prinzip für sehr produktiv halte) folgt, dass die Möglichkeit, das Wissen lebendig zu halten (d.h. eben auch: die Möglichkeit für die Kinder, daran zu wachsen), eben darin liegt, inwieweit LehrerInnen und SchülerInnen sich verhalten können, als sei die Schule nicht ein Ort vom Typ „reine bürokratische Institution", sondern vom Typ „Organisation"; mit anderen Worten: darin, ob oder inwieweit sich durch den Überschuss, den die Einzelnen mobilisieren, ein individueller Aneignungsprozess (auch: ein individuelles „Triebgeschehen") in Bezug auf das Wissen entwickeln kann, und damit eine individuelle Beziehungsdynamik, die dem Gleichheitssog widersteht – und das widerspricht sich fundamental.

Schule ist als staatliche Einrichtung mit Beamtengehalt und Schulpflicht alles andere als ein selbstbestimmter Ort, für den die daran Beteiligten die Verantwortung übernehmen könnten. Gleichzeitig ist aber (im Vergleich etwa zu einem Büro einer staatlichen Einrichtung) der Freiheitsaspekt doppelt in ihr enthalten: einmal in dem, was zum Bildungsgedanken gehört, also die Freiheit des Subjekts, aus dem Wissen qua Aneignung etwas Eigenes zu machen, und zweitens in der Maßgabe des Staates an die LehrerInnen, die ihnen übertragene Aufgabe auf eine z.T. ja private Art auszufüllen (das wiederholt sich übrigens in der Universität).

Da der Staat als Auftraggeber und als derjenige, der die Institution darstellt und betreibt, aber ein Interesse daran hat, dass sie in seinem Sinne funktioniert (jede andere Ansicht wäre naiv oder moralisch), muss er also seinerseits davon ausgehen können, dass dieser Freiheitsspielraum ihn nicht in seinem Grundbestand gefährdet.

Hier wäre also der Punkt, an dem SchülerInnen und LehrerInnen einen gemeinsamen Identifikationspunkt haben können: als diejenigen, die dem Staat gegenüber auf ihrer Auslegungs- bzw. Aneignungsoption gegenüber dem Wissen bestehen, also darauf, das Wissen der gemeinsamen Bearbeitung auszusetzen. Dem möglichen Wirksamwerden dieser Ähnlichkeitsdimension setzt der Staat aber wiederum die erwähnte meritokratische und stratifikatorische Dimension von Schule entgegen, weil diese die beiden Gruppen *gegeneinander* positioniert und innerhalb beider die vertikale Rivalität lebendig halten kann. Außerdem macht er sich natürlich hier die menschliche Bereitschaft zunutze, darauf einzugehen, wann immer sich jemand anbietet, einem die Arbeit des selbständigen Denkens abzunehmen.

Die hierarchisierende Dimension der Vergabe von Noten und Plätzen verleitet aber die LehrerInnen dazu, in einer Verkennung der Struktur der Institution die SchülerInnen als Bestandteil der Hierarchie anzusehen und sich mit deren Unterlegenheit zu trösten / zufriedenzugeben. So büßen letztlich alle die Möglichkeit ein, das Wissen verfügbar zu machen und in „eigenem Namen zu sprechen und zu denken" (Boons 1987, 51)

Um hier gegenzusteuern, wäre es also notwendig, die horizontale Identifizierungsdynamik zu bremsen, um die Rivalität in der Horizontalen besser zulassen zu können – denn dann, das haben wir vorher ja gesehen, könnte auch wieder Bewegung in den Umgang mit dem Wissen kommen. D.h. mit anderen Worten: man muss dem Phantasma der Gleichheit / Ähnlichkeit entgegensteuern. Das lässt sich auf zweierlei Weise denken. Zum einen würde es verlangen, auch das Wissen zur Symbolisierung freizugeben, es aus der Identifikationsbeziehung zu lösen, d.h. tendenziell von dem Gegenstand zu trennen (trennbar zu machen), an dem es gerade „gelernt" wird. Und zweitens würde es verlangen, auch die Beziehungen der Subjekte zueinander aus dem imaginären „Wir" ein Stück weit zu befreien, hin zu symbolisierten / symbolisierungsfähigen Positionen: das heißt vor allem, die Anderen auf der horizontalen Ebene als Andere zu setzen, als Ungleiche. So heißt es bei Lévinas (in einem Aufsatz „Über die Intersubjektivität"), dass die Sozialität menschlicher Gesellschaften in der „gegenseitigen Fremdheit der Menschenwesen" bestehe, „die dennoch zur Gesellschaft fähig sind" (Levinas 1983, 54).

Und jetzt noch eine letzte Bemerkung zum Schluss. Wie alle Erörterungen über Personen, Beziehungs- und gesellschaftliche Themen hat auch die hier andiskutierte Thematik eine Geschlechterdimension. Auch die hier noch auszuführen, würde jetzt zu viel Raum beanspruchen – ich möchte aber wenigstens kurz andeuten, in welche Richtung die Diskussion hier weitergeführt werden müsste.

Es haben sich meines Erachtens zwei Ansatzpunkte gezeigt, an denen sich anknüpfen ließe. Der eine ist das Verhältnis zum „Obersten Signifikanten" und damit zur Hierarchie. Weil innerhalb des symbolischen Systems insgesamt der Phallus als oberster Signifikant fungiert, sind alle obersten Signifikanten irgendwelcher Teilsysteme davon affiziert. Frauen und Männer haben zum Phallus ein unterschiedliches Verhältnis, bei den Männern um den „Schein des Habens" organisiert, bei den Frauen um den „Schein des Nicht-Habens" bzw. den „Schein des Seins" (Phallus-Seins) (vgl. ausführlicher Rendtorff 1998). Das zieht nach sich ein anderes Verhältnis zur Hierarchie – ganz grob angedeutet mit dem Stichwort, dass Männer(gruppen) die Tendenz haben, in die Hierarchie hineinzuspringen, um sich möglichst weit hochzuschaffen, Frauen(gruppen) aber so tun müssen, als ginge sie das gar nichts an, und als sei etwas anderes das eigentlich Wichtige. Diese Tendenz (wohlgemerkt als Strukturaspekt verstanden!) wird sich auch innerhalb der Institution Schule bemerkbar machen, nicht zuletzt darin, dass zwischen Lehrerinnen und SchülerInnen andere Bündnisse geschlossen werden als zwischen Lehrern und SchülerInnen.

Der zweite Punkt, über den man in diesem Zusammenhang nachdenken müsste, ergibt sich daraus, dass weiblich und männlich in der abendländischen Denkgeschichte zum Begriff des Anderen oder des Andersseins je schon unterschiedlich positioniert sind. Das Weibliche ist selbst in dieser Tradition das Andere des Mannes. Deshalb werden die Subjekte mit der Zumutung oder der Forderung nach Anerkennung des Anderen als anders auch verschieden umgehen, sei es dahingehend, wie sie dieses „anders" ausfüllen und auf sich beziehen, oder sei es, inwieweit sie ein anderes / einen Anderen in all seinem Anderssein doch als ähnlich wahrnehmen können. – Aber, wie gesagt: das wäre dann eine andere Frage und ein anderer Text.

Literatur:

Boons, Marie-Claire (1987): Die Institution als (dreifacher) Ort. In: Between the Devil and the Deep Blue Sea. Psychoanalyse im Netz. Psychoanalytisches Seminar Zürich (Hrsg.): Kore-Verlag: Freiburg

Bowie, Malcolm (1994): Lacan. Steidl Verlag: Göttingen

Lacan, Jacques (1966): Das Drängen des Buchstabens im Unbewussten oder die Vernunft seit Freud. In: ders. (1975): Schriften II, Walter-Verlag: Olten

Lacan, Jacques (1986): Funktion und Feld des Sprechens und der Sprache in der Psychoanalyse. In: ders.: Schriften I. Quadriga-Verlag: Weinheim und Berlin

Lévinas, Emanuel (1983): Über die Intersubjektivität. Anmerkungen zu Merleau-Ponty. In: Metraux, André / Waldenfels, Bernard (Hrsg.): Leibhaftige Vernunft. Spuren von Merleau-Pontys Denken. München, 48-54

Mollenhauer, Klaus (1962): Die Rollenproblematik des Lehrerberufs und die Bildung. In: ders.: Erziehung und Emanzipation. Juventa: München 1970

Rendtorff, Barbara (1998): Geschlecht und différance. Die Sexuierung des Wissens. Eine Einführung. Ulrike Helmer Verlag: Königstein

Heiner Hirblinger

Unterricht als Setting, Rahmen und Prozess

Der Beitrag der psychoanalytischen Pädagogik zur „inneren Schulentwicklung" – Probleme und Perspektiven

> *"Die Verwertung der Traumelemente beim Erwachen ist der Schulfall des dialektischen Denkens."*
>
> Walter Benjamin

1. Vorbemerkungen

Es gibt viele Metaphern in der abendländischen Kultur und Überlieferung, die uns nahe legen, die Kluft zwischen Pädagogik und Psychoanalyse nicht als unüberbrückbar anzunehmen.

Man denke etwa an das bekannte Bild vom „Ross und Reiter", das für ein Ich steht, das sich der Triebkräfte des Unbewussten vergewissern möchte, um nicht vom „Pferd geritten" zu werden. Oder an das verwandte Bild und Gleichnis vom „Wagenlenker" in Platons „Phaidros" (Platon 1982, 445), in dem sich das Ich zwei sehr verschiedenen Rossen gegenübersieht: das eine besonnen und schamhaft, das andere trotzig, plump „kaum der Peitsche und dem Stachel gehorsam". – Schließlich könnte man noch denken an das – in seiner hintergründigen Bedeutsamkeit für die Pädagogik kaum auszulotende – „Höhlengleichnis" Platons.

In der Tradition solcher Metaphern zu Fragen der Pädagogik sehe ich das Bild vom „Haus, das bewohnt" sein muss, damit es „in fact" ein Haus ist, wie Karl Marx sagt: „ ... ein Kleid wird erst wirklich Kleid durch den Akt des Tragens; ein Haus, das nicht bewohnt ist, ist in fact *kein wirkliches Haus*" (Marx 1902, 236/237). Marx weist damit auf den Unterschied zwischen dem „Naturgegenstand" und dem „Produkt" hin, die beide je für sich eine eigene Realitätsauffassung beanspruchen müssen.

Aus anderer Perspektive spricht dann Freud in seinem – wohl bekanntesten – Diktum vom „Haus": Er schärft bekanntlich unseren Blick dafür, dass das „Ich" nicht immer „Herr im eigenen Haus" ist.

Marx sieht das Haus als Ganzes, als Gebäude und Strukturgebilde, das *hervorgebracht* wird und deshalb als Produkt erkannt werden muss; Freud wähnt sich in einem Haus, in dem das Subjektsein gefährdet ist, weil fremde Mächte, „dunkle Gestalten", möglicherweise „die Keller" bewohnen könnten.

Kein Zweifel: Beide Metaphern haben je für sich etwas sehr Erhellendes. Sie treffen sich zudem vermutlich in einem Dritten: Nimmt man nämlich das Bild vom „Haus, das bewohnt sein muss", um „real" zu werden und das Bild vom „Ich", das „Herr im Haus" bleiben möchte, so ergeben sich für das Thema des Beitrags wichtige Fragen: Kann Unterricht schon seinen *Sinn realisieren*, wenn die Unterrichtenden das „Setting" (d.h. das „Haus") nicht als

Produkt, als etwas *Hervorgebrachtes* erkennen? – Wird das „Haus" Unterricht schon „bewohnt", wenn der Lehrer sich nicht sicher sein kann, dass er – zumindest in *wesentlichen Aspekten* seines Tuns – einigermaßen „Herr im eigenen Haus" ist?

Es sind dies zwei Fragen, die auf ein vertieftes Verständnis der „Struktur der pädagogischen Praxis" im Unterricht und letztlich auf wesentliche Voraussetzungen für eine Konzept der Professionalisierung und Methodenkompetenz für Lehrer zielen.

Aus der Sicht der psychoanalytischen Pädagogik ist das Haus nämlich immer auch ein *„inneres Haus"* des Denkens und der emotionalen Erfahrungen. Und für dieses „innere Haus" gilt, was Bion sagt: „Solange das Denken sich nicht seiner selbst bewusst geworden ist, das heißt solange es die Entstehung seiner Elemente bzw. seiner Bausteine nicht kennt und sie daher nicht überprüfen kann, ist es ständig in Gefahr, subjektiv und objektiv zu verwechseln, kann nicht zwischen dem Erkennenden und dem Erkannten unterscheiden" (Krejci 1990, 16).

2. Die Struktur der pädagogischen Praxis

Felice ist ein dunkelhäutiger Afrikaner. – In den ersten Wochen nach Eintritt ins Gymnasium in der 5. Klasse wirkt er eher scheu und zurückhaltend. Doch seine Zurückhaltung und seine Freundlichkeit machen ihn für viele Mitschüler sympathisch. Dem Unterricht folgt er aufmerksam, doch er beteiligt er sich nie aktiv. Als die ersten Schulaufgabe geschrieben werden, zeigt sich im Fach Deutsch, dass Felice im Alter von 11 Jahren über eine sehr entwickelte Fähigkeit verfügt, sich in andere Personen und Situationen einzufühlen und hineinzudenken. Er kann eigenes Erleben gut darzustellen. Obwohl er die deutsche Sprache erst nach dem vierten Lebensjahr erlernte, verfügt Felice – verglichen mit seinen Altersgenossen – über eine sehr entwickelte Sprachkompetenz. Die anderen Kernfächer, Latein und Mathematik, machen ihm jedoch nach einigen Monaten am Gymnasium Schwierigkeiten.

Als sich erste Probleme andeuten, informiert die Adoptiv-Mutter von Felice die Lehrer über biographische Hintergründe. Felice wurde von ihr und ihrem Mann adoptiert, nachdem seine Eltern in einem ethnisch motivierten Bürgerkrieg ums Leben kamen. Glaubwürdigen Berichten zufolge sei das Kind in der Nähe gewesen, als die Eltern in einem Massaker ermordet wurden. Auch die Geschwister von Felice werden bis heute vergeblich gesucht und gelten als verschollen.

Felice blieb während des gesamten Schuljahres scheu und zurückhaltend. – Trotz seiner entwickelten sprachlichen Kompetenz in Deutsch bestand er das Klassenziel nicht. Die Klassenkonferenz – also alle Klassenlehrer von Felice, die das Zeugnis festsetzen – diskutieren das Für und Wider einer Sonderregelung für Felice in einer von Verständnis getragenen Atmosphäre fast eine Stunde lang. Alle nur denkbaren Argumente kommen zur Sprache. In einer abschließenden Empfehlung entscheiden sich die Klassenlehrer mit 8:4 Stimmen für das „Wiederholen der Jahrgangsstufe".

„Vernunft des Settings"? – Das Abstimmungsergebnis im Fallbeispiel vermittelt zunächst nur eine erste Ahnung, in welchen Prozessen sie sich manifestiert:

- Acht Lehrer schätzen die Möglichkeiten des Settings, Felice im Unterricht zu fördern, sozusagen „realistisch" ein. Sie weigern sich, die Rolle von „Propheten" zu übernehmen.
- Vier Lehrer der Klasse vermuten, dass durch zusätzlich Zuwendung und entsprechende Stützmaßnahmen das Kind gefördert werden könnte. Massive Angstentwicklung und Denkblockaden seien nur in *einem Fach* und hier auch erst in den *letzten beiden* Schulaufgaben aufgetreten. Die Kränkung durch Nichtversetzung und erneute Isolierung zum jetzigen Zeitpunkt könnte zudem den inneren Konflikt in Felice verschärfen.

Die „Vernunft des Settings" realisiert sich – das zeigt das Fallbeispiel – zwischen den Polen *Realitätsprinzip* und *Orientierung an einem Möglichkeitsraum.*
Beiden Sichtweisen liegt die „Struktur der pädagogischen Praxis" zugrunde:
1. *Unterricht ist zunächst menschliche Praxis – also ein menschliches Beziehungsverhältnis – noch vor aller pädagogischen und didaktischen Bestimmtheit des Unterrichts.* – Alle Lehrer nehmen Anteil am Drama von Felice; kein Lehrer kann sich dem Schicksal des Kindes entziehen. Die „Vernunft des Settings" muss sich in dieser Hinsicht als „Praxis" (nicht als „Techne") realisieren, d.h. als kommunikativ gestaltete Subjekt-Subjekt-Beziehung: „Ein jedes Ding der Natur wirkt nach Gesetzen. Nur ein vernünftiges Wesen hat das Vermögen, *nach der Vorstellung* der Gesetze, d.i. nach Prinzipien zu handeln" (Kant 1785, 41).[1]
2. *Unterricht ist pädagogische Praxis.* – Das „Arbeitsbündnis" zwischen Lehrer und Schüler ist ein Spezialfall in dieser allgemein menschlichen Praxis durch die Bedingungen des gesellschaftlichen Erziehungsauftrags und des dadurch begründeten pädagogischen Gewaltverhältnisses. Der pädagogische Bezug realisiert sich in diesem Verständnis in einem „Übergangsraum" (Winnicott) und in einer asymmetrischen und dialektischen Beziehungsstruktur, die sich nur als ein sich selbst „negierendes Gewaltverhältnis" (Benner 1987, 187) legitimieren lässt.
3. *Im Rahmen dieses „Übergangsraumes" lässt sich dann als innerster Bereich der „Ernstfall", die „Prüfung" oder der „Initiationsritus", als ein eigener Bereich ausgrenzen.* – Nicht alles im Unterricht dient der Prüfung. Es muss einerseits einen *prüfungsfreien* Raum geben und andererseits Situationen, die durch Ritualisierungen so gekennzeichnet sind, dass in ihnen der Jugendliche Gelegenheit bekommt, sein Tun *als „Ernstfall"* selbst zu verantworten. Der Lehrer *ermächtigt* in der „Prüfung" die Jugendlichen vorübergehend, die volle Verantwortung für ihre Praxis zu übernehmen. Der „Ernstfall" ist also zugleich immer der Augenblick der „Selbstbestimmung".

3. Das Setting als „Ding" und als „psychische Realität"

Welche Rolle spielt nun das „Setting" Unterricht bei einer Realisierung dieser „Struktur der pädagogischen Praxis"? Welche Auffassung von den Elementen des Settings *entspricht* dieser „Struktur einer pädagogischen Praxis", welche *widerspricht* ihr? Welche Anregungen zu einer *erweiterten und vertieften Auffassungen* von Unterricht und Unterrichtung bietet die psychoanalytische Pädagogik der Schule?
Ich möchte diesen Zusammenhang zunächst als theoretisches Konzept entwickeln und dann auf der Prozessebene mit mehreren kleinen Fallvignetten illustrieren.
Freud hat – ausgehend von naturwissenschaftlich orientierten Studien zur Gehirnphysiologie, über Experimente mit Hypnose, bis hin zur voll ausgebildeten Methode der „talking cure" – seine Auffassung vom therapeutischen Setting mehrmals grundlegend geändert. Er

---

[1] Hierzu auch Derbolav: „Miteinanderhandeln oder 'Praxis' ... vollzieht sich niemals als schlichte Zweckverwirklichung im Material – das wäre bereits eine technische Deformation dieser 'Praxis' - , sondern als Einwirken aufeinander im Rahmen verstehender Sinnkommunikation ..." (Derbolav 1971, zit. n. Apel u.a. 1980, 96):

löst sich dabei bekanntlich Schritt für Schritt aus dem Rahmen einer überkommenen ärztlichen Praxis und verwendet die „Elemente" des ärztlichen Settings in neuem Zusammenhang. Wie er dabei vorging, beschreibt Freud in der *„Selbstdarstellung"*: „Meine frühere Darstellung ergänzend, muss ich angeben, dass ich von Anfang an außer der hypnotischen Suggestion eine andere Verwendung der Hypnose übte. Ich bediente mich ihrer zur Ausforschung des Kranken über die Entstehungsgeschichte seines Symptoms, die er im Wachzustand oft gar nicht oder nur sehr unvollkommen mitteilen konnte. Dies Verfahren schien nicht nur wirksamer als das bloße suggestive Gebot oder Verbot, es befriedigte auch die Wissbegierde des Arztes, der doch ein Recht hatte, etwas von der Herkunft des Phänomens zu erfahren, das er durch die monotone suggestive Prozedur aufzuheben strebte" (Freud 1925, 50).

Auch das Setting der psychoanalytischen „talking cure" hat also eine *Geschichte*. Einzelne Elemente aus dem Hypnose-Setting werden beibehalten (z.B. die räumliche Ordnung), andere werden substanziell verändert (z.B. eben Hypnose durch sprachlich-symbolische Interaktion ersetzt). Die verschiedenen Elemente des Settings erzeugen dabei je für sich und darüber hinaus *alle gemeinsam einen Effekt*.

Anders als im klinischen Setting geht es allerdings im Unterricht um Elemente eines Settings, die dem Erziehungs- und Bildungsauftrag der Schule entsprechen. Es geht also um die Klärung und möglicherweise Veränderung von Elementen des Settings, die sich im Horizont der oben angedeuteten „Struktur einer pädagogischen Praxis" begründen lassen.

Weigand u.a. (1988, 249) definieren in diesem Sinn das Setting als ein „Ensemble von (teils heteroklit en) Elementen, die einander so zugeordnet sind, dass sie gemeinsam einen Effekt produzieren". – Es geht in der Pädagogik als einer Wissenschaft vom „Setting" also darum zu verstehen, „wie die verschiedenen Elemente angeordnet und verbunden sind, die eine Einrichtung, Organisation, Institution, Gruppe usw. konstituieren. Diese Elemente können „materieller, ideologischer, organisatorischer, affektiver Art usw. sein" (Weigand u.a. 1988, 249).

Als Elemente des „Settings" Unterricht, die Effekte und auch einen *gemeinsamen* Effekt erzeugen, lassen sich dabei – ohne Anspruch auf Vollständigkeit – benennen:
1. die räumliche Ordnung;
2. die zeitliche Ordnung;
3. Normen für Beziehungen im Unterricht;
4. normative Aspekte der Lehrerrolle;
5. die Gestaltungsrahmen für Arbeits- und Aktionsformen im didaktischen Beziehungsfeld;
6. die Ritualisierungen, welche den „Prüfungsraum", also den „Ernstfall", als Situation markieren und gegen den „Übergangsraum" klar abgrenzen.

Dies wäre sozusagen das „Haus" Unterricht. – Und nur eine spezifische Auffassung vom „Setting" dürfte dieses Haus im vollen Sinn bewohnbarer machen.

Die „Vernunft des Settings" realisieren würde dann bedeuten, den „Rahmen von Situationen" im Sinne des Erziehungs- und Bildungsauftrags der Schule *optimal* zu strukturieren:

1. Der Klassenraum kann als *realer* Raum oder als *idealer* Raum wirksam werden.
2. Auch die zeitlichen Rhythmen und Ordnungen erzeugen immer auch psychische Effekte.

3. Die Ausgestaltung der raum-zeitlichen Ordnung erzeugt ein je spezifisches Unterrichtsmilieu, also eine spezifische *Beziehungswirklichkeit* im Unterricht. – Auf dieser Ebene ereignet sich dann notwendig eine gewisse *eigengesetzliche Konsolidierung* des Settings und eine Ausdifferenzierung aus dem System Schule.[2]
4. Wenn pädagogische Praxis als ein Sonderfall allgemein menschlicher Praxis mit einer eigenen Beziehungslogik zu verstehen ist, so kann auf die Analyse der *Gegenübertragungsreaktion* in der Auffassung von der Lehrerrolle nicht verzichtet werden, soll pädagogische Gewalt als stellvertretende Gewaltausübung auch von *innen her* legitimiert werden.
5. Das *Aushandeln von Gestaltungsrahmen* im Unterricht mit Schülern wird zur zentralen Aufgabe des Lehrers. Gestaltungsrahmen regeln durch spezifische Vorgaben die Möglichkeiten für innerpsychische Kommunikation zwischen Ich, Es und Über-Ich in der kommunikativen Matrix von Schulklassen.[3]
6. Auch die Bestimmung der Prüfungsrituale im Unterricht in der Tradition des Initiationsritus als *„Ernstfall"* und *„Ermächtigung"* des Schülers, zeigt, dass dieser Situation ein Sonderstatus im übergeordneten Rahmen des Unterrichtens zuzusprechen ist. Dieses Bauelement des Settings muss durch jeweils spezifische Klammern gekennzeichnet werden, damit sich in Abgrenzung hierzu ein *beurteilungsfreier Raum* bilden kann.

Das Setting Unterricht wäre in diesem Verständnis dann: (a) eine Institution, in der sowohl dingliche Aspekte (der soziale Ort, die Einrichtungen) als auch psychische Aspekte (Phantasien, subjektive Sinnbestimmungen, symbolische Realitätsauffassungen) zur Wirkung kommen; (b) ein Prozess der „Institutionalisierung", der stets konflikthaft bleibt, denn bezogen auf die Elemente des Settings – Raum, Zeit, Arbeitsformen, Inhalte, Methoden, Ziele, und Prüfungen – müssen im Prozess Einigungsformeln zur Wirkung kommen, denen konflikthafte Prozesse zwischen System und Lebenswelt zugrunde liegen; (c) ein „sozialer Ort", der dann auf der Grundlage von Einigungsformeln ein settingbedingtes "Realitätsprofil" entwickelt, in dem die „Ereignisse" und „Phänomene" in spezifischer Weise gerahmt werden können; Erziehung und Bildung setzen dabei ein produktives Neben- und Miteinander von „Realitätsprinzip" und „künstlicher Modulation" (also Spiel, und Als-ob-Realität) voraus.
Die psychoanalytische Pädagogik der Schule hilft dem Lehrer dann in diesem Verständnis von Setting nicht nur, seine Gegenübertragung besser zu verstehen (das wäre noch eher *klinisch* gedacht), sondern eröffnet ihm – mindestens ebenso wichtig! – durch ein aufgeklärtes Verständnis der Wirkfaktoren und der Elemente des Settings sowie durch die konkordante Identifizierung mit der Lebenswelt der Schüler *neue Gestaltungsräume*.
Im Übergang von einer bloß *dinglichen* Auffassung von Unterricht zu einer psychoanalytisch-pädagogischen als „Setting" geht es dabei zunächst darum, sich aus objektivistischen

---

[2] Da auch im Unterricht zweckrationale Prozesse ablaufen und ihren Sinn haben, geht es dabei um den Primat der moralisch-praktischen Dimension in der pädagogischen Praxis vor aller technischen Vollzugsarbeit. Es geht um die *Realisierung eines szenischen Gehaltes* in der Unterrichtssituation in Erfahrungsprozessen von Adoleszenten. Diese notwendige Akkomodation des Beziehungsmilieus im Setting Unterricht an die adoleszenten Entwicklungsbedürfnisse hat ihre Schnittstelle dabei zunächst an den Übergängen von zweckrationaler Systemorganisation und kommunikativer Praxis im Unterricht. Die Freisetzung der kommunikativen Praxis bedeutet daher zwangsläufig Kontrolle der Systemimperative im Setting.

[3] Erzählungen und Phantasiegeschichten z.B. lassen andere Artikulationsmuster zu, machen Übertragungsphantasien sichtbar und fördern auf andere Weise die Entwicklung von Übertragungsdistanz.

Missverständnissen zu lösen und die dingliche *und* psychische Seite des Settings, den Rahmen für Situationen, der sich im Setting ausbildet, wahrzunehmen.

Der kleine aber sehr grundlegende Unterschied wird von Körner so charakterisiert: „Jede Art des Settings, jede Vereinbarung über die Form der gemeinsamen Arbeit – auch die „Vereinbarung", dass wir darüber nichts vereinbaren – ist bedeutungsvoll, sie ist wirksam für die Arbeit, und sie ist – umgekehrt betrachtet – selbst schon ein *Ausdruck unbewusster Vorstellungen über die gemeinsame Situation"* (Körner u. Ludwig-Körner 1997, 77).

Die dinglichen Einrichtungen des Settings erzeugen also nicht als „Dinge" bereits Effekte, um die es geht, sondern wirken als „Vereinbarungen", also als psychische Realität und als Repräsentanzenwelt.

Natürlich können Stühle im Klassenzimmer den Kindern Rückenschmerzen bereiten; bezogen auf das Settingelement „Sitzordnung" geht es aber darüber hinaus um die psychische Wirkung, die z.B. von einer frontalen Ausrichtung der Sitze auf den Lehrer ausgeht und die z.B. Dependenz und habituelle Abhängigkeit stark fördert.[4]

4. Der Rahmen und der Prozess

Dass sich eine solche Auffassung von der „Vernunft des Settings" unter systemischen Bedingungen nicht ganz leicht realisieren lässt, zeigt sich nun auf der Prozessebene. Zudem müssten die „Pferde" sozusagen „während der Fahrt" ausgetauscht werden.

Spurensuche 1: Wahrnehmung

Ich hatte einem Seminar Pädagogik vorgeschlagen, Schüler zunächst in einer Haltung „gleichschwebender Aufmerksamkeit", also offen und „ohne rasches Urteil", wahrzunehmen. Es stellte sich bald heraus, dass die Seminarteilnehmer zwar das Prinzip solcher offener Beobachtung durchaus verstanden und auch außerhalb der Schule sinnvoll anwandten, dass jedoch die Schwierigkeiten einer praktischen Durchführung *in der Schule* scheinbar unüberwindbar waren.

Das Protokoll der Referendare fasste dann das Ergebnis des „Experiments mit Wahrnehmung" wie folgt zusammen: "Die Seminarteilnehmer erläutern ihre Schwierigkeiten beim Erstellen der Beobachtungsprotokolle. Im praktischen Bereich: Hat man Stift und Block dabei? Wo ergeben sich Gelegenheiten? Im persönlichen Bereich: Der Beobachter wurde bei seiner Tätigkeit bemerkt; ein *seltsames Gefühl beim Beobachten stellt sich ein*; eine neutrale Beobachtung, die nicht bewertet, ist schwierig; *der Beobachter nimmt eine Erwartungshaltung ein*, von der er sich eventuell leiten lässt;

---

[4] Das „Setting", der „Rahmen" und die „Situation" bilden dabei letztlich eine unaufhebbare Einheit. Der Begriff „Rahmen" ist dabei weiter gefasst als der der dinglichen Aspekte des Settings: „Er umfasst, wie der Soziologe Goffman (1974) sagt, alle impliziten und expliziten, bewussten und unbewusst wirksamen Vorstellungen zu der Frage: 'Was ist hier eigentlich los?' Zum Rahmen einer Situation gehören die vielfältigen Regeln, die festlegen, welche Handlungen hier angemessen und welche unangemessen sind, auf welche Weise wir unser Verhalten gegenseitig interpretieren, wie wir unser Sprechen verstehen, und in welcher Weise wir hier füreinander wirksam werden" (Körner u. Ludwig-Körner 1997, S. 77; vgl. hierzu auch Hirblinger 1999, S. 17ff.).

das Auflösen der Erwartungshaltung ist ein schwieriger Balanceakt; späteres Aufschreiben der Beobachtung wird zum Selektionsprozess ... .
Seminarlehrer und Seminarteilnehmer einigen sich darauf, künftig solche Protokolle speziell nicht mehr abzufassen, da die Studienreferendare bei den Fachseminarlehrern ohnehin dazu angehalten sind, Unterrichtsgeschehen und Verhalten der Schüler aufmerksam zu beobachten, *um ihr Auge für diese zu schärfen.*"

Ein eigentümlicher Erfahrungsprozess spiegelt sich in diesen Protokollen! – „... *ein seltsames Gefühl beim Beobachten stellt sich ein*". – Die Referendare entwickeln also eine Gegenübertragungsreaktion. Die Angst des Beobachters vor seinem Gegenüber kommt schon jetzt ins Spiel (vgl. Devereux 1967). –
„... *der Beobachter nimmt eine Erwartungshaltung ein* ...". – Identifizierungen und die sie begleitenden Übertragungswünsche dienen schon jetzt der Abwehr. –
Vom Seminarlehrer für Pädagogik aufgefordert, Schüler außerhalb des Unterrichts *gleichschwebend* und empathisch zu beobachten, also in einer Haltung, die nicht allzu rasch urteilt oder aburteilt, *flüchten sich die Seminarteilnehmer in den Schutz der – sie beurteilenden! – Fachseminarlehrer* und wollen unter deren Anleitung nun doch lieber – nur wiederum:„ ... *ihren Blick schärfen*".[5]

Spurensuche 2: Erleben

Hierzu zwei Seminarsitzungen aus dem 1. Ausbildungsabschnitt (11. bis 14. Sitzung) in einem Seminar mit zehn Teilnehmern, in denen es mir zunächst darum ging, pädagogische Grundlagen des Unterrichtens *so* zu vermitteln, dass die Einheit von Wahrnehmung, Erleben, Handeln und Reflexion im Lernprozess erhalten bleiben sollte.

11. / 12. Sitzung. – Durch ein Cluster sollten die Seminarteilnehmer auf „szenische Konstellationen" aufmerksam werden, in denen die „Kommunikation im Unterricht" für Lehrer einen „belastenden Charakter" annehmen kann. Solche „szenischen Konstellationen" werden nun von den Teilnehmern selbst benannt, an der Tafel notiert und später durch konkrete „Schüleräußerungen", die beobachtet wurden, ergänzt. Die Vieldeutigkeit einer einzigen Schüleräußerung kann nun an einem authentischen Fallbeispiel gezeigt werden.
Es geht um den Satz, den eine Referendarin noch aus dem Vormittagsunterricht als sehr irritierend im Ohr hat: Vor ihrem ersten Lehrversuch begrüßte sie ein Schüler der 7. Klasse: „ Sind Sie heute dran; sie sehen ja so verzweifelt aus." – Die Refendarin fühlt sich durch diesen Satz stark verunsi-

---

[5] Über die Strukturbildungen, die solche Entwicklung begleiten, lassen sich natürlich nur Mutmaßungen aussprechen: Pädagogische Wahrnehmung soll "funktionieren", auch wenn die "Objekte" der Wahrnehmung auf "Teilobjekte" reduziert werden. Emotionale und affektive Befindlichkeiten im Unterricht haben ihre Bedeutung nicht im Bereich des *Selbsterlebens* der jungen Lehrer, sondern müssen jeweils sofort *instrumentell nutzbar* gemacht werden. Den "Blick schärfen" heisst nämlich, "Störungen" und "Defekte" sofort einer Lösungsstrategie zuzuordnen. Pädagogische Wahrnehmung, Beobachtung und Beurteilung entwickeln sich dann auch nicht im System von Beziehungserfahrungen, also durch wachsende Integration von Ambivalenz; Wahrnehmung, Erleben und Handeln entwickeln sich – wenn überhaupt – im System einer technologischen Reparaturlogik, also als Verbesserung zweckrationaler Bewältigungsstrategien. An selbstbezogener Routine und an instrumentellem Denkhabitus scheitern also letztlich alle "beziehungsanalytischen" Innovationen notwendig. – Produktiv werden hingegen lösungsorientierte Optimierungsstrategien, die gegen den Anspruch emotional belastender Erfahrungen dann scheinbar wirkungsvoll immunisieren.

chert und weiß nicht, wie er gemeint war. Es gelingt in dem anschließenden Gespräch nur sehr eingeschränkt, der Referendarin die offenbar tiefsitzende Unsicherheit zu nehmen.
13. / 14. Sitzung. – Durch Fallbeispiele aus dem eigenen Unterricht wollte ich in einem weiteren Schritt auf die Dynamik von unbewussten „Übertragungsphänomenen" *aufmerksam machen*. – Die Seminarteilnehmer folgen den Fallschilderungen des Seminarlehrers zunächst sehr aufmerksam, doch die Fallbeispiele bewirken zugleich offensichtlich eine bis dahin in dieser Ausbildungsgruppe nicht beobachtete Reserviertheit. Im anschließenden Gespräch ist zu erkennen, dass Flucht und Verweigerungstendenzen zunehmend stärker werden.
Zunächst versuchen Referendare die geschilderten „Übertragungsphänomene" mit Hinweis auf die Standardrolle des Lehrers als „Abweichung und Störung" einzuordnen. Dann wird das Konzept der „Übertragung" mit dem Argument in Frage gestellt, es biete doch keine „Lösungen" an. Schließlich wird das gesamte Konzept als „zu abstrakt" kritisiert.
Die Abwehr wird nun stärker und die Gruppe hüllt sich in Schweigen. Als das Schweigen zu belastend wird, reagiert eine Teilnehmerin in dominierender Position erstmals in ungewohnter Schärfe: „Ich fühle mich nun wieder so, wie ich mich immer in Seminaren an der Universität gefühlt habe. Das Thema ist einfach zu theoretisch."
Nach Beendigung der Sitzung denken jedoch zwei Referendare über ihre Situation in einer neuen Klasse nach. „Die Klasse, die ich übernehmen werde, idealisiert mich jetzt schon, aber ich bin gespannt, ob ich diesen idealen Forderungen auch entsprechen kann." „Der Umgang mit der Übertragung ist doch eigentlich die normale Konstellation im Unterricht. Die sogenannte Standardrolle ist doch eher ein künstlich auffoktroyiertes Verhalten."

Spurensuche 3: Handeln

Das Problem der Ausdifferenzierung einer therapeutischen und einer pädagogischen Praxis stellt sich nach Auffassung Bittners (1996, 124 ff.) erst, wenn sich die jeweilige Praxis im *bestimmten* „sozialen Ort" *verankern* lässt.
In natürlichen Lebenssituationen mag man die Dinge therapeutisch und pädagogisch oder pädagogisch-therapeutisch rahmen, erst im *institutionalisierten Kontext* ergibt sich das Problem von vorgeordneten Rahmenbedingungen.[6] Die Schule ist natürlich ein solcher „sozialer Ort" – das „Zimmer eines Therapeuten" ist notwendig ein ganz anderer. An den Schnittstellen geht es um eine je und je neue „Hermeneutik von Institutionen und Sinngefügen" (ebd., 123).
An einem Fallbeispiel aus der Schule zeigt Bittner, wie diese Ausdifferenzierung gemeint ist und wie man sie handhaben sollte:

Eine Lehrerin, die sich eben zur Kindertherapeutin ausbilden lässt, bekommt von einer Schülerin (6. Klasse) einen Aufsatz. Das Kind erzählt von einem Fräulein, das den Namen der Lehrerin trägt, und nach einem Zusammenstoß mit einem LKW Fahrerflucht begeht und ins Gefängnis kommt und schließlich wieder entlassen wird. Der Aufsatz endet mit der Feststellung der Schülerin: „Morgen kommt sie wieder in die Schule, das ist Käse" (ebd., 124).

---

[6] In seiner Definition betont Bittner dann allerdings die Notwendigkeit einer klaren Unterscheidung: „'Soziale Orte', wie sie hier im Anschluss an Bernfeld verstanden werden, sind nicht identisch, aber doch nahe verwandt mit ... 'Situationen': die Situation ist eine je einmalige und unwiederholbare; während der soziale Ort eher eine typische, z.B. durch Berufsfelder und institutionelle Vorgaben genormte Struktur darstellt, in der sich je individuelle Situationen ergeben" (Bittner 1996, 124).

Die Lehrerin, die aufgrund ihrer Ausbildung als Kindertherapeutin den Doppelsinn der Erzählung ahnt, gibt den Aufsatz zunächst kommentarlos zurück und fordert das Kind auf, wegen der „Themaverfehlung" einen neuen Aufsatz zu schreiben.

Das Kind schreibt nun einen korrekten Aufsatz, bringt aber wenige Wochen später erneut einen Aufsatz mit den früheren Phantasiemotiven, der nun „reich ausgeschmückt" (ebd.) ist. Daraufhin entschließt sich die Lehrerin mit dem Kind zu sprechen. Obwohl das Kind die Frage der Lehrerin „Was willst du mir eigentlich sagen?" nicht beantworten kann, ist das positive Verhältnis zur Lehrerin nach diesem Gespräch wiederhergestellt.

Das Erscheinungsbild einer – vielleicht ganz harmlosen – „negativen Übertragung" des Kindes auf die Lehrerin ist nicht zu übersehen. Abzulesen etwa an der Vermischung von Phantasie und Realität oder an der sich wiederholenden Szene. Bittner kommentiert den Fall: „Therapie in diesem Fall durch dezidierten Verzicht auf Therapie?"

Ich meine, dieses Fallbeispiel zeigt darüber hinaus auch wesentliche Aspekte eines *„Tertium comparationis"*, eines neuen Elements im Setting Unterricht, das Therapie und Pädagogik in einer neuen pädagogischen Praxis vermitteln könnte.

1. Die Lehrerin erkennt und beachtet die „Übertragung des Kindes" durchaus. Ihre therapeutische Einfühlung hilft ihr dabei, sich nicht zu "rächen" für diese Form einer „indirekten Aggression".

2. Die Lehrerin nimmt den Impuls aus der „Lebenswelt" eines frühpubertären Mädchens auf, reflektiert ihn im Sinne einer Gegenübertragungsanalyse jedoch *strikt und bezogen* auf den Rahmen, den ihr die *Lehrerrolle* vorgibt; d.h. sie *wahrt* einerseits die objektiven Bestimmungen des „sozialen Ortes", *überschreitet* diesen jedoch zugleich durch Introspektion.

3. Die Lehrerin interveniert nun mit einem „Mittel", das nur noch scheinbar den Vorschriften des „sozialen Ortes" entspricht – tatsächlich jedoch eine völlig neue Qualität zeigt. Sie nimmt die negative Übertragung der Schülerin empathisch an, versteht sie situationsbezogen und setzt ihr ein von Verständnis getragenes „semantisches Nein" im Rahmen der Ausübung der Lehrerrolle entgegen. *Die Lehrerin konfrontiert im haltenden Rahmen von Empathie und Akzeptanz.*

Bittners Formulierung „Therapie durch Verzicht auf Therapie" ist doppeldeutig. Es geht nicht nur um „Therapie durch Verzicht auf Therapie", sondern auch um eine (neue!) Pädagogik durch Verzicht auf (eine alte) Pädagogik. – Die Lehrerin handelt, indem sie *nicht handelt*. Ein mit seiner Gegenübertragung *nicht* vertrauter Lehrer würde vermutlich mit einer Gegenaktion reagieren. Diese sozusagen ver-rückte Auffassung vom „Setting" lässt sich dann allerdings nur im Rahmen einer *kontrollierten Methode* realisieren.

5. Vorläufige Bilanz: Das Setting zwischen Lebenswelt und System

Welches Verständnis vom Setting ist also der „Struktur der pädagogischen Praxis" angemessen? Die Fallvignetten sprechen für sich. Die Entwicklung einer psychoanalytisch-pädagogischen Methodenkompetenz ist vermutlich ein nicht ganz einfaches Unternehmen. *Wahrnehmung, Erleben und Handeln* müssten in einem analytischen Verständnis von Methodenkompetenz sich zur *Reflexion* hin öffnen und dieses Kompositum müsste dann einen Schwerpunkt bilden können im Bereich einer Unterrichtsauffassung, in der konkordante Identifizierungen leitend und „binokoluares" Sehen (Bion 1962, 104) möglich würden.

Nicht alles müsste sich ändern. Es ginge um Erhaltung und Neubestimmung von „Elementen" des Settings, die gemeinsam einen Effekt bewirken. Im Zentrum steht zweifellos die „Lehrerrolle" als ein wesentliches „Bauelement" des Settings – doch sie ist nicht alles. Auch die übrigen Elemente im Setting müssen im Sinne einer „Vernunft des Settings" wirksam werden können; die drei Bereiche der Struktur pädagogischer Praxis – Beziehung, Arbeitsbündnis und Ernstfall – können dabei eigenständige Berücksichtigung beanspruchen. Es muss sichergestellt werden, dass systemische Imperative die Struktur der pädagogischen Praxis nicht grundsätzlich in Frage stellen.

1. Was die *neue Lehrerrolle betrifft*, so geht von ihr sicher der wichtigste Effekt aus. Die Akkomodation der Lehrerrolle an Strukturbildungsprozesse der Adoleszenz würde „gleichschwebende Aufmerksamkeit", mehr noch: „träumerische Einfühlung" seitens des Lehrers voraussetzen. – Träumerische Einfühlung allerdings in einem ganz spezifischen Sinn: Lehrer müssten fähig werden, *mit Adoleszenten zu träumen*; sie müssten deren schöpferische Einfälle und Denkleistungen als Strom des Denkens, der Bilder und Phantasien in sich abbilden können. Unterricht ist in einem ganz elementaren Sinn Träumen und Erwachen mit Kindern und Adoleszenten.

Diese neue Person-Rolle-Formel hat sozusagen eine Innen- und eine Außenseite: a) Die *Außenseite* charakterisiert Trescher mit dem Konzept der „Übertragungsidentifizierung", also einem malignen Bündnis zwischen Person und System, das dazu führt, dass zahlreiche unbewusste, verdeckte Konflikte im Setting dann agiert werden. b) Die *Innenseite* der neuen Lehrerrolle lässt sich dann vielleicht in Anlehnung an Körner unter dem Aspekt der „Mühen der Triangulierung" (Körner 1998, 362) charakterisieren. [7]

2. Was die *anderen Elemente des Settings* betrifft, so müssen auch sie sich an den Strukturprinzipien der pädagogischen Praxis messen lassen. Nur wenn sich *Beziehungserleben, Arbeitsbündnis und Ernstfall* durch klare Ritualisierungen als „Situation und Rahmen" ausdifferenzieren und dennoch gemeinsam wirken können, kann Erfahrungsbildung und Individuierung auch im Unterricht stattfinden. Der Zweck des Settings ist die Förderung adoleszenter Erfahrungsbildung in einem „Übergangsraum": „Dass nämlich die Realität des So-tun-als-ob zur Transformation der kindlichen (und adoleszenten, Anm. d. V.) Erfahrung beiträgt, neue kognitive Landkarten schafft und alternative Welten antizipiert" (Emde u.a. 1999, 265).

Als Vorbedingungen für adoleszente Übergangsaktivitäten im Setting lassen sich für den Unterricht dann benennen:

- das Aushalten innerer Spannungen, also von „Ambivalenz";
- eine Auffassung vom Lernprozesse als einem notwendigen Wechsel zwischen adoleszentem „Größenselbst" und adoleszenter „Wiedergutmachung";

---

[7] Die neue Lehrerrolle hat nicht nur zu tun mit Empathie oder Übertragung und Gegenübertragung, sondern lässt sich am Besten im Konzept der Triangulierung fassen. Der „neue Lehrer" müsste dieser Auffassung zufolge „Kompetenzen" erwerben, die ihn in die Lage versetzen: (1) sich selbst „wahrzunehmen" (also Introspektion zu entwickeln), auch wenn er von seiner Umgebung nicht wahrgenommen wird; (2) durch Introspektion und Selbstwahrnehmung zu erkennen, wie er durch manipulative Aspekte des Beziehungsfeldes sich möglicherweise auch in ein „destruktives Objekt" zu verwandeln beginnt, obwohl es seine ursprüngliche Absicht war, ein gutes Objekt zu bleiben; (3) im Kampf um Objektkonstanz auf der Ebene der „Containerbildung" hinreichend gut zu bestehen, d.h. sich nicht „vergiften" zu lassen; die empathischen Prozesse der projektiven Identifizierung und der introjektiven Identifizierung situationsangemessen zu „verstehen" (auch über seine Träume hierzu); (4) dann dennoch in der Lage zu bleiben, eine trianguläre Beziehung gegen alle wirksamen Übertragungstendenzen im unterrichtlichen Beziehungsfeld immer wieder *neu* herzustellen; d.h. das trianguläre Beziehungsmilieu als Voraussetzung für optimale Lernprozesse in der didaktischen Struktur zu erhalten.

- die Wechselwirkung des Themas im Unterricht mit Erlebnisformen aus dem Bereich des Erleidens und der Ohnmacht;
- die Dynamik der Ich-Regression, d.h. der Wechsel zwischen gebundener und freier psychischer Energie im Dienste der adoleszenten Entwicklung und der damit verbundene Austausch zwischen primär- und sekundärprozesshaftem Denken.[8]

3. Was schließlich die *Wechselbeziehungen zwischen System und Setting* betrifft, so geht es überwiegend darum, „verdeckte Konflikte" aufzudecken, um ihren destruktiven Einfluss zu minimieren. Dies wäre dann die *Aufgabe von Supervision* im Sinne einer Aufklärung vor Ort.

Zu klären und durchzuarbeiten sind in dieser Perspektive:
- verdeckte Konflikte durch die vertikalen Strukturen des Systems, also durch Macht, Abhängigkeit, Hierarchie;
- verdeckte Konflikte durch horizontale Beziehungen im Kollegium;
- verdeckte Konflikte durch unterschiedliche Beziehungen zu den Wertorientierungen der Schulkultur, also zum schulischen Ich-Ideal.

Die Tendenzen zur „passion imaginäre" (Lacan, zit. n. Lang 1986, 47 ff.), zur Flucht in die „Übertragungsidentifizierung" (Trescher 1993, 191) oder in „routinierte Selbstbezogenheit" (vgl. Oelkers 2000, 127) sind Indikatoren für fehlende Entwicklung oder auch Fehlentwicklungen. [9]

6. Epilog: Über das Weitergehen

Ich hatte beantragt, in einer Seminarlehrerkonferenz über *„Rahmenbedingungen für einen beurteilungsfreien Raum für Referendare"* zu sprechen. – Begründung: „Es gibt bis heute weder für Schüler, noch für Lehrer einen klar abgegrenzten beurteilungsfreien Raum in schulischen Lernprozessen"!
Die jährliche Seminarlehrer-Konferenz fand ohne Tagesordnung und ohne jeden Bezug zu meinem Antrag auf Klärung des beurteilungsfreien Raumes für das Seminar Pädagogik statt. Zwei Seminarfachlehrer waren jedoch gut auf meinen Antrag vorbereitet und erläuterten mir nun in Anwesenheit des Schulleiters und aller anderen Kollegen – sozusagen als „Antwort" auf meinen Vorschlag – nach *welchen Kriterien künftig Beurteilungsnotizen von Seminarlehrern anzufertigen seien.* Die an mich adressierte Informationsveranstaltung über die „seit Jahrzehnten bewährten Praktiken und Routinen der Seminarausbildung" wurde im Stile einer ernsten Ermahnung inszeniert.
Ich verzichtete mit Blick auf die sich ausbreitende Kampf- und Fluchtmentalität auf eine Antwort.
Wenige Tage später meldete sich ein Traum:

---

[8] Vgl. hierzu auch Schönau (1991, 6ff)

[9] Der Preis hierfür ist nicht zu unterschätzen: Die „passion imaginäre" der Instituierten verhindert jede Ausdifferenzierung im Bereich „emotionaler Erfahrungen". (1) Durch die systemische Wirksamkeit der „Übertragungsidentifizierungen" kann sich in der Schule nur sehr schwer ein personbezogenes, professionelles Ich-Ideal ausbilden. Der Strukturbildungsprozess wird substituiert durch kollektive Gleichschaltungsrituale und eine „corporate identity", die der Angstabwehr dient. (2) Erfahrungsbezogenes Wissen kann sich unter solchen systemischen Bedingungen dann auch nicht verbinden mit personalem Selbsterleben und kommt auch nicht durch „innere Realitätsprüfung" zur „Gewissheit". – Verständlich wird so die Praxis von Lehrern, sich in Konfliktfällen sofort konsensuell abzusichern. (3) Das System der „inneren Realitätsprüfung" wird weitgehend durch das einer narzisstischen Identifikation mit der Schule ersetzt. (4) Durch Schwerpunktbildungen im passiv-ödipalen Erlebnisbereich entwickeln Lehrer im System von „Übertragungsidentifizierungen" dann wenig Initiative. Die Gefahr ist groß, dass sie alles bekämpfen, was Initiative und Kreativität zeigt (so schon Matussek 1974, S. 103).

Ich beobachte einen Kurs von Schülern in der Kollegstufe. Zwei Lehrerinnen fordern Schüler zum kreativen Schreiben von Gedichten nach der Klopfwortmethode auf. Als die Texte fertig sind, soll ich die Gedichte vorlesen. Ich lese mehrere Texte von den Blättern ab, die keinen Sinn ergeben. Auf einem Zettel steht dann: „rien de va plus". Ich wundere mich im Traum über diese französische Wendung und ärgere mich, dass eine der beiden Lehrerinnen offensichtlich die Anweisung gegeben hat auch französische Einfälle in die Klopfwortgedichte einzubeziehen.

Der latente Traum nutzt meine Unsicherheiten in Französisch, um eine „Botschaft herüber-zubringen", die mir schließlich im oben angedeuteten Konflikt weiter half. Zunächst ver-stehe ich nur: „Nichts geht mehr – absolute Sackgasse!!" Der Traum ist scheinbar nur eine Bestätigung meiner defensiven Haltung: Weder im Seminar noch im Team der Seminarleh-rer „geht noch etwas"! –
Es dauert lange, bis ich den Witz im Traum entdecke ... . – Das „de" im französischen Satz!
– „de", lateinisch „über" – Im Lateinischen fühle ich mich sicherer. Der typische Anfang ei-ner Abhandlung: „Über das Weitergehen!".
Wenn nichts mehr geht, geht es um das Weitergehen. – Oder wie Adorno einmal gesagt ha-ben soll: „Wenn das, was ist, nicht alles ist, kann das, was ist, sich ändern."
Das Haus der Bildung und Erziehung eine Geisterbahn? – Nicht immer, aber manchmal si-cher! – *Sprachverwirrung und Zerstörung an strategisch wichtigen Positionen?* Wenn ja, dann vermutlich eher unbewusst! – *Apotropäische und exorzistische Grimassen, für Fahr-gäste, die das Gleis der Geisterbahn verlassen möchten.* Nun ja, wie Systeme eben sind! – Klar ist nur: Angstmachende Inhalte und aufklärerische Impulse müssen zunächst vom Sys-tem immer ausgeschieden werden. *Nicht Containing, sondern Dränage beherrschen die Prozessebene der Schule als System.* Die Steuerillusion des Systems muss aufrecht erhalten bleiben. Und die „Tatbestands-Gesinnung" (Bernfeld 1925, 13) ist daher – etwas paradox anmutend – auf die Symbolisierungsversuche *in Träumen* angewiesen!
Beim Thema „beurteilungsfreier Raum" ging es eigentlich nicht um *Sprengung*, sondern um *Klärung* eines Ausbildungsrahmens, *um die Bewohnbarkeit des Hauses.*

Literatur:
Benner, D. (1987): Allgemeine Pädagogik. Juventa: Weinheim und München 1991
Bernfeld, S. (1925): Sisyphos oder die Grenzen der Erziehung. Suhrkamp, 3. Aufl. 1979, Frankfurt a. M.
Bion, W. R. (1962): Lernen durch Erfahrung. Suhrkamp (1990): Frankfurt a. M.
Bittner, G. (1996): Kinder in die Welt, die Welt in die Kinder setzen – eine Einführung in die päda-gogische Aufgabe. Kohlhammer: Stuttgart
Derbolav, J. (1971): Strukturanalyse der Praxis. Aus: Systematische Perspektiven der Pädagogik, Heidelberg. In: Apel, K. O. u. Böhler, D. u. Berlich, A. u.a. (Hrsg.) (1980): Praktische Philo-sophie Ethik. Fischer: Frankfurt a. M., 96-122
Devereux, G. (1967): Angst und Methode in der Verhaltensforschung. Ullstein (1976): Berlin und Wien
Emde, R. N. u.a. (1999): Imaginative Realität in der Entwicklung frühkindlicher Sprache. In: Psyche 53/3, 249-279
Freud, S. (1925): „Selbstdarstellung". In: Freud, S.(1993): „Selbstdarstellung". - Schriften zur Geschichte der Psychoanalyse. Fischer: Frankfurt a. M., 37-100
Goffman, E. (1974): Rahmen-Analyse. Ein Versuch über die Organisation von Alltagserfahrungen. Suhrkamp: Frankfurt a. M.

Hirblinger, H. (1999): Erfahrungsbildung im Unterricht. Die Dynamik unbewusster Prozesse im unterrichtlichen Beziehungsfeld. Juventa: Weinheim und München

Kant, I. (1775): Grundlegung der Metaphysik der Sitten. In: Kant, I. Werke in zwölf Bänden, Bd. VII. Insel: Wiesbaden, 9-102

Körner, J. (1998): Die Zukunft der Psychoanalyse. In: Eckes-Lapp, R. u. Körner, J. (Hrsg.): Psychoanalyse im sozialen Feld. Psychosozial-Verlag: Gießen, 357-372

Körner, J. u. Ludwig-Körner, Ch. (1997): Psychoanalytische Sozialpädagogik. Lambertus: Freiburg

Krejci, E. (1990): Vorwort. In: Bion, W. R. (1962): Lernen durch Erfahrung. Suhrkamp: Frankfurt, 9-35

Lang, H. (1986): Die Sprache und das Unbewusste. Jaques Lacans Grundlegung der Psychoanalyse. Suhrkamp: Frankfurt a. M.

Marx, K. (1902): Einleitung zur Kritik der Politischen Ökonomie. In: Marx, K. (1969): Zur Kritik der Politischen Ökonomie. Dietz: Berlin, 227-260

Matussek, P. (1974): Kreativität als Chance. Der schöpferische Mensch in psychodynamischer Sicht. Piper: München, Zürich

Oelkers, J. (2000): Probleme der Lehrerbildung. Welche Innovationen sind möglich? In: Cloer, E / Klika, D. / Kunert, H. (Hrsg.) (2000): Welche Lehrer braucht das Land? Juventa: Weinheim u. München, 126-141

Platon (1982): Phaidros. In: Platon: Sämtliche Werke, Bd. II, Lambert Schneider: Heidelberg, 409-482

Schönau, W. (1991): Einführung in die psychoanalytische Literaturwissenschaft. Metzler: Stuttgart

Trescher, H.-G. (1993): Handlungstheoretische Aspekte der Psychoanalytischen Pädagogik. In: Muck, M. u. Trescher H.-G. (Hrsg.): Grundlagen der Psychoanalytischen Pädagogik. Grünewald: Mainz, 167-201

Weigand, G. u. a. (1988) (Hrsg.): Institutionelle Analyse. Athenäum: Frankfurt a. M.

II. Rituale und Resourcen

Wilfried Datler

Die Klassenbeste, der Klassenschlechteste und die Verbesserung einer Schularbeit
Nachdenken über Beziehungsprozesse im Dienste der Entfaltung schulpädagogischer Kompetenz

1. Möglichkeiten der Einführung in Psychoanalytische Pädagogik

Mit der „Renaissance", die Psychoanalytische Pädagogik in den letzten Jahrzehnten des 20. Jahrhunderts erfahren hat, wuchs die Beschäftigung mit der Frage, wie psychoanalytisch-pädagogische Kompetenzen „vermittelt" werden können. Ein jüngst erschienener Literaturumschauartikel weist knapp 120 deutschsprachige Titel auf, die sich mit dieser Thematik befassen. Und einige der angeführten Artikel berichten von Versuchen der Einführung in psychoanalytisch-pädagogisches Verstehen und Denken, die am Institut für Erziehungswissenschaft der Universität Wien durchgeführt wurden (Datler W., Datler M., Sengschmied, Wininger 2002).
In unseren hochschuldidaktischen Bemühungen gewinnt seit einiger Zeit die Arbeit mit einem bestimmten Konzept der teilnehmenden Beobachtung an Bedeutung, das von Esther Bick an der Tavistock Clinic in London entwickelt wurde und in seiner originären Form die Beobachtung von Säuglingen und Kleinkindern in ihrer familiären Lebenswelt vorsieht. Genau besehen sind für diese Art des Arbeitens, die nur Teilnehmern eines Infant-Observation-Seminars offen stehen, vier Elemente konstitutiv, die folgendermaßen umrissen werden können:

1. Jeder Teilnehmer eines Infant-Observation-Seminars besucht zwei Jahre hindurch einmal pro Woche eine Familie mit einem Baby, um sich als lernender Beobachter eine Stunde lang auf das Baby und all die Situationen zu konzentrieren, in denen sich das Baby in seinem Alltag befindet. Seine primäre Aufgabe besteht darin, eine zurückhaltende Position einzunehmen, die es ihm erlaubt, durch Zusehen und Hinhören in sich aufzunehmen, was dem Baby zur Zeit der Beobachtung widerfährt und was es an Aktivitäten zeigt.
2. Im unmittelbaren Anschluss daran wird all das, woran sich der Beobachter erinnert, in deskriptiv-narrativer Weise zu Papier gebracht.
3. Die so entstehenden „Beobachtungsprotokolle" werden anonymisiert und in die einmal wöchentlich stattfindenden Seminarsitzungen gebracht. Meist ist es ein ausgewähltes Protokoll, das dann im Seminar besprochen wird und vor allem der Beschäftigung mit der Frage dient, welche Beziehungserfahrungen das Baby in den beschrieben Situationen gemacht und wie es dabei sich und seine Welt erlebt haben mag.
4. In der Absicht, diesen Lernprozess zu dokumentieren und zu vertiefen, werden von den Gesprächen im Seminar Notizen gemacht. Diese Notizen erleichtern es den Seminarteilnehmern, zu einem

späteren Zeitpunkt das Nachdenken über ein Baby, seine Beziehungserfahrungen und das Entstehen seiner inneren Welt wiederum aufzunehmen.

Ausführlichere Darstellungen zur Geschichte und Besonderheit dieser Methode liegen inzwischen sowohl in englischer als auch in deutscher Sprache vor (etwa von Lazar u.a. 1986; Miller u.a. 1989; Lazar 1991, 2000; Datler, Steinhardt, Ereky 2002). Einschlägigen Veröffentlichungen ist darüber hinaus zu entnehmen, dass in vielen Aus- und Weiterbildungsgängen auch mit Modifikationen dieser Methode gearbeitet wird. Namentlich ist etwa an die Beobachtung von Vorschulkindern (Adamo/Rustin 2001) oder an „work paper groups" zu denken, deren Teilnehmer über jeweils eine Stunde ihrer Arbeit deskriptiv gehaltene Protokolle in der Ich-Form abfassen, die dann im Seminar ähnlich wie Baby-Beobachtungsprotokolle besprochen werden und differenzierte Zugänge zum Erleben all jener Personen eröffnen sollen, die im Protokoll Erwähnung finden (die Verfasser der Protokolle miteingeschlossen) (Harris 1977; Klauber 1998; Miller 2002).
Auch in Wien bieten wir neben Infant-Observation-Seminaren „klassischen Zuschnitts" Seminare an, in denen wir mit den erwähnten, aber auch mit anderen Modifikationen der von Esther Bick begründeten Methode arbeiten: Studierende, die einen Lehrveranstaltungszyklus zur Einführung in psychoanalytische Entwicklungstheorien besuchen, werden von mir angehalten, vier einmalige Beobachtungen von Heranwachsenden unterschiedlichsten Alters anzustellen, zu Papier zu bringen, im Seminar zu diskutieren und in Seminararbeiten mit Theorieansätzen in Verbindung zu bringen. Und in einem Wiener Projektstudiengang, der von Gertraud Diem-Wille initiiert und für eine Gruppe von Lehramtsstudierenden angeboten wurde, sahen wir unter anderem die Beobachtung von Kindern und Jugendlichen in Bildungsinstitutionen vor (Diem-Wille u.a. 1998; Sengschmied 1999).
Im Folgenden nehme ich auf eine weitere Variante dieser Art von Arbeit Bezug, die in einem Seminar zum Einsatz kam, in dem Studierende die Möglichkeit erhielten, ihre Forschungskompetenzen, die sie in Einführungsveranstaltungen erwerben konnten, weiter zu vertiefen. Im Speziellen war es die Aufgabe der Studierenden, spezifische, sie interessierende Fragen zu finden, welche förderliche und hemmende Aspekte des innerschulischen Beziehungsgeschehens zwischen Lehrern und Schülern betrafen. Diese Fragen galt es in die Gestalt von „Forschungsfragen" überzuführen, die im Seminar zu bearbeiten waren. In diesem Zusammenhang wurden Studierende dazu angeregt, ein forschungsmethodisches Design zu finden, das die teilnehmende Beobachtung von innerschulischen Interaktionsprozessen, deren anschließende Protokollierung sowie deren Besprechung im Seminar beinhaltete.

2. Schulerfolg und Lehrer-Schüler-Beziehung

Zwei Studentinnen begannen sich im Seminar dafür zu interessieren, in welcher Weise sich die Beziehungen, die zwischen Lehrern und ihren *guten* Schülern bestehen, von jenen Beziehungen unterscheiden, die zwischen Lehrern und ihren *schlechten* Schülern auszumachen sind. Ihre Forschungsfrage präzisierten sie folgendermaßen:

Welchen Einfluss hat der Schulerfolg in einem konkreten Unterrichtsgegenstand auf die Beziehung zwischen LehrerIn und klassenbester bzw. klassenschlechtester SchülerIn? Worauf könnte dieser Einfluss förderliche oder hemmende Wirkung zeigen?

Diese Frage untersuchten beide Studentinnen am Beispiel eines „Einzelfalls": Sie fanden Zugang zu einem Gymnasium außerhalb Wiens und befassten sich mit der Beziehung zwischen der Mathematiklehrerin einer vierten Klasse (8. Schulstufe) und jenen Schülern, die als Klassenbeste bzw. Klassenschlechteste auszumachen waren.

2.1 Befragung, Beobachtung und Interview

In schriftlicher Form holten sie von den Schülerinnen und Schülern dieser Klasse eine Antwort auf folgende Frage ein: „Wenn du die Erlaubnis hättest, bei einer Mathematikschularbeit von jemandem anderen aus deiner Klasse abzuschreiben – von wem würdest du am liebsten und von wem am wenigsten gerne abschreiben?" Zwei Namen – Johanna und Franz – wurden jeweils am häufigsten genannt; und beide Namen nannte auch die Mathematiklehrerin, als sie von den Studentinnen gefragt wurde, welche Schülerinnen und Schüler sie zu den Klassenbesten bzw. Klassenschlechtesten zählt.

In der Folge erhielten die Studentinnen die Gelegenheit, an zwei verschiedenen Tagen jeweils eine Stunde lang am Mathematikunterricht beobachtend teilzunehmen; wobei die Aufmerksamkeit der einen Studierenden auf die klassenbeste Schülerin Johanna und der Fokus der anderen Studierenden auf den klassenschlechtesten Schüler Franz gerichtet war.

Die narrativ gehaltenen Protokolle, die jeweils unmittelbar nach der Beobachtung verfasst wurden, waren Gegenstand der Besprechung im Seminar in Hinblick auf die Frage, wie die beschriebenen Personen die einzelnen Situationen und damit auch die Menschen, mit denen sie zu tun hatten, erlebt haben mögen.

Bevor nun versucht wurde, in der Seminararbeit Gedanken über die förderlichen und hemmenden Aspekte der Lehrer-Schüler-Beziehungen anzustellen, führten die Studentinnen Interviews mit der Lehrerin, aber auch mit Johanna und Franz. Dabei ging es um die Frage, wie die Lehrerin, Johanna und Franz die Lehr-Schüler-Beziehung wahrnehmen und einschätzen; und welchen Stellenwert sie dabei dem Umstand zuschreiben, dass Johanna in Mathematik sehr gut ist, während Franz Gefahr läuft, die Klasse wiederholen zu müssen.

Auf der Basis dieser Materialien und deren Besprechung war dann die Seminararbeit abzufassen, in der, so kann vorweg genommen werden, eine Gesamteinschätzung zum Tragen kam, die von den Ausgangserwartungen der Studentinnen deutlich abwich.

2.2 Ausgangserwartungen

Obgleich die Studierenden auf ein bestimmtes Ergebnis ihrer Untersuchung keineswegs fixiert waren, gingen sie doch von der ebenso undifferenzierten wie umfassenden Erwartung aus, dass *schlechter* Schulerfolg die Entstehung oder Festigung einer wenig hilfreichen Lehrer-Schüler-Beziehung nach sich zieht. Dagegen, so nahmen sie an, würde *guter* Schulerfolg zur Entstehung oder Festigung einer generell förderlichen Lehrer-Schüler-Beziehung führen

– förderlich für das Interesse der leistungsstarken Schüler am jeweiligen Unterrichtsgegenstand; förderlich für die Wertschätzung, die Lehrer und gute Schüler einander entgegenbringen; förderlich für beider Selbstwertgefühl und Selbstkonzept; und förderlich für die Wahrnehmung der jeweils anderen Person als jemandem, der global als angenehm erlebt wird. Ausgewählte Passagen aus den Beobachtungsprotokollen der Studentin, die ihre Aufmerksamkeit primär auf Johanna gelenkt hatte, lassen exemplarisch erkennen, in welcher Weise das Interaktionsgeschehen, das beobachtet werden konnte, Interpretationen und Einschätzungen nahe legte, die sich vor allem von den letztgenannten Erwartungen der Studentinnen unterschieden.

3. Die Beziehung zwischen der Klassenbesten und der Mathematiklehrerin

Das Gymnasium, in dem die Beobachtungen durchgeführt wurden, befindet sich im ländlichen Raum. Die Studentinnen[1] berichten, dass die Schüler und Schülerinnen dem Unterricht weitgehend konzentriert und ruhig folgten, besondere disziplinäre Schwierigkeiten waren weder auszumachen noch Gegenstand des Gesprächs mit der Lehrerin.

Die Lehrerin wird von beiden interviewten Schülern als engagiert und geduldig beschrieben, beide attestieren ihr, gut erklären zu können. Die Aussagen der Schüler deckten sich damit, dass die Studentinnen während des Beobachtens den Eindruck gewannen, dass die Lehrerin gut strukturiert vorträgt und von den Schülerinnen und Schülern der Klasse geschätzt wird.

Die klassenbeste Schülerin Johanna wirkt mit ihren vierzehn Jahren – im Vergleich zu den anderen Schülerinnen – etwas lieblos gekleidet. Sie trägt eine rote Hose und ein grünes Sweatshirt, ihre dunklen Haare hat sie nachlässig hinter dem Kopf zusammengebunden.

3.1 Nach der Schularbeit – aus dem ersten Beobachtungsprotokoll

Als die Studentin, die sich auf Johanna konzentriert, mit ihrer Beobachtung beginnt, wirkt Johanna angespannt. Die Studentin schreibt:

„In der großen Pause mache ich die erste Bekanntschaft mit Johanna. Sie läuft am Gang der Lehrerin nervös hinterher und fragt mit einer eher leisen aber sicheren Stimme: ,Frau Professor, haben sie schon die Schularbeit angeschaut?'
Die Lehrerin entgegnet ihr mit einem Lächeln, gibt aber sonst keinen Kommentar. Johanna versucht weiter, etwas zu erfahren, und unruhig herumhüpfend sagt sie: ,So viel ich weiß, hab' ich eh alles richtig.' Die Lehrerin beachtet sie aber nicht weiter. Die Stunde in der 4d beginnt."

Als wir im Seminar nach der Lektüre des gesamten ersten Beobachtungsprotokolls diesen ersten Textausschnitt genauer besprachen, gewannen wir den Eindruck, dass Johanna noch vor dem Beginn des Unterrichts eine intime Situation mit der Lehrerin herzustellen versucht, um – unbeobachtet von ihren Mitschülerinnen und Mitschülern – eine Information über die

---

[1] Ich danke an dieser Stelle Maria Westermayer und Christine Khek für die Überlassung des Beobachtungsmaterials.

Benotung ihrer Schularbeit zu erhalten. Sie stellt eine präzise Frage, erhält aber nur ein Lächeln zur Antwort. Dies scheint die Anspannung und Nervosität Johannas zu steigern; doch verliert sie die Möglichkeit des Insistierens in einer intimen Zweier-Situation, als die Lehrerin ihre Position als Lehrerin in der Klasse einnimmt und mit dem Unterricht beginnt. Zweierlei sticht ins Auge: (1.) Johanna erlebt sich in einer Position der Unterlegenheit und Abhängigkeit, während sie die lächelnde Lehrerin als ihr überlegen wahrnimmt, die Johanna im Ungewissen und somit zappeln lässt. (2.) Johanna hat ein starkes Verlangen danach, bestätigt zu bekommen, dass sie eine gute, ja sehr gute Schülerin ist. Als ihr die Lehrerin diese Bestätigung verwehrt, scheint sie ihr mit der Bemerkung *„So viel ich weiß, hab' ich eh alles richtig.“* doch einen entsprechenden Hinweis entlocken, sich zugleich aber auch selbst bestätigen zu wollen, dass sie in Mathematik geradezu unüberbietbar gut ist.

Diese beiden Themenbereiche, so ist weiteren Beobachtungsausschnitten zu entnehmen, beschäftigen Johanna und ihre Lehrerin nicht nur zu Beginn dieser einen Unterrichtsstunde. Denn nachdem die Lehrerin kurz die beiden Studentinnen als angehende Pädagoginnen vorgestellt hat, die hier sind, um den schulischen Alltag besser kennenzulernen; und nachdem die Lehrerin Franz mitgeteilt hat, dass seine Schularbeitsleistung nicht genügend war, beginnt sie damit, die Schularbeitsbeispiele mit der Klasse durchzurechnen.

„Als die Lehrerin dann mit der Schularbeitsverbesserung an der Tafel weitermacht, meldet sich Johanna sofort willig mit einem Handzeichen (sie ‚zeigt auf‘), um die Beispiele an der Tafel vorrechnen zu können. Sie wird allerdings nicht drangenommen, *was sie gelassen zur Kenntnis nimmt*[2]. Ihr Gesichtsausdruck wirkt sehr interessiert, doch verrät er weiters nicht allzu viel über etwaige Gefühlsregungen.

Obwohl ohnehin bereits ein Schüler bei der Tafel steht, zeigt Johanna nach wie vor auf (*„ständig abrufbereit‘*). Nun hat sie die Hand heruntergenommen (*anscheinend nur zur Entlastung, denn schon in der nächsten Minute ist die Hand wieder oben, obwohl noch immer der selbe Schüler am selben Beispiel rechnet*).

Sie sitzt gespannt hinten und schaut, was ihr Klassenkamerad an der Tafel rechnet. Sie interessiert sich zu diesem Zeitpunkt anscheinend überhaupt nicht für das restliche Geschehen (Tuscheleien, mich und meine Kollegin ...) in der Klasse.

Noch bevor die Lehrerin zur Verbesserung des nächsten Beispiels an der Tafel aufruft, hat Johanna schon wieder die Hand oben und versucht, drangenommen zu werden. Die Schüler schreien: ‚Johanna, du worst jo eh scho!‘ [‚Johanna, du warst ohnehin schon dran!‘] Die Lehrerin wiederholt das von den Schülern Gesagte. Johanna zeigt wieder keine Gefühlsäußerung und greift geheim zu ihrer Semmel, um ein paar Bissen davon zu machen. Die Hand ist nun schon die ganze Zeit bei ihrem Mund und kaut an ihren Fingernägeln. Sie tritt nicht in Kontakt zu ihren Sitznachbarn.

Der Schüler, der gerade an der Tafel steht und verzweifelt versucht, das Beispiel zu lösen, dreht sich hilfesuchend um und Johanna gibt ihm ein Zeichen (mit nach oben gestelltem Daumen), verbunden mit einem freundlichen Lächeln, mit dem sie ihrem Kameraden anscheinend zu verstehen gibt, dass es schon richtig so ist, wie er das Beispiel rechnet.“

Auch in dieser Unterrichtssequenz wirkt Johanna angespannt und begierig danach, sich als ausgezeichnete Schülerin bestätigt zu finden. Doch die Lehrerin lässt wiederum keine Situation entstehen, in der Johannas Begierde gestillt werden könnte: Johanna, die offensichtlich

---

[2] Die Beobachtungsprotokolle sind so deskriptiv wie möglich zu verfassen. Passagen, die einen deutlich interpretierenden Charakter haben, und Passagen, welche Eindrücke oder Kommentare der Beobachterinnen wiedergeben, werden *kursiv* gesetzt.

schon in der Stunde zuvor an der Tafel gerechnet hatte, wird von der Lehrerin trotz Aufzeigens nicht aufgerufen. Statt dessen wird Johanna von den Mitschülern und Mitschülerinnen, aber auch von der Lehrerin zurechtgewiesen – und muss einmal mehr zur Kenntnis nehmen, wie abhängig sie von den Entscheidungen der Lehrerin ist, die ihr trotz Verlangens keine Möglichkeit einräumt, ihr Können unter Beweis zu stellen.

Es dürfte daher kein Zufall sein, dass sich Johanna just nach den Zurechtweisungen, die sie erfahren muss, selbst etwas Gutes tut, indem sie sich erlaubt, von ihrer Semmel abzubeißen. Ihre Anspannung lässt freilich erst nach, als sie gegen Ende der Sequenz doch eine Möglichkeit findet, ihr Können zu zeigen: Indem sie dem Schüler an der Tafel öffentlich sichtbar bestätigt, dass er richtig gerechnet hat, kann sie sich nicht nur als hilfreich, sondern auch als kompetent erleben – und sich dergestalt auch vor der Klasse präsentieren. Damit schafft sie sich eine Situation, die es ihr erlaubt, sich als erstklassige Mathematikerin unabhängig davon zu erfahren, ob sie von der Lehrerin aufgerufen wird oder ob sie von der Lehrerin Auskunft über ihre Schularbeit erhält.

Das Erleben von Abhängigkeit und Hilflosigkeit, das sie ihrer Lehrerin gegenüber zunächst empfunden haben dürfte, scheint damit in den Hintergrund zu treten und vordergründigen Gefühlen der Stärke, Kompetenz und Überlegenheit Platz zu machen. Und Letzteres erfährt gleich darauf eine nochmalige Steigerung, als Johanna vernimmt, dass sie von einer Mitschülerin kritisiert wird:

„Die Lehrerin fragt nun bei dem, der an der Tafel steht, nach. Sie will wissen, wie ein Bruch gekürzt wird. Johanna lächelt still vor sich hin, was auch immer das bedeuten mag. Plötzlich flüstert ein sich nicht am Unterricht beteiligendes Mädchen von vorne: ‚Johanna, mach dir einen g'scheiten Zopf!' Johanna verdreht die Augen und beginnt sich die Haare zu richten. Dann blickt sie wieder zu der anderen hin und schaut fragend, ob es passt. Obwohl sie anscheinend nicht die ganze Zeit über zugehört hat, macht sie die Lehrerin plötzlich auf einen Fehler auf der Tafel aufmerksam. Die Lehrerin bedankt sich höflich für den ‚wichtigen Hinweis'. Johanna knabbert wieder an ihrer Semmel. Nun lehnt sie schräg am Tisch, den rechten Ellbogen aufgestützt, ihr Kinn haltend. Dann gibt sie wieder ein Urteil über das, was an der Tafel gerechnet wird, ab: ‚So host i's a.' [‚So habe ich es auch.'] Die Lehrerin sagt darauf nur: ‚So host as a?!' [‚So hast du es auch?'] Plötzlich schreit ein Mädchen, auf einen anderen Aspekt des Mathematikbeispiels Bezug nehmend, fragend nach hinten: ‚Johanna, host du des eh a so?' [‚Johanna, hast du das auch so?'] Und schon wird die nächste Frage an Johanna gerichtet. Die Schüler wenden sich auf einmal öfter an Johanna als an die Lehrerin."

Es ist beachtlich, welche Dynamik dieser Situation inhärent ist: Johanna, die einen Zustand der Zufriedenheit erreicht hat, erfährt zunächst Kritik. Sie sieht sich gedrängt, der Aufforderung, ihr Haar zu richten, unwillig Folge zu leisten. Doch braucht sie sich nicht allzu lang in der Position der Unterlegenen zu erleben, an der etwas ausgesetzt wird; denn sie verkehrt die Situation blitzschnell in ihr Gegenteil: Sie wird zur Kritikerin und demonstriert, dass ihr schneller als der Lehrerin auffällt, wenn ein Fehler gemacht wird – und zwar selbst dann, wenn Johanna mit ihrer Frisur und somit mit anderem beschäftigt ist. Sie belehrt ihre Lehrerin, erhält dies von der Lehrerin als angemessen bestätigt und kann sich damit der Lehrerin überlegen fühlen.

Johanna entspannt sich und braucht nicht mehr viel zu tun, um zur Autorität und Auskunftsperson Nummer eins zu werden: Ein selbstsicher geäußertes „So hob i's a." reicht, um von der Lehrerin eine Rückfrage zu vernehmen und damit eine Phase zu eröffnen, in der sich die

Schülerinnen und Schüler bei Johanna die Bestätigung darüber holen, ob sie bei der Schularbeit richtig gerechnet haben oder nicht. *Wie anders ist die Situation nun im Vergleich zu jener am Stundenbeginn:* War Johanna zunächst begierig, bestätigt zu bekommen, wie gut sie in Mathematik ist, so kann sie nun erfahren, dass ihr in geradezu demonstrativer Weise nicht nur von den Kolleginnen und Kollegen, sondern auch von der Lehrerin mathematische Kompetenz zugesprochen wird. Befand sich Johanna zunächst in einer Situation, in der sie der Lehrerin gegenüber Gefühle der Unterlegenheit und unbefriedigenden Abhängigkeit verspürte, so kann sie nun Überlegenheit und Stärke verspüren und erleben, dass sie auf das gewährende Wohlwollen der Lehrerin keineswegs angewiesen ist, um bestätigt zu erhalten, dass sie in Mathematik die Beste ist. Und war es zunächst Johanna, die von der Lehrerin wissen wollte, ob sie die Schularbeitsbeispiele richtig gerechnet hat, so kann sie erleben, dass es die Mitschülerinnen und Mitschüler sind, die sich nun mit analogen Fragen an Johanna wenden und ihr im Moment mehr fachliche Autorität zusprechen als der Lehrerin.

3.2 Die Fortsetzung – aus dem zweiten Beobachtungsprotokoll

Im Seminar waren die Studierenden beeindruckt von der Art und Weise, in der es Johanna gelang, sich aus der Situation zu befreien, die zu Stundenbeginn so schmerzlich für sie war. Die Studierenden waren aber auch mit der Frage beschäftigt, wie Johannas Lehrerin dies erlebt haben mag und ob es ihrem Wunsch entspricht, wenn Johanna im Verlauf einer Stunde in solch eine zentrale Position gerät. Die Besprechung des Protokolls der zweiten Beobachtung erlaubte es, dazu einige Überlegungen anzustellen und manche Eindrücke zu vertiefen, die im Zuge der Besprechung des ersten Protokolls gewonnen worden waren.
Um dies zu verdeutlichen, wähle ich einen ersten Protokollausschnitt aus, der mit einer bereits bekannten Situation beginnt. Johanna zeigt auf, wird aber nicht drangenommen:

„Die Lehrerin will etwas von der Schülerin an der Tafel wissen. Johanna zeigt auf und sagt zweimal hintereinander: ‚I waß, i waß!!!' [‚Ich weiß es, ich weiß es!!!'] Sie bekommt keine Erwiderung, worauf sie die Hand herunternimmt und beginnt, etwas in ihrem Mathematikbuch zu suchen. Dann hebt sie wieder die Hand. Zur selben Zeit dreht sie sich zu ihrer Hinterfrau um und beginnt mit ihr zu tratschen. Sie dreht sich dann wieder nach vorne und schaut gespannt, mit gehobenen Augenbrauen, zur Tafel.
Johanna nimmt ihre Füße auf den Sessel und sitzt nun im ‚Türkensitz'. Der Sitznachbar belästigt Johanna, sie sagt: ‚Loss mi!' [Lass mich!'] Johanna dreht sich nach hinten, lacht ihre Hinterfrau kommentarlos an und kaut an ihren Fingernägeln. Sie dreht sich wieder nach vorne und schaut gespannt zur Tafel. Sie hat dabei immer den selben Gesichtsausdruck, den Kopf leicht zur Seite geneigt, die Augenbrauen etwas gehoben und die Oberlippe leicht über die Unterlippe gestülpt. Nun reibt sie sich die Augen und stützt ihr Kinn auf der Hand auf.
Die Schülerin an der Tafel hat ein Problem. Johanna redet mit sich selbst über das, was an der Tafel gerechnet wird. Sie zeigt auf, ohne dass die Lehrerin eine Frage an die Klasse gestellt hat. Dabei sagt sie halblaut: ‚Lisi! Lisi!', als ob sie ihr etwas zuflüstern wollte! (Lisi ist die Schülerin an der Tafel.) Die Lehrerin stellt weitere Fragen an die Schülerin Lisi. Johanna zeigt wieder auf. Sie hat eine Füllfeder in ihrer Hand und spielt mit derselben, als ist ihr Blick auf die Tafel gerichtet. Plötzlich schreit Johanna nach vorne: ‚Nimm die untern zwei x und multiplizier's mit dem Nenner!' Die Lehrerin ermahnt Johanna: ‚Johanna!' Ein Bub ermahnt Johanna ebenfalls und schreit: ‚Ruhe!'"

Johanna nimmt beide Meldungen hin, ohne ihren Gesichtsausdruck zu verändern, und rechnet still weiter."

Johanna ist abermals angespannt und bettelt die Lehrerin geradezu darum an, ihr die Möglichkeit zu geben, als kompetente, wissende Schülerin in Erscheinung treten zu dürfen. Als ihr die Lehrerin dazu wiederum keine Gelegenheit einräumt, beginnt Johanna bald darauf den Umstand zu nutzen, dass die Schülerin an der Tafel die Fragen der Lehrerin nicht beantworten kann. Dem Bild der „braven" und „hilfreichen" Schülerin zunächst treu bleibend, zeigt sie weiterhin auf und versucht die Aufmerksamkeit der Schülerin auf sich zu lenken, um sich einsagend als Wissende zeigen zu können. Doch als Johanna mit keiner dieser Strategien Erfolg hat, wird die Anspannung in ihr zu groß: Mit der Lehrerin und der Schülerin an der Tafel ungeduldig werdend, schreit sie eine Rechenanweisung nach vorne.

Es dürfte für Johanna befriedigend sein, in dieser Weise ihre innere Spannung gelindert, ihren Unmut geäußert zu haben und als Wissende in Erscheinung getreten zu sein; denn die Ermahnungen, die sie erhält, scheinen für Johanna in keinem Verhältnis zum Genuss zu stehen, den sie sich soeben verschafft hat.

Diese Ermahnungen bringen überdies zum Ausdruck, dass Johannas Verlangen, sich in der Klasse als wissend zu präsentieren, für Johannas Lehrerin mitunter auch ein Ärgernis darstellt – ein Umstand, der auf die aggressive Dimension hindeutet, die der Beziehung zwischen Johanna und ihrer Lehrerin innewohnt.

Diese aggressive Dimension war schon dem ersten Beobachtungsprotokoll zu entnehmen, als zum Ausdruck kam, wie sehr die Lehrerin gegen Ende der Stunde an die Seite gedrängt wurde, nachdem sie Johanna zu Beginn im Ungewissen und danach kommentarlos unbeachtet hatte lassen. Es ist interessant, dass solch eine „Verkehrung der Situation" gegen Ende des zweiten Beobachtungsprotokolls ebenfalls auszumachen ist:

„Die Lehrerin verkündet das Stundenende, obwohl es noch nicht geläutet hat. Johannas Blick haftet immer noch an der Tafel. Dann rechnet sie in ihrem Heft weiter.
Die Lehrerin spricht von einer Überraschung, die sie in der kommenden Woche für ihre Schüler vorbereitet hätte. Johanna interessiert sich im Gegensatz zu ihren Kameraden überhaupt nicht für diese Überraschung. Sie rechnet und beteiligt sich nicht am Lehrer-Schüler-Gespräch. Nun scheint sie ihre Rechnung doch beendet zu haben, denn sie spielt jetzt mit einem Stück Papier und sitzt schräg auf ihrem Sessel.
Sie beginnt Zuckerl auszuteilen. Die Lehrerin sieht das und ermahnt Johanna: ‚In der Pause bitte!'
Alle schreien: ‚Johanna, ich bitte, gib mir wos!' Johanna hat ein Zuckerl in der Hand und kaut an den Fingernägeln der anderen Hand. Im Gespräch zwischen der Lehrerin und dem Rest der Klasse geht es darum, dass Mathematik die ganze nächste Woche über ausfallen wird! Johanna sagt: ‚Geh bitte, des foit jo immer aus!' [Geh bitte, das fällt ja immer aus!']"

Als die Lehrerin mit dem Hinweis auf eine „Überraschung" die Neugierde der Schülerinnen und Schüler wecken will, zeigt Johanna zunächst Desinteresse – um die Spannung, welche die Lehrerin erfolgreich aufgebaut hat, dann innerhalb weniger Sekunden zu zerstören. Ohne Erfolg versucht die Lehrerin dies zu unterbinden. Denn letztlich „siegt" Johanna: Sie demonstriert der Lehrerin, der Klasse und sich selbst, dass sie auch im Bereiten von Überraschungen die Bessere ist; denn die von Johanna verteilten Zuckerln finden plötzlich mehr Interesse als die offiziellen Mitteilungen. Als die Lehrerin die Aufmerksamkeit einiger Schüler doch mit dem Hinweis darauf halten kann, dass der Mathematik-Unterricht in der nächsten Woche ausfallen wird, ruft dies bei Johanna laute Kritik hervor. Wie gegen Ende der letzten Stunde, so scheint sich auch nun das Lehrer-Schüler-Verhältnis für kurze Zeit umzukehren: Als wäre die Lehrerin Johannas Schülerin, wird sie mit den Worten gerügt: *„Geh bitte, des foit jo immer aus!"*

3.3 Ein Teufelskreis?

Spätestens zu jenem Zeitpunkt, an dem im Seminar die eben erwähnten Protokollausschnitte besprochen wurden, dominierte im Seminar die Auffassung, dass die Ausgangserwartungen der Studierenden unzutreffend waren: Die Klassenbeste und die Lehrerin erleben einander keineswegs als *umfassend* angenehm; und die Art, in der sie einander begegnen, scheint auch dem Selbstwertgefühl beider nicht bloß zuträglich zu sein.

Denn der Beziehung, die zwischen Klassenbester und Lehrerin besteht, scheint auch ein klar ausmachbares Moment der Rivalität inhärent zu sein, das beide veranlasst, nach Situationen zu suchen, die es jeweils einer erlaubt, sich der anderen überlegen zu fühlen.

Dieses Ringen um Dominanz scheint – zumindest auf Seiten Johannas – in einem Selbst-Gefühl der Unsicherheit zu gründen, das Johanna bewusst nicht wahrzunehmen braucht, wenn sie immer wieder bestätigt bekommt, dass sie – zumindest in Mathematik – unüberbietbar gut, klug und erfolgreich ist (Adler 1912). Eben diese Bestätigung kann Johanna aber oftmals nicht erhalten; denn die Lehrerin verwehrt ihr immer wieder die Möglichkeit, zu brillieren und Sicherheit gebende Bestätigung zu erfahren.

Letzteres dürfte zweierlei nach sich ziehen: Das Verhalten der Lehrerin trägt dazu bei, dass Johannas Gefühl der Unsicherheit nochmals eine Steigerung erfährt. Und es ist dazu angetan, auf Seiten Johannas auch das Gefühl zu intensivieren, von der Lehrerin in schmerzlicher Weise abhängig zu sein.

In solchen Situationen dürfte sich Johanna erst recht dazu gedrängt fühlen, sich in der Gruppensituation der Schulklasse (vgl. Finger-Trescher 1994) als ausgezeichnete Schülerin präsentieren und erleben zu können, die es überdies schafft, Situationen herbeizuführen, in denen sie den Eindruck gewinnen kann, sogar der Lehrerin überlegen zu sein. Dieses Erleben von Überlegenheit scheint dem Selbstwertgefühl, aber auch dem Verlangen Johannas zuträglich zu sein, an der Lehrerin gleichsam Rache dafür zu üben, dass ihr diese so wenig Gelegenheit gibt, sich als ausgezeichnete Schülerin bestätigt zu sehen.

Diesem Verlangen nach Rache entspricht durchaus der Umstand, dass vor allem gegen Ende der beobachteten Stunden Situationen entstehen, in denen sich die Lehrerin zur Seite gedrängt fühlt. Sie scheint in die konfliktreiche Beziehung zu Johanna selbst so verstrickt zu sein, dass es ihr kaum gelingt, Johannas Verlangen nach Bestätigung zu mildern oder ihren Drang zu lindern, sich überlegen zu fühlen. Im Gegenteil: Johannas Lehrerin scheint eher das ihre dazu beizutragen, dass die skizzierten Spannungen stabil bleiben; zumal sie sich dieser Spannungen auch kaum bewusst sein dürfte. Darauf weisen nicht zuletzt manche Passagen des Interviews hin, das mit der Lehrerin geführt wurde; denn in diesem zeichnete sie ein nahezu idealisiertes Bild von Johanna, während sie über Themen, die von Rivalität und Abwertung handelten, nur in Verbindung mit anderen Schülern und Lehrern zu sprechen vermochte.

4. Die Förderung psychoanalytisch-pädagogischer Kompetenz

Gerade die Interviews mit Johanna und ihrer Lehrerin machten allerdings auch deutlich, dass die skizzierten Spannungen nicht überbewertet werden dürfen: Den Interviews ist zu entnehmen, dass beide einander viel Achtung und Wertschätzung entgegenbringen; und längere Interviewpassagen erwecken den nachhaltigen Eindruck, dass beide einander mögen. Dennoch eröffnet die genaue Besprechung der Beobachtungsprotokolle differenzierte Einblicke in die Dynamik schulischer Beziehungen, die einem im Regelfall verschlossen bleiben, wenn man sich bloß auf die Durchführung von Interviews beschränkt.

4.1 Beobachten im Dienst von Forschung?

Damit ist die Frage aufgeworfen, welche Relevanz die Durchführung solcher Beobachtungen für Forschung sowie für Theorieentwicklung hat. Dazu sind in den letzten Jahren einige Veröffentlichungen erschienen, in denen Autorinnen und Autoren die wissenschaftlichen Bedeutung von psychoanalytisch-pädagogischen Einzelfalldarstellungen diskutierten und zu präzisieren versuchten, was in methodologischer Hinsicht jene Form von teilnehmender Beobachtung auszeichnet, von der auch hier berichtet wird (Rustin 1989, 1997; Lazar 2000; Datler, Steinhardt, Ereky 2002). Vor dem Hintergrund dieser Publikationen möchte ich an dieser Stelle bloß auf vier allgemein gehaltene Punkte verweisen (in Anknüpfung an Datler 1995; Datler, Steinhardt 1999):

1. Die Veröffentlichung von Beobachtetem und die Publikation des Versuchs, Beobachtetes zu verstehen, *bereichern das Spektrum an öffentlich zugänglichen Vorstellungen von den Beziehungen, die in Schulklassen zwischen Schülern sowie zwischen Schülern und Lehrern entstehen.*
Entsprechende Veröffentlichungen bereichern in diesem Sinn das Spektrum an öffentlich zugänglichen Vorstellungen davon,
- wie sich Lehrer und Schüler in spezifischen Situationen konkret verhalten,
- in welchem Erleben ihr Verhalten gründen dürfte;
- und welchen Einfluss das Verhalten eines jeden auf das Erleben (und damit auf das Verhalten) der anderen hat.
2. Mitunter werden Beobachtungen über einen längeren Zeitraum hinweg durchgeführt. Die Veröffentlichung des Beobachteten und die Publikation des Versuchs, Beobachtetes zu verstehen, *bereichert dann die Diskussion der Frage, in welcher Weise sich das Erleben und Verhalten von Lehrern und Schülern über die Zeit hinweg verändern und was zu solchen Veränderungen führen kann.* Werden Antworten auf diese Frage publiziert, so bereichern diese Antworten (a) das öffentlich zugängliche Spektrum an Vorstellungen über die Entwicklung sowie über die Entwicklungsmöglichkeiten von Schülern und Lehrern sowie (b) das Spektrum an öffentlich zugänglichen Vorstellungen über die entwicklungsfördernde (oder entwicklungshemmende) Bedeutung von bestimmten Beziehungsprozessen, die in Schulklassen ausgemacht werden können.

3. Die Veröffentlichung von Beobachtetem und die Publikation des Versuchs, Beobachtetes zu verstehen, *bereichern überdies unser Wissen darum, nach welchen Methoden Autorinnen und Autoren vorgehen, wenn sie versuchen, zum Verstehen von Beziehungsprozessen Zugang finden.*
4. In Hinblick auf bestehende Theorien kann die Veröffentlichung von Beobachtetem und die Publikation des Versuchs, Beobachtetes zu verstehen, *spezifische Schlussfolgerungen nahe legen, die den Aussagen bestehender Theorien entsprechen.* Dies stützt zumeist den Sinnhaftigkeits- und Geltungsanspruch dieser Theorien.

Die Bezugnahe auf bestehende Theorien *kann aber auch auf bestimmte Aspekte verweisen, die von diesen Theorien noch nicht (zureichend) erfasst sind oder diesen Theorien gar widersprechen.* Dies kann dazu führen, dass bestehende Theorien weiterentwickelt oder gar neue, alternative Theorieansätze ausgearbeitet werden.[3]

4.2 Beobachten im Dienst der Entfaltung psychoanalytisch-pädagogischer Kompetenzen?

So allgemein die eben genannten Punkte gehalten sind, so relevant sind sie für die Arbeit mit Studierenden, die auf die Entfaltung von pädagogischer Kompetenz abzielt. Denn die genannten Punkte verweisen darauf, dass es für ein differenziertes Verstehen von schulischen Beziehungsprozessen zunächst unverzichtbar ist, sich um das Erfassen des manifest wahrnehmbaren Interaktionsgeschehens zu bemühen, das zwischen Schülern und Lehrern auszumachen ist, damit in einem anschließenden zweiten Schritt nach der Bedeutung gefragt werden kann, die das manifest Wahrnehmbare für jene hat, die in dieses Interaktionsgeschehen involviert sind.

Die Arbeit mit der hier vorgestellten Methode, die diesem Grundgedanken Rechnung trägt, gibt Studierenden die Möglichkeit, in der Auseinandersetzung mit konkreten Schulszenen zu erfahren, welche Aspekte von Lehrer-Schüler-Beziehungen in den Blick geraten, wenn versucht wird, *in methodisch disziplinierter Weise* zu fragen und zu verstehen. Dies unterstützt die Ausbildung eines differenzierten, erfahrungsgestützten Wissens um die Komplexität und Vielschichtigkeit von Beziehungsprozessen und verdeutlicht zugleich, wie unzutreffend bestimmte (klischeehafte) Vorannahmen sein können, die unsere inneren Bilder von spezifischen Beziehungsprozessen immer wieder zu dominieren drohen. Damit fördert die Arbeit im Seminar die Ausbildung einer Grundhaltung, die der Vorstellung entgegensteht, man brauche sich um ein subtiles Verstehen von konkreten schulischen Beziehungen nicht mehr zu bemühen, wenn man als Pädagoge viel Theorie in sich aufgenommen oder als Lehrer viel

---

[3] Könnte in diesem Sinn etwa [a] gezeigt werden, dass in gängigen Theorien, die das Thema „Dominanz und Macht im Unterricht" behandeln, kaum darauf eingegangen wird, in welchen Formen das unbewusste Zusammenspiel zwischen dem Verlangen nach Sicherheit und Bestätigung auf Schülerseite und dem Nicht-Gewahrwerden dieses Verlangens auf Lehrerseite dazu führen kann, dass sich gerade leistungsstarke Schüler gedrängt fühlen, unter Einsatz ihrer Leistungsstärke mit Lehrern zu rivalisieren und diese unter Druck zu setzen, so könnten [b] Beobachtungen und Interpretationen, wie sie hier vorgelegt wurden, den Ausgangs- und Bezugspunkt für die Weiterentwicklung solcher Theorien abgeben. Dabei könnte an Ausführungen angesetzt werden, wie sie beispielsweise Thiemann [1985] in seinem Buch „Schulszenen. Vom Herrschen und Leiden" vorgelegt hat.

Erfahrung gesammelt habe, da man von diesen Theorien und diesen Erfahrungen ohnehin in zutreffender Weise auf den Einzelfall schließen könne und es deshalb nicht nötig sei, sich mit der Besonderheit je einmaliger Beziehungsprozesse intensiv zu befassen.

Weiter gibt das Seminar einen Rahmen ab, der den Studierenden hilft, sich nicht nur um das Erfassen der Wahrnehmungs- und Erlebnisperspektiven von Schülern (vgl. Honig u.a. 1999), sondern ebenso um das Erfassen der Wahrnehmungs- und Erlebnisperspektiven von Lehrern zu bemühen. Dies unterstützt die Fähigkeit, sich im Nachdenken über Beziehungsprozesse mit der Position der Schüler *und* mit der Position der Lehrer zu identifizieren und dadurch in die Lage zu geraten, zur Bedeutung des szenischen Zusammenspiels zwischen Lehrern und Schülern Zugang zu finden (vgl. Trescher 1985, 138ff); zumal man in Verstehensprozessen häufig Gefahr läuft, in der Identifikation mit Heranwachsenden *oder* mit Erwachsenen stekken zu bleiben (und zwar häufig deshalb, weil man in naiv polarisierender Weise die einen ausschließlich als Opfer und die anderen ausschließlich als Täter wahrzunehmen neigt).

Die Auseinandersetzung mit der vielschichtigen Dynamik von Beziehungsprozessen legt Studierenden schließlich die Vorstellung nahe, dass die Ausgestaltung von Beziehungsprozessen über weite Strecken *nicht* bewußt gesteuert und kontrolliert wird. Für Studierende wird es damit sinnfällig und naheliegend, sich mit Konzepten und Theorien näher zu befassen, die den unbewußten Dimensionen von Beziehungsprozessen Rechnung tragen. Gelingt es dann im Seminar, die interpretierende Arbeit am Beobachtungsmaterial mit psychoanalytischen Konzepten und Theorien in Beziehung zu setzen, so kann das Seminar auch noch ein Stück explizite Einführung in Psychoanalytische Pädagogik leisten und auf diese Weise zumindest andeuten, was man sich als angehender Erziehungswissenschaftler oder Lehrer von einer intensiveren Befassung mit Psychoanalytischer Pädagogik erwarten darf.

Damit ist zugleich zum Ausdruck gebracht, dass solch ein Seminar weder eine Teilnahme an einem psychoanalytisch-pädagogischen Projektstudium, noch die Absolvierung eines psychoanalytisch-pädagogischen Aus- und Weiterbildungsganges ersetzen kann. Es vermag aber in propädeutischer Absicht zu vermitteln, was das psychoanalytische Nachdenken über schulische Beziehungsprozessen in den Blick bringt; es vermag Interesse an einer vertieften Beschäftigung mit Konzepten und Theorien zu wecken, die den unbewußten Dimensionen von schulischen Beziehungsprozessen besondere Beachtung schenken; und es mag Studierende dazu anregen, in ersten Umrissen eine Grundhaltung auszubilden, die dem differenzierten Fragen nach dem Erleben von Lehrern und Schülern ebenso dienlich ist wie dem Ringen um ein Verstehen des Zusammenhangs zwischen Erleben und manifestem Verhalten. Genau besehen ist dies nicht so wenig, wenn man bedenkt, dass die damit umrissenen Aspekte in den aktuellen Diskussionen, die außerhalb der Psychoanalytischen Pädagogik zur Frage des professionellen Lehrerhandelns und der Lehrerbildung geführt werden, nicht einmal ansatzweise thematisiert werden[4].

---

[4] Vgl. dazu etwa das Heft 1 der Zeitschrift für Pädagogik (2002) mit den darin enthaltenen Beiträgen von Koch-Priewe (2002), Neuweg (2002) oder Schierz und Thiele (2002).

Literatur

Adamo, S., Rustin, M. (2001): Editorial. In: Infant Observation. The International Journal of Infant Observation and its Applications 4 (Heft 2), 3-22

Adler, A. (1912): Über den nervösen Charakter: Grundzüge einer vergleichenden Individual-Psychologie und Psychotherapie (1912). Kommentierte, textkritische Ausgabe, hrsg. von K.H. Witte, A. Bruder-Bezzel und R. Kühn. Vandenhoek & Ruprecht: Göttingen, 1997

Datler, W. (1995): Musterbeispiel, exemplarische Problemlösung und Kasuistik. Eine Anmerkung zur Bedeutung der Falldarstellung im Forschungsprozeß. In: Zeitschrift für Pädagogik 41 (Heft 5), 719-728

Datler, W., Datler, M., Sengschmied, I., Wininger, M. (2002): Psychoanalytisch-pädagogische Konzepte der Aus- und Weiterbildung. Eine Literaturübersicht. In: Jahrbuch für Psychoanalytische Pädagogik 13. Psychosozial-Verlag: Gießen (im Druck)

Datler, W., Steinhardt, K. (1999): Schulische Integration und Interaktionsforschung: Ein Plädoyer für differenzierte Einzelfalldarstellungen und Einzelfallanalysen. In: Vierteljahresschrift für Heilpädagogik und ihre Nachbargebiete 68 (Heft 3), 365- 376.

Datler, W., Steinhardt, K., Ereky, K. (2002): Vater geht zur Arbeit... Über triadische Beziehungserfahrungen und die Ausbildung triadischer Repräsentanzen im ersten Lebensjahr. In: Steinhardt, K., Datler, W., Gstach, J. (Hrsg.): Die Bedeutung des Vaters in der frühen Kindheit. Gießen, 122-141

Diem-Wille, G., Finger, K., Heintel, G. (1998): Psychoanalytische Pädagogik in der Allgemeinen Pädagogischen Ausbildung für das Lehramtsstudium. In: Diem-Wille, G., Thonhauser, J. (Hrsg.): Innovationen in der universitären Lehrerbildung. Studienverlag: Innsbruck und Wien, 47-74

Finger-Trescher, U. (1994): Die Gruppe als schulisches Lernfeld. Methodisches Arbeiten im Netzwerk der Gruppe. In: Schäfer, G.E. (Hrsg.): Soziale Erziehung in der Grundschule. Juventa: Weinheim u.a., 93-106

Harris, M. (1977): The Tavistock Training and Philosophy. In: Harris, M., Bick, E.: Collected Papers of Martha Harris and Esther Bick. Perthshire, 1987, 259-282

Honig, M.-S., Lange, A., Leu, H.R. (1999): Aus der Perspektive von Kindern? Zur Methodologie der Kindheitsforschung. Juventa: Weinheim, München

Klauber, T. (1999): Observation ‚at work'. In: Infant Observation. The International Journal of Infant Observation and its Applications 2 (Heft 3), 30-41

Koch-Priewe, B. (2002): Grundlagenforschung in der LehrerInnenbildung. Einführung in den Thementeil. In: Zeitschrift für Pädagogik 48 (Heft 1), 1-9

Lazar, R. A. u.a. (1986): Die psychoanalytische Beobachtung von Babys innerhalb der Familie. In: Stork, J. (Hrsg.): Zur Psychologie und Psychopathologie des Säuglings – neue Ergebnisse in der psychoanalytischen Reflexion. fromann-holzboog: Stuttgart u.a., 185-211

Lazar, R. A. (1991): 10 Jahre Babybeobachtung – ein Rückblick. Babybeobachtung nach der Methode von Frau Esther Bick. In: Arbeitskreis DGPT/VAKJP für analytische Psychotherapie bei Kindern und Jugendlichen, Heft 1991/4, 47-82

Lazar, R. A. (2000): Erforschen und Erfahren: Teilnehmende Säuglingsbeobachtung - "Empathietraining" oder empirische Forschungsmethode? In: Analytische Kinder- und Jugendlichenpsychotherapie 31 (Heft 108), 399-417

Miller, L. (2002): The relevance of observation skills to the work discussion seminar. In: Infant Observation. The International Journal of Infant Observation and its Applications 5 (Heft 1), 55-72

Miller, L., Rustin, M. u.a. (1989): Closely observed infants. Duckworth: London, 52-75

Neuweg, G.H. (2002): Lehrerhandeln und Lehrerbildung im Lichte des Konzepts des impliziten Wissens. In: Zeitschrift für Pädagogik 48 (Heft 1), 10-29

Rustin, M. (1989): Observing Infants: Reflections on Methods. In: Miller, L., Rustin, M., Rustin, M. u.a.: Closely observed infants. London, 52-75

Rustin, M. (1997): What do we see in the Nursery? Infant Observation as „Laboratory Work". In: Infant Observation. The International Journal of Infant Observation and its Applications 1 (Heft 1), 93-110

Sengschmied, I. (1999): Psychoanalytische Pädagogik in der universitären Lehrerausbildung. In: Schulinnovationen. Ganzheitliches Lernen in der universitären Lehrerausbildung. Klagenfurt, 21-25

Schierz, M., Thiele, J. (2002): Hermeneutische Kompetenz durch Fallarbeit. Überlegungen zum Stellenwert kasuistischer Forschung und Lehre an Beispielen antinomischen Handelns in sportpädagogischen Berufsfeldern. In: Zeitschrift für Pädagogik 48 (Heft 1), 30-47

Thiemann, F. (1985): Schulszenen. Vom Herrschen und vom Leiden. Suhrkamp: Frankfurt/M.

Trescher, H.-G. (1985): Theorie und Praxis der Psychoanalytischen Pädagogik. Psychosozial-Verlag: Gießen, 1999, 3. Aufl.

Rolf Göppel

Was macht die Schule mit „schwierigen Schülern"? – Was machen „schwierige Schüler" mit der ihnen zugeschschriebenen „Eigenverantwortung"?

Evaluation und Diskussion eines aktuellen Konzepts zum Konfliktmanagement an Schulen

1. Der Ausgangspunkt: Die Zunahme von Disziplinproblemen an den Schulen

Die Klage über die Zunahme von Disziplinschwierigkeiten und Verhaltensstörungen an den Schulen ist vielfältig und in den Medien immer wieder Thema: vom „Tollhaus Schule", vom „Horror-Job Lehrer" und von den „kleinen Monstren" war in Spiegel-Titeln der letzten Jahre die Rede. Natürlich kann man sagen, dass es sich dabei um medientypische Übertreibungen handelt, dass Klagen dieser Art so alt sind wie die Schule selbst und dass „Jammern" in diesem Sinne eben einfach zum Geschäft gehört. Aber es gibt durchaus auch härtere Indizien, die darauf hindeuten, dass die Situation an den Schulen tatsächlich schwieriger geworden ist. Das Leiden der Lehrer an den bestehenden Verhältnissen dokumentiert sich vielleicht am deutlichsten in der Zunahme krankheitsbedingter Frühpensionierungen. Zwei größere Studien hierzu wurden in jüngster Zeit vorgestellt. Schaarschmidt kommt zu dem Ergebnis, dass es vor allem drei Bedingungen sind, die von Lehrerinnen und Lehrern als besonders belastend angegeben werden: Das Verhalten schwieriger Schüler, die Klassenstärke und die Anzahl der zu unterrichtenden Stunden (Schaarschmidt u.a. 1999). Der Arbeits- und Sozialmediziner Andreas Weber hat 7103 Gutachten zur Frage einer vorzeitigen Dienstunfähigkeit von Lehrern ausgewertet. Dabei war neben einer stetigen Zunahme der Dienstunfähigkeitsquote über die letzten Jahre hinweg vor allem die Tatsache auffällig, dass psychische und psychosomatische Erkrankungen mit 52% die mit Abstand häufigsten Diagnosen in den entsprechenden Gutachten darstellten. Diese Quote ist auch deutlich höher als bei anderen Sozialberufen (Weber u.a. 2001).

Giesecke hat die dahinterstehende Problematik folgendermaßen zugespitzt beschrieben: „Das Problem vieler Lehrer in vielen Schulen ist nicht, dass sie des Unterrichts müde wären, sondern dass sie gar nicht mehr dazu kommen, in Ruhe und Gelassenheit ihren Unterricht zu erteilen, weil ihre Klassen zu sozialpädagogischen Problemgruppen geworden sind und die meiste Anstrengung darauf gerichtet werden muss, sie disziplinarisch im Zaum zu halten" (Giesecke 1995, 94). In der Regel reichen schon einige wenige schwierige Schüler in einer Klasse aus, um jenes Ziel des ruhigen und gelassenen Unterrichtenkönnens nachhaltig in Frage zu stellen. Natürlich ergibt sich daraus nicht nur ein Problem für die Lehrer, sondern auch für den Rest der Klasse, sprich für die im Prinzip lernbereiten Schüler. In diesem Sinn heißt es bei Giesecke weiter: „Der eigentliche Skandal an vielen Schulen ist, dass eine kleine Minderheit von undisziplinierten Schülern die Mehrheit der lernwilligen Schüler terrorisieren darf und dafür dann nicht nur besondere Aufmerksamkeit der Lehrer erhält, sondern auch noch als prototypisch für die Probleme aller Schüler bzw. Jugendlichen ausgegeben wird" (ebd., 96). Entsprechend fordert er, die Schule müsse wieder wirksamere Sanktionen gegen solche störenden Schüler verhängen können. Dieser Aufsatz Gieseckes hat bekanntlich ziemlichen Wirbel und Unmut innerhalb der pädagogischen Zunft ausgelöst, auf den ich aber hier nicht näher eingehen will. Ich teile auch nicht seine Auffassungen von Schule. Aber ich denke, es besteht ein reales Problem und es gibt eine echte Not bei vielen Lehrerinnen und Lehrern.

Viele von ihnen stellen sich heute die Frage, wie sie es wohl anstellen könnten, wieder mehr in Ruhe und Gelassenheit zu unterrichten. Es scheint so zu sein, dass der „Autoritätsvorrat", den die Lehrkräfte früher gewissermaßen gratis, d.h. allein Kraft ihres Amtes, also qua Lehrerrolle zuerkannt bekamen, ziemlich geschmolzen ist. Gerade in Schulen in sozialen Brennpunkten müssen sich Kollegien heute zwangsläufig mit der Frage auseinandersetzen, wie sie gemeinsame Strategien entwickeln können, um die Disziplinprobleme „in den Griff zu bekommen". Natürlich steht dabei implizit immer auch die Frage „Wohin mit den Störern?" (Gerspach 1998) zur Diskussion. Die Nachfrage nach brauchbaren Konzepten, die die Situation an den Schulen erträglicher machen können, ist also groß.

Ich möchte im Folgenden ein solches Konzept und seine konkrete Realisierung an einer Schule zunächst vor- und dann zur Diskussion stellen. Ich schicke dabei gleich voraus, dass meine eigene Position ambivalent ist, dass ich einige Aspekte daran durchaus interessant finde, dass ich andererseits aber auch erhebliche Zweifel habe, ob unter der Hand aus diesem Programm nicht doch ganz leicht etwas anderes wird als die schönen Beschreibungen versprechen.

2. Das EV-Konzept

Das Konzept läuft hier auch unter dem Titel „Arizona-Programm", weil es von seinem „Erfinder", Edward E. Ford 1994 zunächst an einer Schule in Phoenix, Arizona eingeführt wurde. Es handelt sich also ähnlich wie bei Weidners „Anti-Aggressionstraining" (vgl. Weidner 1996) um einen USA-Import. Wie andere amerikanische Konzepte zur Konfliktregulation (etwa das „Second Step® Programm, das dem deutschen Faustlos-Konzept zugrunde liegt, oder Gordons „Teacher Effectiveness Training, „TET®" ist es mit einem eingetragenen Markenzeichen geschützt und wird entsprechend als „Responsible Thinking Process", „RTP®" promoted. Unter www.responsiblethinking.com kann die entsprechende Internetseite der „Responsible Thinking Incorporation" aufgerufen werden. Gleich auf der Homepage kommt einem dabei eine Warnung entgegen, die den Exklusivitätsanspruch für die Rechte an dem Konzept unterstreicht: „Warning: Both in the U.S. and in other countries, there are some educators teaching RTP, that are not accredited by RTP, Inc."

Das Konzept wird derzeit offensichtlich (mit oder ohne offizieller Akkreditierung durch RTP?) von den Oberschulämtern in Baden-Württemberg propagiert und den Schulen nachdrücklich zur Adaption empfohlen. Es hat inzwischen wohl auch schon eine beträchtliche Verbreitung erfahren. Stefan Balke, der das Konzept hierzulande bekannt gemacht hat, fasst die Grundintention des Ganzen folgendermaßen zusammen: „Das Programm zielt darauf ab, für LehrerInnen ein ungestörtes Unterrichten und für SchülerInnen einen störungsfreien Unterricht zu ermöglichen. Als Voraussetzung dafür muss die Schule die Einhaltung vernünftiger sozialer Umgangsregeln gewährleisten können" (Balke 1998, 46). Dies hört sich recht verheißungsvoll an, verspricht es doch präzise die Lösung der eingangs beschriebenen Grundproblematik.

Im Kern besteht das Konzept aus vier Bestandteilen: Den Klassenregeln, dem „Eigenverantwortungsraum", aus der Idee der Verträge und Verhandlungen für die Rückkehr ins Klassenzimmer und aus einem Katalog gestufter Konsequenzen für die wiederholte Nichtbeachtung der Regeln. Hinzu kommen zwei Prinzipien, die die Haltung der beteiligten Personen bestimmen und die gleichzeitig ihrerseits durch das ganze Konzept bei den Schülern gefördert werden sollen: *wechselseitiger Respekt* und *Verantwortlichkeit für das eigene Handeln*. Die Grundregeln, die in der Klasse eingeführt werden sollen, sind sehr schlicht und prägnant. Ausdrücklich sollen sie auch nur *vorgestellt*, bzw. bekannt gemacht, *nicht aber zur Diskussion oder gar zur Disposition gestellt* werden. Sie lauten:

1. Jede Schülerin und jeder Schüler hat das Recht, ungestört zu lernen.
2. Jede Lehrerin und jeder Lehrer hat das Recht, ungestört zu unterrichten.
3. Jede/r muss stets die Rechte der anderen respektieren.

Stört ein Schüler durch sein Verhalten den Unterricht, so soll er zunächst an die Regeln erinnert und aufgefordert werden, zu entscheiden, ob er sich im weiteren Verlauf der Stunde an die Regeln halten will, oder aber ob er die Klasse verlassen und in den „Trainingsraum" bzw. in den „EV-Raum" gehen will. Weiteres Störverhalten wird dann als implizite Entscheidung *gegen* die Regeln und *für* das Verlassen des Klassenraumes gewertet. Auch diese „Entscheidung" soll der Idee nach vom Lehrer akzeptiert werden. D.h. es geht gewissermaßen darum, den so häufigen, Nerven und Zeit raubenden „kommunikativen Kampf", das eskalierende Wechselspiel von Stören, Ermahnen, Schimpfen, Provozieren, Drohen, Entwerten, Aufbrausen, Sich-Empören, Vorwürfe machen, Sich-Rechtfertigen, Beleidigt-Sein, etc..... zu vermeiden, indem man sich möglichst respektvoll und sachlich quasi auf eine gemeinsame „Geschäftsordnung" beruft und Verstöße gegen diese Geschäftsordnung eher formal und ohne große Aufregung „abhandelt". In diesem Sinn heißt es bei Balke: „Der Lehrer hat nicht die Aufgabe und nicht die Macht, einen störenden Schüler gegen dessen Willen zum Einhalten der Klassenregeln zu bewegen. Der Lehrer hat aber die Aufgabe, die Klasse vor den Störungen zu bewahren und den störenden Schüler vor die Entscheidung zu stellen, entweder im Sinne der Klassenregeln auf die Störung zu verzichten oder die Klasse zu verlassen und in den Trainingsraum zu gehen" (ebd., 49).
Im Regelfall besteht ja für den Lehrer immer eine Spannung zwischen dem Auftrag, mit der gesamten Klasse auf der „*Inhaltsschiene*" den Unterrichtsstoff durchzunehmen und der Notwendigkeit, sich auf einer eher „*erzieherischen Schiene*" mit einzelnen störenden Schülern auseinander zu setzen. Interventionen auf der zweiten Schiene unterbrechen natürlich immer den Fluss des Geschehens auf der ersten. Deshalb werden sie in diesem Konzept gewissermaßen „ausgelagert", an einen anderen Ort, wo sie mit mehr Zeit, Ruhe und Sachlichkeit bearbeitet werden können. Im „Trainings- bzw. Eigenverantwortungsraum", einem eigens dafür an der Schule eingerichteten Raum, soll über den ganzen Schulvormittag ein Pädagoge für klärende Gespräche zur Verfügung stehen. Wenn man so will also eine Art „Outsourcing" des schulischen Konfliktmanagements. Ein Schüler, der von einem Lehrer wegen der wiederholten Verletzung der Regeln aus dem Klassenzimmer verwiesen wurde, erhält einen „Laufzettel", auf dem die Art der Regelverletzung, die Zeit und die Unterschrift des Lehrers vermerkt sind. Mit diesem muss er sich dann beim „EV-Lehrer" im „EV-Raum" melden.

Um in den Klassenraum zurückzukehren, ist es erforderlich, dass der Schüler einen „Plan" erstellt, in dem er darlegt, wie er solche Störungen künftig vermeiden will. Dabei geht es jedoch nicht nur um vage Absichtserklärungen, sondern um möglichst konkrete, nachvollziehbare Handlungspläne. Dieser Plan soll dann zunächst mit dem Lehrer des Trainingsraumes besprochen werden, um schließlich auf der Basis dieses Plans mit dem Lehrer der Klasse über die Rückkehr ins Klassenzimmer zu verhandeln. Auch für diesen „Plan" gibt es ein Formular, in dem der Schüler aufgefordert wird, zu verschiedenen Aspekten des Vorfalls, zu seinem grundsätzlichen Verhältnis zu dem betroffenen Lehrer und zu seinen Vorstellungen hinsichtlich seines künftigen Verhaltens in der Schule Stellung zu beziehen. Dabei ist freilich auch eine Sparte vorgesehen, in der der Schüler begründen kann, warum er der Meinung ist, dass er ungerecht behandelt wurde, weil er aus seiner Sicht gar keine Regelverletzung begangen hat. In jedem Fall wird dem Schüler eine relativ ausführliche und differenzierte Reflexion der Konfliktsituation und seines eigenen Verhaltens abverlangt.

Prinzipiell haben die Schüler auch das Recht, aus eigenem Antrieb – etwa wenn sie sich besonders angespannt, geladen, unruhig, oder unkonzentriert fühlen – das Klassenzimmer zu verlassen und in den EV-Raum zu gehen, um dort für sich alleine zu arbeiten. Der EV-Lehrer steht der Idee nach auch jederzeit als Gesprächspartner und Berater für Sorgen und Nöte der Schüler zur Verfügung. Auch Schlichtungsgespräche im Rahmen eines Streitschlichterprogramms, können in diesem Raum stattfinden.

Wenn Schüler trotz erstellter Pläne und gefasster Vorsätze wiederholt in den Trainingsraum kommen, dann sollen dort in Beratungsgesprächen die Ursachen für die Probleme analysiert werden und neue, bessere Vorschläge und Pläne erarbeitet werden. In der konkreten Schule, von der ich berichten will, ist das ursprüngliche Arizona-Konzept um einen abgestuften Katalog von „verschärfenden Maßnahmen" ergänzt worden, die bei wiederholten „Zwangsbesuchen" des EV-Raums in Kraft treten. Dieser Maßnahmenkatalog sieht so aus:

1. Ein Schüler hält sich *nicht* an die Regel	- Laufzettel - „Mein Plan"
2. Ein Schüler hält sich *wieder nicht* an die Regel	- Laufzettel - „Mein zweiter Plan" - Beobachtungsbogen
3. Ein Schüler kommt zum *3. Mal* in den EV-Raum	- Laufzettel - „Mein dritter Plan" - 1. Vertrag mit Lehrern
4. Ein Schüler kommt zum *4. Mal* in den EV-Raum	- Laufzettel - 2. Vertrag mit Unterschrift der Eltern - Sozialtraining
5. Ein Schüler kommt zum *5. Mal* in den EV-Raum	- Laufzettel - Montag 7. Stunde vor das EV-Team
6. Ein Schüler kommt zum *6. Mal* in den EV-Raum	- Laufzettel - Schulleiter-Eltern-Gespräch - Androhung des zeitweiligen Unterrichtsausschlusses
7. Ein Schüler kommt zum *7. Mal* in den EV-Raum	- Unterrichtsausschluss

Ein Schüler der Schule, der den EV-Raum schon mehrfach besucht hatte und mit dem ich über das Konzept gesprochen habe, konnte mir diesen komplexen Katalog haarklein in allen Details aufsagen. „Verschärfung" heißt dabei vor allem, dass der Schüler sein störendes Verhalten und seine Änderungsvorsätze vor einem zunehmend größeren Kreis von Personen erklären muss und dass die Eltern involviert werden. Auf Stufe fünf etwa muss ein Schüler am Montag in der 7. Stunde vor dem versammelten EV-Team, d.h. vor einer Gruppe von 10-12 Lehrern erscheinen und sich dort einem Gespräch über sein Verhalten stellen.

Die beteiligten LehrerInnen betonen jedoch ausdrücklich, dass die geschilderte Stufenleiter von verschärfenden Maßnahmen nicht zwangsläufig und unerbittlich Stufe für Stufe so durchgesetzt würde, sondern dass durchaus die Möglichkeit bestehe, sie im Einzelfall flexibler zu handhaben und individuelle Sondervereinbarungen zu treffen.

Inzwischen werden manche Leser vielleicht dennoch schon ganz entsetzt sein, angesichts dieser doch zunächst sehr rigide und formalistisch und bürokratisch erscheinenden Art und Weise des Umgangs mit störenden Schülern. Sie widerspricht nahezu in allem dem, was aus der psychoanalytisch-pädagogischen Tradition im Umgang mit schwierigen Kindern und Jugendlichen bekannt ist. Ich selbst habe einmal am Beispiel verschiedener Episoden von Aichhorn, Zulliger, Erikson und Redl unterschiedliche Strategien zum Umgang mit aggressiv aufgeladenen Konflikten unter den Stichworten „Ignorieren", „Ritualisieren", „Informieren" und „Rekonstruieren" dargestellt und bin dabei, auf der Suche nach den übergreifenden Gemeinsamkeiten, etwas scherzhaft auf die Formel gekommen, dass das Gemeinsame dieser Beispiele aus der Tradition der psychoanalytischen Pädagogik vor allem darin bestünde, dass die entsprechenden Interventionen a) unkonventionell und b) erfolgreich gewesen seien. In der Regel sind es gerade die genialen, spontanen, intuitiven Einfälle und die unerwarteten Reaktionen der Pioniere psychoanalytischer Pädagogik, die überraschende Wendungen zustande brachten und zum Erfolg führten (vgl. Göppel 1998/99).

Hier, in diesem neuen Konzept, ist nun nichts von Originalität und Kreativität im Umgang mit Konflikten (Zulliger) und oder von „absoluter Milde und Güte" (Aichhorn) zu erkennen. Auch nichts vom Versuch, die unbewussten individuellen lebensgeschichtlich geprägten Motive provokativen, störenden Schülerverhalten zu entschlüsseln oder sie als Übertragungsphänomene zu analysieren (Erikson, Redl), sondern hier wird den Schülern sehr klar und bestimmt dargestellt, welche Regeln im Kontext des Unterrichts gelten, welches Verhalten erwartet wird und welche Konsequenzen das Nichteinhalten dieser Regeln nach sich zieht. Von daher könnte man dieses Konzept, zumal da es sich, wie gesagt, um einen USA-Import handelt, leicht mit Begriffen wie „Law-and-Order", „Nulltoleranz", „neue harte Linie", „rigides Durchgreifen", etc. assoziieren. Dagegen hat es sich selbst ausdrücklich die Schlüsselbegriffe „*Respekt*" und „*Eigenverantwortung*" auf die Fahnen geschrieben. Ist dies bloßer Etikettenschwindel? Oder, noch schlimmer: Handelt es sich gar um ein malignes unbewusstes Bündnis der Pädagogen mit der Institution?

Von Seiten der Psychoanalytischen Pädagogik ist in jüngster Zeit am deutlichsten wohl Bernd Ahrbeck der modernen Tendenz entgegengetreten, Erziehung einseitig als Bedürfnisbefriedigung und Selbstwertförderung aufzufassen. Erziehung in unserer Gesellschaft sei, so formuliert er überspitzt, „weitgehend zur narzisstischen Wachstumsförderung geworden, ... Grenzsetzungen und Einschränkungen kindlicher Wünsche gelten deshalb als gefährlich und werden häufig vermieden" (Ahrbeck 1998, 129). Er schreibt diese Tendenz überwiegend den

Einflüssen der Humanistischen Psychologie (Rogers, Maslow) und ihrem Credo der Selbstverwirklichung zu. Dies verkennt freilich, dass die (popularisierten) psychoanalytischen Erziehungslehren wohl mindestens ebenso großen Anteil hieran hatten.

3. Evaluation: Das Konzept im Urteil von Schülern und Lehrern

Doch vor einer solchen kritischen Diskussion möchte ich zunächst darstellen, wie diese „Neuerung" von den Lehrerinnen und Lehrern sowie von den Schülerinnen und Schülern einer Hauptschule in Mannheim, an der das Konzept vor zwei Schuljahren eingeführt wurde, bewertet wird. Ich beziehe mich dabei auf die Ergebnisse einer Evaluationsstudie die von Kathrin Weigel im Rahmen ihrer Zulassungsarbeit durchgeführt wurde. Sie hat in dieser Arbeit jedoch nicht nur eine Befragung bezüglich der Akzeptanz und der Effekte des „EV-Projekts" durchgeführt, sondern sie hat den ganzen Schulentwicklungsprozess, der an dieser Schule stattgefunden hat, differenziert dargestellt und zudem selbst an dieser Schule für eine Gruppe häufiger „EV-Raum-Kandidaten" ein spezielles „Sozialtraining" angeboten (vgl. Weigel 2001). Ich möchte zugleich betonen, dass ich grundsätzlich großen Respekt vor der Arbeit der Gruppe engagierter Lehrerinnen und Lehrer dieser Schule habe, die aus einer von allen als sehr belastend erlebten Krisensituation heraus versucht haben, neue Konzepte und Strukturen für einen verträglicheren Umgang und für einen erträglicheren Alltag an ihrer Schule zu entwickeln. In persönlichen Gesprächen konnte ich mich davon überzeugen, dass es sich bei Ihnen durchaus um einfühlsame und besonnene Pädagogen und keineswegs um „disziplinversessene Hardliner" handelt.

Von den im Rahmen dieser Evaluationsstudie an alle 297 Schüler der Schule ausgegebenen Fragebögen wurden 262 ausgefüllt zurückgegeben. In den Fragebögen wurden die Schüler auf einer fünfstufigen Einschätzskala u.a. um Stellungnahmen zu folgenden Statements gebeten:

- Ich finde, wenn ein Schüler oder eine Schülerin während der Stunde in den EV-Raum geschickt wird, dann wird es anschließend ruhiger in der Klasse.
- Ich habe den Eindruck, dass ich mich besser auf den Unterricht konzentrieren kann, seit es den EV-Raum gibt.
- Ich fühle mich besser, wenn ich im EV-Raum war.
- Ich finde der Lehrer im EV-Raum ist ein guter Gesprächspartner.
- Ich habe das Gefühl, dass mir im EV-Raum geholfen wird.
- Ich glaube, dass die Gespräche mit dem Lehrer im EV-Raum mir helfen.

Daneben gab es auch noch zwei offene Fragen, bei denen die SchülerInnen einfach zur Ergänzungen der Sätze „Ich finde den EV-Raum gut, weil..." bzw. „Ich finde den EV-Raum nicht gut, weil..." aufgefordert waren. Das Ergebnis der Schülerbefragung lässt sich in seinen Grundtendenzen folgendermaßen zusammenfassen:

- Die Schüler sind überwiegend der Meinung, dass das Konzept gewisse Effekte im beabsichtigten Sinne der Beruhigung der Klassensituation und der Förderung einer konzentrierten Arbeitsatmosphäre hat.

- Obwohl der Lehrer im EV-Raum von den allermeisten Schülern durchaus als guter Gesprächspartner anerkannt wird, erleben die betroffenen Schüler den Aufenthalt im EV-Raum doch ganz überwiegend als unangenehme Angelegenheit. Vermutlich eben doch als Strafe oder als schambesetzte Ausgrenzungsmaßnahme. Dieses Unbehagen nimmt in den höheren Jahrgangsstufen auch kontinuierlich zu.
- Entsprechend haben fast nur die Schüler der Unterstufe das Gefühl, dass ihnen im EV-Raum geholfen wird, bzw. dass ihnen die Gespräche dort nützlich sind, um ihre Probleme in den Griff zu bekommen.
- Obwohl nur eine Minderheit angab, den EV-Raum bisweilen auch freiwillig, aus eigenem Antrieb, aufzusuchen, fand es doch die überwiegende Mehrheit der Schüler sehr gut, dass sie prinzipiell das Recht haben, dies zu tun.
- Nach den eigenen Angaben nehmen die meisten Schüler die Vorsätze in ihren Plänen und Verträgen durchaus ernst, d.h. sie geben an, dass sie sich meistens bemühen, ihre Pläne und Verträge einzuhalten. Etwa ein Drittel der Schüler gibt dabei zu, dass ihnen dies eher schwer fällt. Allerdings ist auch hier wieder ein deutlicher Alterstrend feststellbar, und zwar in dem Sinn, dass die Ernsthaftigkeit dieses Bemühens mit wachsendem Alter nachlässt. Immerhin ein Viertel bis ein Drittel der 8- und 9-Klässler gibt an, dass sie sich selten oder nie darum bemühen, ihre Pläne und Verträge einzuhalten. Die Hoffnung der Lehrer richtet sich freilich darauf, dass dieser Alterstrend nachlässt, wenn erst einmal die ersten Jahrgänge, die seit der fünften Klasse an das Programm gewöhnt sind, die gewissermaßen mit ihm „aufgewachsen" sind, die Abschlussklasse erreichen.
- Insgesamt also eine relativ große Akzeptanz des Konzepts in der Unterstufe und eine deutlich größere Reserviertheit in der 8./9. Klasse. Dies entspricht dem generellen Trend einer zunehmenden Distanzierung der Schüler von den Ansprüchen und Forderungen der Schule im Verlauf der Pubertätsentwicklung (vgl. Ziehe 1997, Fend 2000, Bittner 2002).

Von den 27 an die Lehrer der Schule ausgegebenen Fragebögen wurden nur 17 ausgefüllt zurückgegeben. Hier ging es um die Beteiligung der Lehrkräfte an dem Programm und um die subjektive Einschätzung der damit gemachten Erfahrungen. Dabei fallen die Ergebnisse relativ günstig aus, d.h. die befragten Lehrer berichten überwiegend von einem Beruhigungseffekt und von einer Entspannung der Unterrichtssituation seit der Einführung des Konzepts. Aber sie schätzen auch die Wirkungen auf die Problemschüler durchaus positiv ein. Eine Lehrerin hat im direkten Gespräch mit mir ihre Sicht der Veränderung auf die prägnante Formel gebracht: „Seit wir das Programm haben, musste ich nie mehr ins Klassenbuch eintragen „Unterricht war heute nicht möglich".
Soweit in knapper Zusammenfassung die Grundideen und -bestandteile des Konzepts sowie die Einschätzungen durch die betroffenen Schüler und Lehrer.

4. Diskussion

Was soll man nun als Erziehungswissenschaftler von dem Ganzen halten? Natürlich könnte man sagen, dass dieses doch sehr formalistische Programm mit Laufzetteln, Verträgen, Maßnahmenkatalogen, Schülerakten, etc. Ausdruck einer pädagogischen Verlegenheit sei. Was in der alltäglichen persönlichen Verständigung und Auseinandersetzung nicht mehr klappt –

die Einhaltung bestimmter Regeln, die Einigung auf sozialverträgliche Weisen des Miteinander-Umgehens – soll nun durch bürokratische Prozeduren und detaillierter Sanktionskataloge geregelt werden. Die LehrerInnen müssten eben einfach ihren Unterricht so spannend und attraktiv gestalten, dass die SchülerInnen so motiviert und fasziniert sind, dass sie gar nicht auf die Idee kommen den Unterricht zu stören oder aber die LehrerInnen müssten einfach einen so vertrauensvollen individuellen „pädagogischen Bezug" zu ihren SchülerInnen aufbauen, dass diese sich schon aus Respekt und Zuneigung zu ihnen Störungen und Provokationen verkneifen. – Aber wie realistisch sind solche Forderungen und wem wäre damit gedient?

Was macht dieses Konzept andererseits mit den betroffenen LehrerInnen und Lehrern? Welche neue, besondere Note bekommt die Institution Schule durch dieses Programm? Welche unbewussten Tendenzen, Hoffnungen, Abwehrprozesse sind damit eventuell verknüpft?

Mit Fürstenaus berühmtem Aufsatz „Zur Psychoanalyse der Schule als Institution" könnte man von „Entpersönlichung" sprechen. Die Schüler werden einem rigiden und abstrakten Ritual der Verhaltenssteuerung unterworfen um organisationskonformes Verhalten zu erzwingen. Insbesondere hat Fürstenau auf den Abwehrcharakter von Ritualen hingewiesen und seine diesbezügliche Warnung ist gewiss nicht einfach von der Hand zu weisen: „Alle Rituale und Zeremonien haben einen Spielraum von Strenge und Genauigkeit ihrer Ausführung. Diese Variable kann leicht für die Befriedigung von Macht- und Herrschaftsbedürfnissen manipuliert werden" (Fürstenau 1964, 74). Fürstenau sympathisiert implizit mit den Widerstandsbestrebungen der Schüler (und fand wohl auch deshalb Ende der Sechziger Jahre so große Resonanz): „Wo Kinder sich einer völlig vorgegebenen – noch dazu widersprüchlichen Ordnung im wesentlichen nur einzufügen haben, entsteht als einzig möglicher Ausdruck ihres Freiheits- und Selbständigkeitsstrebens und ihrer Initiative ‚Disziplinschwierigkeiten' (ebd., 77). Sein Aufsatz endet mit den Sätzen: „Unsere Schule teilt abwehrende (apotropäische) und austreibende (exorzistische) magische Züge mit ältesten Erziehungsritualen Sie ist in mancher Hinsicht ein Stück archaischer Menschenbehandlung" (ebd., 78). Im Hinblick auf das vorgestellte Konzept müsste man dann wohl eher von moderner, technokratisch-fortschrittlicher Menschenbehandlung sprechen. Von daher könnte man das EV-Programm auch als einen besonders perfiden pädagogischen Trick ansehen, den Schülern auch noch den „einzig möglichen Ausdruck ihres Freiheits- und Selbständigkeitsstrebens und ihrer Initiative" zu rauben.

Es fragt sich jedoch, ob eine solche psychoanalytische Fundamentalkritik dem ernsthaften Bemühen der Lehrer und Lehrerinnen gerecht wird, an ihrer Schule das Recht auf ungestörtes Lernen für die Schüler und auf ungestörtes Unterrichten für die Lehrer zu verteidigen. Dann wäre in diesem Zusammenhang natürlich auch die Frage zu diskutieren, ob die in den Grundregeln formulierten „Rechte" überhaupt Bestand haben. Gibt es daneben vielleicht auch so etwas wie ein „Recht des Schülers auf Eigensinn" (vgl. Voß 1989), auf Widerstand gegenüber den schulischen Zumutungen, auf Subversion der ihm aufgezwungenen institutionellen Ordnung? Muss man realistischerweise von einem antagonistischen Verhältnis der Schüler zur Schule, von einem „natürlichen Dissidententum", einem „Differenzverhältnis" (Ziehe 1997) ausgehen?

In Fürstenaus Kritik geht es ja insbesondere auch um die irrationalen, aus den Kindheitserfahrungen der Pädagogen herrührenden Macht- und Beherrschungsmotive. Man kann dem EV-Konzept immerhin zugute halten, dass die Verhältnisse, die geltenden Regeln, die zu erwartenden Konsequenzen hier recht klar und transparent sind. Durch die ausdrückliche Betonung der Prinzipien des Respekts und der Eigenverantwortung, sind die Schüler, zumindest der Idee nach, vor den Stimmungen und Zornesausbrüchen, den situativen Genervtheiten und überschießenden Reaktionen der Lehrkräfte geschützt. Gleichzeitig wird versucht, die „heiße Konflikteskalation", bei der meist eher die irrationalen Impulse die Oberhand gewinnen, zu vermeiden und zu einer möglichst sachlichen und nüchternen Klärung zu gelangen. Weiterhin können die Schüler aus dem Feld gehen und sie treffen im EV-Raum auf einen empathisch-wohlwollenden, in Gesprächsführung speziell fortgebildeten Gesprächspartner, der nicht direkt in den Konflikt verwickelt ist und mit Zeit und Ruhe zur Verfügung steht. Grundsätzlich kann man vielleicht sagen, dass durch dieses Konzept, vor allem durch die Institution des EV-Raumes, die Grundrelation der Schüler im Verhältnis zur Schule ein Stück weit verändert wird. Denn, wenn die Schüler prinzipiell die Option haben, statt am Unterricht teilzunehmen in den EV-Raum zu gehen, dann wird ein zentrales Bestimmungsstück von Schule, nämlich die Präsenzpflicht im Unterricht, relativiert. Der Unterricht ist nun nicht mehr einfach eine Zwangsveranstaltung, der man beiwohnen muss, ob man will oder nicht, sondern man hat im Prinzip eine Alternative dazu. Gleichzeitig ist der Sinn und Zweck der Veranstaltung Unterricht durch die Grundregeln für alle noch einmal sehr klar ins Bewusstsein gebracht. Es geht um das gemeinsame Lernen. Dafür sind gewisse Verhaltensstandards notwendig. Wer diesen Zweck boykottieren oder torpedieren will, wer meint dass Clownerie oder Provokation unterhaltsamer seien, der verliert gewissermaßen seinen Anspruch auf Teilhabe am Geschehen und muss erst durch entsprechende Reflexionen und Vorsätze unter Beweis stellen, dass er wieder bereit ist, den Zweck der Veranstaltung anzuerkennen. Unterricht wird also in gewisser Hinsicht von der drögen Zumutung zum erstrebenswerten Gut.

Von daher kommt es ein ganzes Stück weit dem nahe, was Oevermann einmal „zur Lösung aller schulischen Disziplinprobleme" gefordert hat: die Abschaffung der Schulpflicht. In seiner „Theoretischen Skizze einer revidierten Theorie professionalisierten Handelns" heißt es dazu: „Würde die gesetzliche Schulpflicht entfallen, dann hätte sich schlagartig die Strukturlogik des pädagogischen Handelns geändert. Dann gäbe es keine prinzipielle Disziplinierungsproblematik mehr, dann entfiele das ‚Dompteurs'-Syndrom, dann gäbe es keine pädagogischen ‚Zampanos' mehr in den Lehrerzimmern in punkto Geschicklichkeit in der Bewältigung der Disziplinierungsproblematik .... Dann würde der Schüler sich auf der Basis von Vertrauen, Wohlwollen und Sachangemessenheit an den Lehrer als einen sokratischen Partner wenden, statt sinnlos Energien in eine strukturlogisch falsch gelagerte Widerständigkeit zu ‚investieren'" (Oevermann 1996, 168). Dies ist wohl allzu optimistisch gedacht, aber im Prinzip ist schon etwas dran. Kursleiter an Volkshochschulen oder Professoren an der Universität klagen in der Regel nicht über Disziplinprobleme. Wenn man aus eigenem Antrieb und Interesse in einem Kurs oder Seminar sitzt, dann macht es wenig Sinn, das Ganze mit Störmanövern zu hintertreiben. Für Oevermann stellt das „Arbeitsbündnis" gewissermaßen den Kern professionalisierter Tätigkeit dar und entsprechend fordert er in Analogie zum psychoanalytischen Arbeitsbündnis auch ein „pädagogisches Arbeitsbündnis" als den Kern der Professionalisierung des Lehrerberufs (ebd., 163).

Auf das Konzept „Arbeitsbündnis" bezieht sich auch Günther Bittner in seinem Aufsatz „Der Mensch – ein ‚Geschöpf des Vertrages'". Darin versucht er die folgende allgemeine Aufgabenbestimmung der Sozialpädagogik zu begründen: „Ziel der Sozialpädagogik soll es

sein, Kinder und Jugendliche (insbesondere gefährdete Kinder und Jugendliche) zur Teilnahme am Sozialvertrag tauglich zu machen – tauglich als verlässliche und zugleich kritische Vertragspartner" (Bittner 1985, 615). Diesem Ziel entsprechend bestünde der Kern der
sozialpädagogischen Methode eben darin, entsprechende „Übungsräume" für das Aushandeln von Verträgen und „Übungssituationen" für die Erfahrung von Verlässlichkeit und Be-
währung zu gestalten: „Dieses Angebot eines Sozialraumes mit überschaubaren Rechten und
Pflichten in einem sozialvertraglich geregelten Verhältnis, bei dem jeder weiß, was er darf
und was er nicht darf, und bei dem er über die Rechte und Pflichten mitzubefinden hat, stellt
eines der Charakteristika sozialpädagogischer Methodik dar" (ebd., 623).
In diesem Sinn könnte man das EV-Konzept geradezu als prototypische Veranstaltung zur
Einübung von Vertragsfähigkeit ansehen, denn hier werden in besonders prägnanter und expliziter Form die Verhältnisse des Sozialraums Schule sozialvertraglich geregelt. Und zwischen Schülern und Lehrern werden ganz konkrete Verträge abgeschlossen, schriftlich fixiert
und mit Unterschriften besiegelt. Die heikle Frage dabei ist freilich die: Haben die Schüler in
diesem Konzept tatsächlich auch die Möglichkeit, „über die Rechte und Pflichten mitzubefinden" oder werden sie einfach einem rigiden Sanktionssystem unterworfen? Die „Verträge", die sie schließen (müssen), sind doch recht einseitig, weil sie eigentlich nur für sie
selbst bindend sind. Sie verpflichten sich darauf, künftig Störungen im Unterricht zu unter-
lassen und Wohlverhalten an den Tag zu legen. Die Lehrer verpflichten sich allenfalls darauf, sie unter diesen Bedingungen wieder in der Klasse zu tolerieren und zu unterrichten.
Und auch die „Rückkehrverhandlungen" sind eigentlich mehr Bittstellungen als wirkliche
Verhandlungen, denn die Schüler selbst haben ja kaum Verhandlungsspielraum und erst
recht nichts zu fordern.

5. Erziehung zum „eigenverantwortlichen Denken und Handeln" ?

Kann man annehmen, dass dieses Konzept tatsächlich das „eigenverantwortliche Denken
und Handeln" der Schüler stärkt? In den Einschätzungen der Lehrer und Lehrerinnen ist dies
durchaus der Fall. Aber was genau ist eigentlich „eigenverantwortliches Denken und Handeln"? – Es kann ja wohl nicht per se identisch sein mit „schulkonformem", „angepasstem",
„unauffälligem" Denken und Handeln. Sind Schüler nicht so oder so „eigenverantwortlich"
in ihrem Denken und Handeln? Ist der Begriff „eigenverantwortlich" nicht überhaupt „doppelt gemoppelt"? „Verantwortlichkeit" ist nicht eine bestimmte Handlung und auch nicht
eine bestimmte Tugend, Eigenschaft oder Kompetenz wie etwa „Ordentlichkeit", „Genauigkeit" oder „Freundlichkeit", sondern „Verantwortlichkeit" ist zunächst eine Kategorie zur
Interpretation, zur Bewertung, ja vor allem zur „Zurechnung" von Handlungen. Man ist *für
etwas verantwortlich* bzw. *man wird für etwas von jemandem verantwortlich gemacht*.
In diesem Sinne wird etwa vor Gericht zu klären versucht, ob und in welchem Maß bestimmte Personen verantwortlich sind für bestimmte Taten oder für bestimmte Schäden –
etwa dafür, dass Menschen durch Steinwürfe von Autobahnbrücken zu Schaden kamen.
Maßgeblich für eine solche Verantwortungszuschreibung ist natürlich zunächst einmal, ob
eine Person überhaupt an der fraglichen Sache beteiligt war. Aber wenn dies erwiesen ist,
dann spielen natürlich auch noch all die anderen Faktoren wie etwa „Tatumstände", „kognitive und sittliche Reife", „Affektlage", „Wissen um die möglichen Folgen", „Einsicht in die

Zusammenhänge", „Zurechnungsfähigkeit", „Vorsatz", „bewusste Inkaufnahme" etc. eine Rolle. Wenn jedoch die entsprechenden objektiven und subjektiven Voraussetzungen gegeben sind, dann ist jemand verantwortlich für das was er getan hat, auch wenn er sich dagegen sträubt, dies einzusehen und sich verantwortlich zu fühlen.

Dennoch ist die Rede von „verantwortlichem Schülerverhalten" durchaus geläufig und findet sich in unzähligen Schülerakten. Was ist damit eigentlich gemeint?

- Geht es vor allem um ein Stück *Nachdenklichkeit und Reflektiertheit,* um die Fähigkeit, die möglichen Risiken und problematischen Konsequenzen bestimmter Handlungen abzuschätzen? Um eine Fähigkeit zur Kosten-Nutzen-Analyse im Hinblick auf das eigene Verhalten?

- Geht es um *Impulskontrolle,* um die Fähigkeit, sich nicht von momentanen Launen, von situativen Verlockungen und gruppendynamischem Druck hinreisen zu lassen?

- Geht es um die Fähigkeit, *realistische Handlungspläne* zu entwerfen, gefasste Vorsätze auch einzuhalten?

- Geht es um *Ehrlichkeit und Offenheit,* sich selbst und den anderen die eigenen Fehler und Konfliktanteile einzugestehen? Darum, *zu dem zu stehen, was man getan hat* und nicht ständig nach Ausflüchten zu suchen?

- Geht es um *Engagement,* um die grundsätzliche Bereitschaft, irgendwelche Dienste, Ämter oder Aufgaben für andere, für das Gemeinwohl zu übernehmen (etwa die eines Klassensprechers)?

- Geht es um *Verlässlichkeit* bei Absprachen und eingegangenen Verpflichtungen?

- Geht es um *Selbständigkeit* bei der Planung und Durchführung bestimmter Aktivitäten (etwa bei der Organisation eines Schülercafés)?

- Geht es um *Genauigkeit und Sorgfalt* (etwa bei der Führung der Klassenkasse)?

- Geht es um eine *Haltung des Sich-Sorgens und Kümmerns* um andere, vor allem um Schwächere, Kleinere (etwa im Rahmen eines Tutorenprogramms?)

- Geht es um *Achtsamkeit* und *Empathie* für die Gefühle anderer und um einen Sinn für *Fairness und Gerechtigkeit,* wenn Konflikte zu regeln sind (etwa als Streitschlichter in einem entsprechenden Programm)?

- Geht es um *Zivilcourage* (etwa darum, im Namen der Klasse gegen bestimmte Missstände oder Ungerechtigkeiten zu protestieren – vielleicht sogar gegen möglichen Machtmissbrauch im Zusammenhang mit dem Arizona-Programm)?

Man sieht, „Verantwortlichkeit" als „Persönlichkeitsqualität" ist eine recht schillernde, facettenreiche Angelegenheit. Dass es hinsichtlich all dieser Aspekte durchaus ausgeprägte Unterschiede zwischen den Menschen gibt, ist offensichtlich. Es dürfte Lehrerinnen vermutlich gar nicht allzu schwer fallen, ihre Schüler und Schülerinnen bezüglich all dieser Aspekte in einem Polaritätenprofil zwischen einer sehr hohen und einer sehr niedrigen Ausprägung der entsprechenden Merkmale einzuordnen. Wäre das Maß der „Verantwortlichkeit" dann so etwas wie der erreichte „Gesamtscore", die Summe der Einzelaspekte?

Was aber kann „Erziehung zu eigenverantwortlichem Denken und Handeln" dann überhaupt heißen? Ich meine, man sollte so ehrlich sein und sich eingestehen, dass der *Hauptzweck* des dargestellten Konzepts tatsächlich die Etablierung und. die Aufrechterhaltung von Disziplin[1] ist, bzw. eben der Versuch jene wünschenswerte Situation des „in Ruhe und Gelassenheit Unterrichtenkönnens" wieder herzustellen. Insofern ist der Name „Projekt Eigenverantwortung" wohl tatsächlich ein Stück weit ein Euphemismus. – Dies heißt jedoch keineswegs, dass ich das Bemühen um diesen Hauptzweck für illegitim halte!

Als *Nebeneffekt* aber mögen dabei bisweilen tatsächlich auch Reflexionsprozesse angestoßen werden, die etwas mit dem Ziel der „Eigenverantwortung" zu tun haben. Denn es geht schon auch darum, den Schülern ein klareres Bewusstsein von sich selbst als handelnden und entscheidenden Subjekten zu vermitteln. Vieles, von dem, was in der schulischen Interaktion passiert, auch vieles von dem, was dann von Lehrern als Störung wahrgenommen wird, entsteht eher spontan und situativ und wird nicht von den Schülern bewusst geplant und mit Bedacht inszeniert. Meist wissen Schüler selbst nicht recht zu sagen, was sie eigentlich zum Störverhalten motiviert hat oder wie es eigentlich zu einer plötzlichen hitzigen Konflikteskalation gekommen ist. Bei entsprechenden Ermahnungen und Vorwürfen haben sie in der Regel einen fast instinktiven Impuls zur Verantwortungsabwehr. Schüler bieten bisweilen alle möglichen Gründe und Argumente dafür auf, warum sie erstens an der fraglichen Sache gar nicht beteiligt waren, warum sie zweitens überhaupt nicht wissen konnten, dass ihr Handeln gleich solche Folgen haben würde und warum es drittens dem Betroffenen eigentlich ganz recht geschieht, was ihm widerfahren ist. Oft sehen sie selbst sich nur als Reagierende, die sich gegen Herausforderungen und Provokationen zur Wehr setzen mussten. Redl und Wineman haben die vielfältigen „Alibi-Tricks", die gerade delinquente Kinder aufbieten, detailliert beschrieben (vgl. Redl/Wineman 1984) und jeder Lehrer kennt die gängigen Formen des Verleugnens, Verharmlosens, Sich-Herausredens und „Auf-andere-Schiebens". Von daher geht es zunächst einmal um das bescheidenere Ziel einer differenzierteren und ehrlicheren Wahrnehmung der eigenen Anteile an Konflikten.

6. Strategien des Konfliktgesprächs

Gerade unter diesem Aspekt ist es interessant, einen Aspekt des Konzepts, der im Originaltext von Ford eine große Rolle spielt, der aber bei der deutschen Adaption meines Erachtens eher sekundär geblieben ist, noch einmal genauer in Augenschein zu nehmen, nämlich eine ganz spezifische Gesprächs- bzw. Fragetechnik, die Ford für solche Konfliktgespräche empfiehlt. In seinem Buch „Discipline for Home and School" findet sich ein in didaktischer Absicht präsentiertes paradigmatisches Beispiel für diese Fragetechnik (vgl. Ford 1994, Kap. 18, übersetzt und leicht gekürzt R.G.):

Christian hat gerade seinem Mitschüler Brandt während eines Basketballspiels im Rahmen des Sportunterrichts ins Gesicht geschlagen. Er weigert sich, das Spielfeld zu verlassen und in das RTC

---

[1] Der „Erfinder" des Konzepts, E. Ford, geht übrigens sehr viel unbefangener mit dem Begriff Disziplin um als das hierzulande heute üblich ist. Er würde vermutlich in der Titelfrage dieses Aufsatzes überhaupt keinen Gegensatz sehen. Sein Hauptwerk hat ja den Titel: „Dicipline for Home and School und die Kapitelüberschriften darin lauten u.a.: „What Is Discipline?, „When Should Discipline Be Used?", Establishing Discipline, When Are Children Willing to Learn Discipline?....

(„Responsible Thinking Center" = „EV-Raum") zu gehen. Ein „Administrator" (=„EV-Lehrer") wird hinzugezogen und es entwickelt sich folgender Dialog:

Administrator: Christian, du musst mit mir in mein Zimmer kommen.

Christian: (keine Antwort)

Administrator: Christian, wenn du nicht mit mir kommst, was denkst du, wird passieren?

Christian: (keine Antwort)

Administrator: Christian, wir werden deine Eltern anrufen müssen, und wenn sie nicht ausfindig gemacht werden können oder sich weigern zu kommen, dann müssen wir die Polizei rufen. Ist es das, was du willst?

Christian: Das kümmert mich nicht.

Administrator: Glaubst du, dass die Tatsache, dass es dich nicht kümmert und dass wir deine Eltern verständigen müssen, die Dinge für dich besser oder schlechter macht?

Der Administrator geht und sagt im Weggehen: „Ich sehe, du hast dich dafür entschlossen, dass ich deine Eltern oder die Polizei anrufe". Christian ist zwar noch immer wütend und aufgeregt, aber folgt schließlich doch schweigend dem Administrator.

Administrator (in seinem Zimmer mit Christian): Christian, ich sehe, du bist wütend. Willst du jetzt hier daran arbeiten, dein Problem zu lösen oder willst du in das RTC gehen um dich zu beruhigen, und wir sprechen dann später.

Christian: Er hat mich zuerst geschlagen und er hat sich über mich lustig gemacht.

Administrator: Wer hat dich geschlagen und sich über dich lustig gemacht?

Christian: Brandt.

Administrator: Und was hast du dann getan?

Christian: Ich habe ihn zurückgeschlagen. Mein Vater hat mir gesagt, ich kann mich verteidigen, wenn mich jemand schlägt.

Administrator: Wie lautet die Regel für das Schlagen anderer Leute hier an der Schule?

Christian: Keiner darf den anderen schlagen und jeder soll seine Hände und Füße bei sich behalten. Aber er hat mich zuerst geschlagen. Was passiert mit ihm?

Administrator: O.k. ich werde als nächstes mit Brandt sprechen. Aber Christian, wer ist es, den du kontrollieren kannst?

Christian: Ich.

Administrator: Wer ist dafür verantwortlich, was *du* tust?

Christian: Ich.

Administrator: Was passiert, wenn du jemanden an der Schule schlägst?

Christian: Ich bekomme Ärger.

Administrator: Was meinst du mit „Ärger kriegen"?

Christian: Ich muss ins RTC und könnte von der Schule ausgeschlossen werden.

Administrator: Ist es das, was du willst?

Christian: Nein, aber was soll ich tun? Immer wenn ich Basketball spiele, lacht er über mich und wenn ich daneben werfe, sagt er meinen Mannschaftskameraden, dass sie blöd sind, weil sie mich in ihre Mannschaft genommen haben.

Administrator: Wenn du Brandt schlägst, denkst du, dass es ihn davon abhalten wird, dich zu ärgern und zu schlagen?

Christian: Nein.

Administrator: Wenn du Mitschüler schlägst, bekommst du dann Ärger?

Christian: Ja.

Administrator: Ist es das, was du willst?

Christian: Nein.

Administrator: Was wirst du das nächste Mal tun, wenn Brandt dich ärgert oder schlägt?

Christian: Ich weiß nicht.

Administrator: Willst du damit weitermachen, Ärger zu bekommen?

Christian: Nein, aber was ist mit Brandt?

Administrator: Mit wem spreche ich im Augenblick?

Christian: Mit mir.

Administrator: Bist du bereit, Verantwortung zu übernehmen für das, was du tust und deine Probleme zu lösen?
Christian: Ich denk' schon.
Administrator: Meinst du das ernst oder nicht?
Christian: Ja.
Administrator: Was wirst du das nächste mal tun, wenn Brandt dich ärgert und schlägt?
Christian: Ich weiß wirklich nicht. Nichts scheint zu funktionieren.
Administrator: Wenn ich dir einen Weg zeige, wie du dein Problem lösen kannst und keinen Ärger bekommst, wärst du interessiert?
Christian: Ja.
Administrator: O.k. Ich möchte gerne, dass du jetzt ins RTC gehst und an einem Plan arbeitest. Herr Johnson ist dort, falls du Hilfe brauchst. In der Zwischenzeit werde ich mit Brandt sprechen. Wenn ich mit dem Gespräch mit Brandt fertig bin, werde ich euch beide zusammenbringen und euch helfen, eine Lösung für euer Problem auszuarbeiten, so dass ihr beide nicht ständig fortfahrt, Ärger zu bekommen. Christian, wie findest du das?
Christian: O.k.

Es ist ganz reizvoll die von Ford mit diesem Beispiel propagierte Strategie der Gesprächsführung mit der zu vergleichen, die von Fritz Redl unter dem Titel „Life Space Interview" beschrieben wurde. Bei dem folgenden Beispiel handelt es sich um eine ähnliche Konfliktsituation. Auch hier war ein Junge mit einem anderen heftig aneinandergeraten, auch hier wurde entschieden, dass der Junge den Klassenverband verlassen muss, auch hier ist derjenige, der das Gespräch führt, nicht der verantwortliche Lehrer selbst, sondern eine dritte Person, die speziell für das Konfliktmanagement zuständig ist, auch hier geht es darum, trotz der Wut und Empörung des Jungen bestimmte Einsichten im Gespräch zu vermitteln.

Zwischen Fritz Redl, dem Direktor des Pioneer House und einem Jungen, der vom Lehrer des Klassenzimmers verwiesen worden war, entspinnt sich folgender Dialog:
„Direktor: Nun Bill, es tut mir leid zu hören, dass du heute während des Unterrichts nach Hause geschickt werden mußtest. Wie kam das?
Bill: Dieser verdammte Lehrer – was fällt dem bloß ein, mich herumzuschubsen, mich auf meinen Stuhl zu drücken und so.
Direktor: Was hat er mit dir gemacht?
Bill: Ach, er kam auf mich zu, packte mich und warf mich raus auf den Gang.
Direktor: Warum hat er das getan?
Bill: Woher soll ich denn wissen, warum er das getan hat?
Direktor: Was ich meine ist: hatte er einen Grund dafür, sich dir gegenüber so zu verhalten?
Bill: Zum Teufel, natürlich nicht.
Direktor: Es fällt mir schwer zu verstehen, warum dein Lehrer ganz plötzlich so auf dich zukommt, dich packt und dich aus der Klasse wirft.
Bill: Er hat's eben getan.
Direktor: Bill, ich sage nicht, daß er es nicht getan hat. Was ich herauszufinden versuche, ist ob er einen Grund dafür gehabt hat. Fällt dir irgend etwas ein, das zur gleichen Zeit geschehen ist und das das alles erklären könnte?
Bill: Nein
Direktor: Schau Bill, es macht einfach keinen Sinn, daß dein Lehrer dir das aus heiterem Himmel antut. Irgend etwas muß passiert sein.
Bill: Dieser verdammte Joe (ein Kind aus der Klasse) fing an, an meinen Schulsachen herumzumachen. Ich sagte ihm gerade, er solle abhauen, und da kam K. (Lehrer) auf mich zu und zieht mich raus auf den Gang.
Direktor: Das ist alles, was passiert ist?

Bill: Ja.

Direktor: Ging Joe weg, als du es ihm sagtest?

Bill: Was?

Direktor: Hat Joe deine Sachen in Ruhe gelassen, nachdem du ihn dazu aufgefordert hattest?

Bill: Zum Teufel, nein. Deshalb habe ich ihn ja geschubst und er kam trotzdem zurück. Dann habe ich ihm eine in die Fresse gegeben und er fing an zu heulen.

Direktor: Und was geschah dann?

Bill: K. kam her und sagte zu mir, ich solle damit aufhören. Er sagte, ich solle mich hinsetzen.

Direktor: Hast du's getan?

Bill: Ich sagte, ich würde es nicht zulassen, daß dieser blöde Joe mit meinen Sachen rummacht; und K. sagte, ich soll mich hinsetzen

Direktor: Hast du's getan?

Bill: Was getan?

Direktor: Dich hingesetzt.

Bill: Ja.

Direktor: Warum hast du dann vorher gesagt, er habe dich auf den Stuhl gedrückt?

Bill: Er hat's getan.

Direktor: Ich dachte, du hast gerade gesagt, daß du dich freiwillig hingesetzt hast, als er dich darum bat. Wenn du es getan hast, warum hätte er dich auf den Stuhl drücken sollen?

Bill: (Schweigen)

Direktor: Irgend etwas stimmt hier nicht Bill." (aus Redl/Wineman 1952, 264 ff.; zit. n. Fatke 1988, 133 ff.)

Im weiteren Gespräch stellt sich dann noch heraus, dass es, neben den Prügeln für Joe, die Tatsache war, dass Bill seinen Lehrer vor der ganzen Klasse als „Arschloch" titulierte, die schließlich zu diesem Rausschmiss führte.

Trotz der Gemeinsamkeiten in der Ausgangssituation sind die Unterschiede in der Art und Weise, wie diese Konfliktgespräche geführt werden offensichtlich. Während es bei Redl primär darum geht, „emotionale Soforthilfe" in einer Krisensituation zu leisten, bei der ein Junge aus dem Klassenzimmer verwiesen wurde, geht es in dem Beispiel von Ford zunächst einmal darum, die Entscheidung, dass der Junge den Unterricht verlassen muss, auch durchzusetzen. Während bei Redl das Bedauern und *das Bemühen um einfühlsames Verstehen* dessen was passiert ist, im Vordergrund steht, ist es bei Ford der *Verweis auf die Bestimmungen und die Androhung von Konsequenzen.* Während es bei Redl eher darum geht, den *Hergang der Dinge zu rekonstruieren* und Bill *auf Ungereimtheiten und Widersprüche* in seiner Darstellung der Geschichte hinzuweisen, blockt der Administrator in Fords Beispiel alle Versuche der Darstellungen des Geschehens, die die eigene Aggression als legitime Reaktion auf die Aggression eines anderen beschreiben, ab und verweist einerseits auf *die geltenden Regeln, und auf die Konsequenzen der Regelverletzung.* Vor allem aber besteht er darauf, dass jeder primär *für sein eigenes Handeln verantwortlich* ist und dass der Verweis auf das, was ein anderer getan hat und somit auch die leidige Frage, wer angefangen hat, irrelevant seien. Auch die Forderung nach Gleichbehandlung der Streitbeteiligten („... aber was ist mit Brandt? ... Mit wem spreche ich im Augenblick?") wird nicht akzeptiert. Während bei Redl die möglichst detaillierten Rekonstruktion des *vergangenen* Geschehens im Vordergrund steht, ist es bei Ford eher der prospektive Ausblick auf die *zukünftigen* Handlungsabsichten und die *Einforderung expliziter und ernstgemeinter Besserungsabsichten.* Erst als in diesem Sinne ein glaubhafter Vorsatz von Christian formuliert wird, signalisiert der Administrator Unterstützung sowie die Bereitschaft, im Sinne der ausgleichenden Gerechtigkeit, auch mit dem anderen am Konflikt beteiligten Jungen ein entsprechendes Konfliktgespräch zu führen. Freilich gibt er sich nicht mit einer Absichtserklärung zufrieden, schon gar nicht mit einer, deren Ernsthaftigkeit fragwürdig scheint, sondern einerseits wird Christian aufgefordert, einen „Plan" auszuarbeiten, andererseits bietet der Administrator an, mit beiden Kontrahenten eine tragfähige und dauerhafte Lösung für ihren Konflikt auszuarbeiten. Während die Haltung des Direktors in Redls Beispiel eher als *behutsam und empathisch-haltend* zu charakterisieren ist, kann man die des Administrators in Fords Beispiel eher als *resolut und appellativ-fordernd* bezeichnen. Wobei freilich auch von Ford immer wieder ausdrücklich betont wird, dass jede Aggression, Drohung, Klage, Verächtlichmachung, seitens des Erwachsenen zu vermeiden und den Entscheidungen des Schülers mit Respekt zu begegnen sei. Dennoch bleibt in Fords Beispiel etwas das Gefühl, dass der Schüler „in die Enge getrieben" wird. Alle seine Versuche, seine Empörung auszudrücken, die Umstände und Kränkungen, die zu seiner Aggression geführt haben zu erläutern, die „Schuldfrage" zu diskutieren oder auch nur eine Gleichbehandlung der Kontrahenten einzufordern, prallen mehr oder weniger ab. Er wird strikt auf die geltenden Regeln und auf seine Verantwortlichkeit für sein eigenes Verhalten verwiesen. Seine „Entscheidungsfreiheit" reduziert sich auf die Alternativen, entweder „Wohlverhalten zeigen" oder „Ärger bekommen".

Welche Gesprächsstrategie nun die „angemessenere", die „bessere", die „effektivere" ist, ist schwer zu entscheiden. Letztlich ist dies eine Frage, die empirisch zu klären wäre. Aber auch dann, müsste differenziert werden: Effektiv im Hinblick worauf? Geht es primär um die Herstellung von Disziplin und um die Sicherung einer Atmosphäre, in der ruhiges und ungestörtes Unterrichten möglich ist? Geht es primär darum, bestimmten Regeln Geltung zu verschaffen? Geht es primär um die Förderung von „Eigenverantwortung", um das „Einhämmern" der Kernbotschaft: „Ich bin für mein Handeln verantwortlich", oder geht es primär darum, eine förderliche und vertauensvolle Beziehung zu einem Kind herzustellen, indem man im Gespräch zunächst der Verletztheit und Empörung des Kindes Raum gibt, indem man versucht, seine Sicht der Dinge empathisch nachzuvollziehen und sich dann vorsichtig darum bemüht, gemeinsam eine realitätsgerechtere Sicht zu erarbeiten, vielleicht sogar typischen, wiederkehrenden Mustern im Verhalten oder verborgenen Motiven und Zwecke in den Handlungsweisen auf die Spur zu kommen?

Ich will nicht bestreiten, dass durch die von Ford propagierte Gesprächsstrategie und überhaupt durch den mit dem Arizona-Programm verbundenen Zwang zur ausführlichen Reflexion über das eigene Verhalten und über künftige Verhaltensvorsätze eine differenziertere Selbst- und Situationswahrnehmung und damit durchaus auch eine Voraussetzung eigenverantwortlichen Denkens und Handelns gefördert werden kann. Dennoch muss man sich wohl davor hüten, alle Verantwortung für Störungen und Konflikte im Unterricht nun einseitig auf der Schülerseite unterzubringen. Von daher wäre gerade unter psychoanalytisch-pädagogischen Perspektiven zu fordern, dass es an Schulen, die dieses Konzept einführen, auch entsprechend institutionalisierte Reflexionsräume gibt, in denen die *Lehrer* sich offen und differenziert mit *ihren* Konfliktanteilen und mit *ihren* emotionalen Verstrickungen in den entsprechenden Szenen auseinandersetzen können.

Literatur:

Ahrbeck, B. (1998): Erziehung zwischen Selbstwertförderung und Kundenorientierung. In: Vierteljahresschrift für Heilpädagogik und ihre Nachbargebiete 67. Jg., 127-136

Balke, S. (1998): Eigenverantwortliches Denken in der Schule. Ein Trainingsprogramm zur Lösung von Disziplinproblemen. In: Lernchancen, 46-51

Bittner, G. (1985): „Der Mensch – ein ‚Geschöpf des Vertrages'". Zur Begründung von Sozialpädagogik. In: Zeitschrift für Pädagogik, 31. Jg., 613-629.

Bittner, G. (2002): Plädoyer für eine Jugend-Schule. Die vergessenen „Adressaten" der Sekundarstufe I. In: Fröhlich, V./Göppel, R. (Hrsg.): Was macht die Schule mit den Kindern – Was machen die Kinder mit der Schule – Psychoanalytisch-pädagogische Blicke auf die Institution Schule. Psychosozial-Verlag: Frankfurt/M.

Dannhäuser, A. (2001): Schule gefährdet Ihre Gesundheit. In: Bayerische Schule. 54. Jg., Heft 6, 3-6

Fend, H. (2000): Entwicklungspsychologie des Jugendalters. Leske und Budrich: Opladen

Ford, E.E. (1994): Discipline for Home and School. Brandt Publishing : Scottsdale

Fürstenau, P. (1964): „Zur Psychoanalyse der Schule als Institution". In: Das Argument, 6. Jg. Heft 2, 65-84

Gerspach, M. (1998): Wohin mit den Störern? Zur Sozialpädagogik der Verhaltensauffälligen. Kohlhammer: Stuttgart, Berlin, Köln

Giesecke, H. (1995): Wozu ist die Schule da? In: Neue Sammlung, 35. Jg., 93-104

Göppel, R.(1998/99): Sich der Gewalt stellen. Zum Umgang mit Aggression und Gewalt in der Tradition der psychoanalytischen Pädagogik. In: Scheidewege, Jahresschrift für skeptisches Denken, 28. Jg., 97-121

Oevermann, U. (1996): Theoretische Skizze einer revidierten Theorie professionalisierten Handelns. In: Combe, A./Helsper, W. (Hrsg.): Pädagogische Professionalität. Untersuchungen zum Typus pädagogischen Handelns. Suhrkamp: Frankfurt, 70-182

Redl, F./Wineman, D.(1984): Kinder, die hassen. Auflösung und Zusammenbruch der Selbstkontrolle. Piper: München

Schaarschmidt, U./Kieschke, U./Fischer, A.W. (1999): Beanspruchungsmuster im Lehrerberuf. In: Psychologie in Erziehung und Unterricht, 46. Jg., 244-268

Voß, R. (1989): Das Recht des Kindes auf Eigensinn. Die Paradoxien von Störung und Gesundheit (1995[2]) Reinhardt: München

Weber, A./Weltle, D./Lederer, P.(2001): Macht Schule krank? Zur Problematik krankheitsbedingter Frühpensionierungen von Lehrkräften. In: Bayerische Schule, 54. Jg., Heft 6, 6-7

Weidner, J .(1995): Anti-Aggressivitätstraining für Gewalttäter: ein deliktspezifisches Behandlungsangebot im Jugendvollzug. 3. erw. Auflage, Forum Verlag: Berlin

Weigel, K. (2001): Projekt: „Eigenverantwortliches Denken und Handeln in der Schule" – Versuch einer Umsetzung und kritischen Bewertung. Unveröffentlichte Wissenschaftliche Hausarbeit. Heidelberg

Ziehe, Th.(1997): Schule und Jugend – ein Differenzverhältnis. In: Neue Sammlung. 39. Jg., 619-629

Bernhard Rauh

Die Gruppe – eine Ressource schulischer Bildung

Immer wieder berichten LehrerInnen von Kindern, die in der Klassensituation nicht zurechtkommen. Dies mag vielfältige Gründe haben. Ein Erklärungsversuch ist, Eltern ein Versagen in der Erziehungsaufgabe zu attestieren. Diese schlichte Zuschreibung reicht nicht aus. Eltern und Kinder stehen nicht im luftleeren Raum. Die Probleme der Kinder, die ihre schulische Lernfähigkeit und ihre Bildungsmöglichkeiten beeinträchtigen, können auch durch sozio-strukturelle Veränderungen in Familie und näherem Umfeld bedingt sein, welche die Gelegenheiten zu bestimmten, entwicklungsnotwendigen Erfahrungen mit sich und anderen verringern. Dazu muss sich Schule in irgendeiner Weise verhalten. Es stellt sich also eine Doppelfrage: Was fordern diese Kinder von Schule und wie kann Schule diese Kinder fördern? Gruppenkonstellationen, so lautet die Grundthese des Beitrages, scheinen dabei eine zentrale Rolle zu spielen.

Die Darstellung gliedert sich in drei Abschnitte:
Der erste Teil fokussiert gesellschaftliche Transformationsprozesse und ihre möglichen Folgen für Interaktionserfahrungen und psychische Strukturbildungen von Kindern und Jugendlichen. Anschließend wird erörtert, auf welche strukturellen Gegebenheiten Kinder und Jugendliche in der Schule treffen und wie Sozialisationsprozesse in der SchülerInnengruppe zu bewerten sind. Im dritten Teil werden Reaktionsmöglichkeiten der Schule unterschieden und unter Bezugnahme auf das Konzept der Triangulierung Überlegungen zu einer förderlichen Gestaltung des schulischen Bildungsraumes entfaltet.

1. Veränderte Erziehungs- und Sozialisationsbedingungen

Allgemein wird behauptet, dass sich die Erziehungssituation gewandelt habe. Zur Erklärung werden gesellschaftliche Modernisierungsprozesse herangezogen, die in zwei für die Entwicklung von Heranwachsenden zentralen Bereichen, Familie und Kindergruppierungen, strukturell andere Situationen ergeben.

1.1 Entwicklungen in den Familienstrukturen[1] und ihre Bedeutung für den Prozess des Heranwachsens

Im 20. Jahrhundert hat sich die Zahl der Kinder pro Familie deutlich verringert. Die Tendenz zu Klein- und Kleinstfamilie hält an. Wenige Kinder leben nur mit einem Elternteil zusammen, die weitaus meisten mit zwei Eltern. Der überwiegende Teil der Kinder wächst als einziges Kind auf, viele Kinder als Geschwisterpaar. Ein kleiner Teil der Kinder erlebt eine gemeinsame Zeit mit mehr als einem Geschwister in der Familie (vgl. Statistisches Jahrbuch 2000, 63f). Viele Kinder erleben heutzutage keine Geschwisterbeziehungen. Sie verfügen

---

[1] Die knappe Darstellung beschränkt sich auf für die Entwicklung der Argumentation relevante Veränderungen.

nicht über die Erfahrung der spannenden und spannungsvollen Beziehung zu älteren und/ oder jüngeren Geschwistern.

Angesichts dieser Veränderungen scheint es überzogen, von einer Auflösung der Familie in ihrer Substanz zu sprechen, vielmehr ereignet sich ein Wandel der Familie mit Auflösung bestimmter Strukturen. Über die Konsequenzen für die Entwicklung der Kinder und Jugendlichen allgemein und für das je individuelle Kind können begründete Hypothesen gebildet werden:

1. Von einem Kind und seinen Eltern müssen und können in Folge der skizzierten Veränderungen möglicherweise bestimmte Entwicklungsschritte nicht mehr oder nur in abgeschwächter Form in der Familie realisiert werden.

2. Unter der Annahme, dass die im wesentlichen unbewussten, affektiv getönten „inneren Repräsentanzen" von sich selbst und den Beziehungen zu anderen auf Erfahrungen und in der Familie vermittelten Bedeutungen gründen, scheint es legitim, von tendenziell unterschiedlichen inneren Selbst-, Objekt- und Beziehungsrepräsentanzen von Kindern auszugehen, die allein mit einem Elternteil, mit beiden Eltern oder mit Eltern und einem bzw. mehreren Geschwistern aufwachsen.

Familienbedingungen, elterliche Aufgaben und Beziehungsstrukturen sind für alle Beteiligten bei der Geburt eines ersten Kindes anders als beim Eintritt eines weiteren Kindes in die Primärgruppe Familie. Vom Familiensystem werden durch seine Erweiterung komplexere Leistungen abgefordert. Bleiben solche Entwicklungsaufgaben aus, kann die Mutter-Vater-Kind-Triade als Grundform der menschlichen Beziehung weiter bestehen, ohne sich öffnen und strukturell weiter entwickeln zu müssen. Eine Neu- und Umorganisation bestehender Beziehungen wird dann allein durch eine individuelle Entwicklungsdynamik nötig, ohne jedoch eine Änderung der Grundstruktur der Urgruppe Mutter-Vater-Kind zu erfordern.

Ergebnisse der Bindungsforschung legen nahe, dass vom Kleinkind über familiäre Beziehungserfahrungen Bindungsmuster in „inneren Arbeitsmodellen" (Bowlby 1995, 23) organisiert und auf neue Beziehungen angewendet werden. In neuen Gruppenkonstellationen inner- und außerhalb der Familie (z.B. Kindergarten, Schule) müssen diese erworbenen „individuellen Matrizen" wieder zu einer „kollektiven Matrix" dieser anderen Gruppe abgeglichen werden (vgl. Sandner 1976, 205f in Bezug auf Foulkes).

Sicher muß berücksichtigt werden, dass es bei einer vom klassischen Modell abweichenden Familienkonstellation in erster Linie darauf ankommt, welches „internal working model" (Bowlby), welche Beziehungsrepräsentanzen die primären Bezugspersonen des Kindes verinnerlicht haben, ob z.B. ein Dritter repräsentiert ist, also zumindest seine symbolische Anwesenheit gegeben ist (vgl. Haesler 2000, 34). Es wäre also zu vereinfacht, von sozialstrukturellen Gegebenheiten auf eine direkt davon abhängige psychische Strukturbildung beim Kind schließen zu wollen.

Dennoch bleibt zu fragen, welche Erfahrungen vermittelt die Anwesenheit von einem oder mehreren Geschwistern in der durch sie erweiterten Primärgruppe?

Nach Sigmund Freud erweitert sich der *Ödipuskomplex* zum *Familienkomplex*, wenn sich die Kernfamilie um mindestens ein weiteres Kind vergrößert (vgl. Freud 1917/18, 346). Ältere Geschwister würden Nachgeborenen mit Hassempfindungen und Eifersucht begegnen, da die Hinzukommenden sie von ihrem Platz verdrängen. Können diese ursprünglich negativen Affekte psychisch integriert werden, wandeln sie sich im Laufe des Heranwachsens in überwiegend positive Gefühle (vgl. Winnicott 1980, 125f).

Geschwister sind einfach da, man hat sie, man muss sich mit ihnen arrangieren. Gerade deswegen räumt Anna Freud der Entwicklung der Geschwisterbeziehung eine *wichtige Funktion bei der sozialen Bildung* ein. Es entstehe „im Kind erstmalig die Idee der Gerechtigkeit, wenn der Anspruch bevorzugt zu werden, sich zu der Forderung wandelt, niemand soll bevorzugt werden, d.h. zur Forderung gleichen Rechts für alle. Da Altersgenossen außerhalb der Familie wie Geschwister behandelt werden, werden diese ersten Beziehungen zu den Geschwistern wichtige bestimmende Faktoren für die Entwicklung der sozialen Haltungen des Individuums" (A. Freud 1951, 1224).

Folgt man der Argumentation A. Freuds, wäre davon auszugehen, dass ein Geschwisterkind schneller und basaler die Vorstellung einer Beziehung-unter-Gleichen entwickelt als ein Einzelkind. Von entscheidender Bedeutung für die psychische Strukturbildung des Kindes, besonders seiner Selbst- und Sozialentwicklung, ist dabei das Erziehungsverhalten der Eltern. Sie regulieren anfangs in der Familie die Kinderbeziehungen. Vermitteln sie den Geschwistern, dass sie gerecht behandelt werden, keines bei der Durchsetzung seiner Wünsche bevorzugt wird, alle gleich geachtet und geliebt werden, bilden die Geschwister leichter innere Repräsentanzen dieser auf Gegenseitigkeit verpflichteten Beziehungsform aus. Dagegen wird von einem einzigen oder einem bevorzugt behandelten Kind möglicherweise der Anspruch, privilegiert behandelt zu werden, über das entwicklungsnotwendige Maß hinaus aufrechterhalten, sofern sich keine kompensatorischen oder korrigierenden Erfahrungen ergeben, die eine Weiterentwicklung der „interaktionellen Schemata" (Herzog 1998, 164) veranlassen.[2]

1.2 Veränderte Kinder- und Jugendwelten

In der sozialwissenschaftlich und entwicklungspsychologisch orientierten Kindheitsforschung wird Kindergemeinschaften ein gewichtiger Beitrag zur Sozial- und Selbstbildung des Kindes zugerechnet (vgl. Naudascher 1978; Oerter 1987; Krappmann 1998). Grundlegend ist hierbei der Gedanke, dass Kinder für die Bildung ihres Selbst nicht alleine auf die Beziehungen zu Erwachsenen, sondern ebenfalls auf die strukturell andersartigen Beziehungen zu Gleichalltrigen angewiesen sind (vgl. Krappmann 1998, 361). Kindergruppen könnten Kindern in der Kleinfamilie nicht in gleicher Weise zugängliche Sozialerfahrungen bieten und damit u.U. das Fehlen der Erfahrungen mit der Geschwistergruppe kompensieren. Zeiher (1989) stellt in einer Untersuchung des Max Planck Instituts für Bildungsforschung zu Kinderwelten fest, dass es um die Möglichkeit der Realisierung freier Kindergruppen aufgrund gesellschaftlicher Veränderungen schlecht bestellt sei. Sie unterscheidet zwei Grundmuster, nach denen Kinder ihre Kontakte zu Gleichaltrigen organisieren können: *Freie nachbarschaftliche Kollektive* ermöglichen Spielkontakte im öffentlichen Raum der Straße und des Wohnviertels, wobei sich der Zusammenhalt durch den nachbarschaftlichen, räumlichen Zusammenhang der Kinder ergibt. Es existieren keine hermetischen sozialen Grenzen. Wer da ist, spielt mit. Die Kinder müssen sich in solchen Spielgemeinschaften in-

---

[2] Diese Notwendigkeit neuer Erfahrungen scheinen Eltern wohl auch zu meinen, wenn sie die Einschätzung treffen, es werde Zeit, dass ihr Kind in den Kindergarten komme.

terpersonellen Konflikten stellen, sich in Gruppenprozesse einpassen und mögliche Hierarchien akzeptieren.

Verabredungsgeflechte hingegen entstehen oft auf Veranlassung von Eltern, die sich bemühen, gezielt geeignete Spielpartner für ihr Kind zu finden. Bedingt durch die schwierige organisatorische Vorbereitung (Planung, Verabredung, Transport) finden sich in der Regel meist kleinste Gruppen oder Paare zusammen. Zudem müssen feste Termine (Sport, Musik, Förderung etc.) koordiniert werden. Das so entstehende soziale Gebilde besteht aus einem eher losen Geflecht von einzelnen Paarverabredungen.

Im Gegensatz zum Nachbarschaftskollektiv, in der die Gruppe als Ganzes relativ unabhängig ist, das einzelne Kind sich aber in den Gruppenzusammenhang einfügen und damit gewisse soziale Verbindlichkeiten und Zwänge akzeptieren muss, ist im Verabredungsgeflecht das einzelne Kind in seiner Wahl souveräner und nur durch zeitliche Begrenzungen und elterliche Mobilität gebunden.

Nach Zeiher werden durch verschiedene Trennungen der kindlichen Lebenswelten, wie Besuch unterschiedlicher Schulen und Nachmittagsbetreuungen oder verbindliche Angebote in der so verplanten Freizeit, der traditionellen kindlichen Sozialform des freien nachbarschaftlichen Kollektivs die Voraussetzung entzogen. Paarverabredungen, dyadische Beziehungen würden in den nicht institutionell gebundenen Kinderinteraktionen überwiegen (1989, 75). Größere Nachbarschaftsgruppen mit ihrem relativ stabilen Gruppenzusammenhang und davon ausgehenden Forderungen zur Einhaltung von sozialen Normen scheinen im Verschwinden befindlich. Das nichtfamiliäre und nichtinstitutionelle soziale Leben der Kinder verlagere sich aus dem umgrenzten, durch seine relative Konstanz verbindlichen nachbarschaftlichen Zusammenhang zu Kontakten, die zumindest von sozial attraktiven Kindern individuell und situativ geknüpft wie auch beendet werden könnten.

1.3 Welche Folgerungen ergeben sich aus diesem Wandel für die Pädagogik?

Falls es sich bei den skizzierten Zusammenhängen um eine realistische Rekonstruktion der Bedingungen des Heranwachsens handelt, bleibt festzustellen:

Zwei gesellschaftliche ‚Trainingscamps‘, Familie und freie Kindergruppe, werden entscheidend in ihrer Funktion der ‚sozialen Alphabetisierung‘ und Erweiterung der Beziehungserfahrungen der Urgruppe geschwächt. Die Möglichkeiten zu kontinuierlichen Gruppenerfahrungen sind inner- und außerhalb der Familie reduziert. Die Fähigkeit zur Gestaltung von unumgänglichen Kontakten, in denen trotz bestehender Meinungsverschiedenheiten, trotz Konflikten die Forderung des ‚Miteinander-Klarkommens‘ erhoben wird, in denen trotz vorausgehender Spannungen und Rivalitäten Wege des Umgangs miteinander gefunden und Gefühle der Ablehnung und Zuneigung integriert werden müssen, wird weniger gefordert.

Die Doppelgesichtigkeit dieser Veränderung liegt auf der Hand. Einerseits ist eine kurzfristige, situative Entlastung durch ein Aus-der-Situation-Gehen für Kinder leichter möglich. Andererseits ergeben sich aber auch weniger Gelegenheiten für eine längerfristige Steigerung von Handlungskompetenzen durch psychische Strukturbildung i.S. einer Fortschreibung der Beziehungsrepräsentanzen der ersten Lebensjahre (z.B. Mama, Papa und mittendrin ich). Kindern mangelt es an erweiterten Gruppenerfahrungen. Sie wachsen nicht in Gruppen auf, bräuchten sie aber doch.

Angesichts der skizzierten Folgen der Transformationsprozesse kämen zwar nicht neue Aufgaben auf die verbliebenen, institutionell verbindlichen Angebote für Kinder und insbesondere die Schule zu, aber Anforderungen und Bildungsauftrag sollten in Hinblick auf die veränderten Forderungen neu reflektiert und gegebenenfalls die Gewichtung der einzelnen Aufgabenbereiche dahingehend modifiziert werden.

Dafür spricht zweierlei:

Die Schule als subsidiäre gesellschaftliche Institution hat die Aufgabe der Förderung der nächsten Generation in den Bereichen übernommen, die von anderen Sozialisationsinstanzen wie der Familie nicht ausreichend erfüllt werden können (vgl. Oerter 1980, 51). Lange Zeit konnten sich Regel- und weiterführende Schulen dabei auf die Vermittlung kognitiver Inhalte konzentrieren. Faktisch findet in Kindergartengruppe und Schulklasse wohl die kontinuierlichste, über die Urgruppe hinausgehende Gruppenerfahrung statt, möglicherweise bei manchen Kindern intensiver als in der Familie. Oft ist die Schule der einzigen Ort, wo Kinder verbindlich mit anderen Kindern in Gruppen zusammen sind.

In Folge dieser Veränderungen ist von einem enormen Bedeutungszuwachs von Schule für die Selbst- und Sozialbildung auszugehen. Einer Ausdifferenzierung der Selbst-, Objekt- und Beziehungsrepräsentanzen des Kindes sollte Raum gegeben werden, denn ohne sie ist ein Zuwachs an personalen und sozialen Handlungskompetenzen, die in einer um Geschwister erweiterten Familie und im Nachbarschaftskollektiv ‚en passant' erworben wurden, nicht möglich.

Doch verfügt Schule und insbesondere die organisatorische Einheit Schulklasse überhaupt über entsprechende strukturelle Voraussetzungen, damit solche kompensatorischen Erfahrungen ermöglicht werden können?

2. Die Schulklasse als Erfahrungsraum

2.1 Die Struktur der Schulklasse

Die Schulklasse bildet ein Sozialgefüge, das in erster Linie durch organisatorische Maßnahmen begründet ist. Für Weiß ist die Schulklasse „zunächst nichts anderes als ein soziales Zwangsgebilde" (1970, 9). Die SchülerInnen und LehrerInnen einer Schulklasse finden sich nicht spontan, sondern werden meist ausschließlich nach äußeren Kriterien zu einem Klassenverband zusammengefasst. Als Organisationseinheit bleibt die Schulklasse selbst dann erhalten, wenn verschiedene Mitwirkende ausscheiden, hinzukommen oder durch andere ersetzt werden. Jedoch und das ist entscheidend, treffen sich die Mitglieder einer Schulklasse regelmäßig in einer konstanten Zusammensetzung. Aufgrund der Häufigkeit und Dauer der Treffen entstehen durch direkte Interaktionsprozesse nach und nach zwischen den Beteiligten Beziehungen zueinander. Mit der Zeit kann sich aus der zusammengewürfelten Menge und räumlichen Zwangsgemeinschaft eine soziale Gruppe mit differenzierter Binnenstruktur entwickeln, die Primärgruppencharakter erreichen kann. Möglicherweise ergibt sich sogar ein gruppeninterner Zusammenhalt (Kohäsion), der die Gruppe stabilisiert.[3] Eine hohe Grup-

---

[3] In einem bekannten Ferienlagerexperiment konnte Sherif zeigen, dass sich auch in zwangsweise gebildeten Gruppen genau so ein Zusammengehörigkeitsgefühl inklusive einer deutlichen Abgrenzung gegen andere ent-

penkohäsion wird im schulischen Zusammenhang oft als „gute Klassengemeinschaft" bezeichnet. Die damit verbundenen Gefühle der Zusammen- und Zugehörigkeit drücken die Mitglieder in ‚wir'- und ‚unser'-Formulierungen aus, wenn sie über ‚ihre' Schulklasse sprechen.[4] Eine gemeinsame Identität bildet sich aus, die sich auf gruppenspezifische Angelegenheiten erstreckt.

Die Schulklasse als soziales System lässt sich demgemäß von zwei Seiten her bestimmen. Kern der äußeren, *organisationalen Struktur* sind Regelungen und institutionelle Vorgaben. Kern der inneren Bedingungen ist die *Gruppenstruktur* mit den persönlich-emotionalen Beziehungen der Mitglieder untereinander, von denen die Stärke der Gruppenkohäsion abhängt. Welche Erfahrungen sind innerhalb dieses Gebildes möglich?

2.2 Gruppenerfahrungen in der SchülerInnengruppe

Oerter (1987, 318) betont den Beitrag der Kindergruppe zur Orientierung und Stabilisierung des Kindes. Sie diene als Erprobungsraum für die Einübung neuer Handlungsmöglichkeiten im Sozialverhalten. Auch begleite und unterstütze sie durch ihre normierende Wirkung („die anderen machen das auch oder auch nicht") die Ablösung von den Eltern und erbringe einen Beitrag zur Identitätsbildung durch Bereitstellung von Modellen und der Bestätigung von Selbstdarstellungen. Nach Krappmann (1998, 358) käme die Einbindung in solchen Gruppen vor allem „der Entwicklung von Gegenseitigkeit und Kooperation sowie der Aggressionskontrolle" zugute. Kinder lernten, sich aufeinander abzustimmen. Es gelänge der Aufbau einer ‚just community' durch die Kinder, indem die Kinder „gemeinsam nach einer ihnen sinnvollen Einigung suchen" (Youniss 1980; vgl. Krappmann 1998, 355). Nach Uher (1995, 267) strukturieren sich Kindergruppen und damit auch die SchülerInnengruppe einer Schulklasse wie alle sozialen Gruppen ohne großes Zutun von außen.

Erhellend ist hierzu die Vergegenwärtigung der Situation am Schuljahresanfang: Kinder nehmen langsam Kontakt zueinander auf, mit der Zeit rangeln manche miteinander, versuchen andere anzuweisen und zu beeindrucken oder sogar einzuschüchtern. Es kristallisieren sich einige heraus, die Vorschläge machen, in der Pause Spiele initiieren, öfters Führung übernehmen, sich durchsetzen und dominieren. Andere Kinder dagegen spielen gerne mit, lassen sich steuern und ordnen sich unter. Es gibt auch welche, die verhalten sich eher zurückhaltend, schauen viel zu, beteiligen sich wenig und nehmen kaum Kontakt auf. Einzelne Kinder werden aktiv ausgegrenzt, vielleicht sogar gequält. Wiederum andere sind kooperativ, schlichten Streit, vermitteln, helfen und beschützen.

Diese fiktive, aber realistische Skizze zeigt, dass sich nicht in jedem Fall eine gerechte Kindergesellschaft bildet, wie Youniss annimmt.[5]

---

wickelte, wie in spontan und freiwillig gebildeten Gruppen (vgl. Hofstätter 1972; Thomas 1992, 79-81).

[4] Von Interesse für eine beziehungsdiagnostische Betrachtung einer Schulklasse ist, wen dieses ‚wir' ein- und wen es ausschließt.

[5] Die idealisierenden Darstellungen zu erwachsenenfreien Kindergruppen gilt es kritisch zu betrachten. Es zeigt sich tendenziell eine positive Überhöhung einer autonomen, sich selbst harmonisch regulierenden Kindergesellschaft, die aus sich heraus einen förderlichen Umgang miteinander schafft. Kritisch beleuchtet wird diese pädagogische Ideologisierung z.B. von Overbeck (1994, 19).

Es ist ganz und gar nicht selbstverständlich, dass wie von selbst eine Gruppe entsteht, die ihren Mitgliedern gute Entwicklungsmöglichkeiten bietet. Manche Kinder geraten sogar in für ihre weitere Entwicklung eher ungünstige Situationen und Positionen. Ihre Relevanz gewinnen diese Prozesse dadurch, dass Erfahrungen mit anderen, gleichaltrigen Menschen außerhalb des Elternhauses ähnlich den Erfahrungen mit der Primärgruppe Familie bleibenden Einfluss auf die Persönlichkeitsentwicklung haben und eine weitere Grundlage für spätere zwischenmenschliche Beziehungen bilden.

Von Gruntz-Stoll (1983, 113) und Oerter (1987, 322) wird das Gefühl der Zugehörigkeit zur Gruppe in ihrer Bedeutung und Wirksamkeit hervorgehoben: Wer von den Gleichaltrigen als Gruppenmitglied akzeptiert und in die Gruppe der Gleichaltrigen aufgenommen wird, erfährt eine Bestätigung und Verstärkung des Selbst(wertgefühls) wie auch eine Unterstützung seiner personalen und sozialen Entwicklung. Umgekehrt liegt auf der Hand, dass eine erlebte Ablehnung und Ausgrenzung ähnlich wie in der Familie eine Erschütterung und Infragestellung des Selbst bewirken kann.

In der SchülerInnengruppe werden von den Kindern und Jugendlichen Erfahrungen gemacht, die als *ambiguos* zu bewerten, aber auch als *unverzichtbar* und *strukturbildend* zu charakterisieren sind.

3. Wie verhält sich die Schule zu diesem mehrdeutigen Befund?

Schule als ein verbliebener Ort kontinuierlicher Gruppenerfahrungen muss auf irgendeine Art und Weise zu diesen Forschungsergebnissen Stellung nehmen. Sie kann nicht nicht reagieren. Es lassen sich drei Grundtypen der Antwort unterscheiden.[6]

3.1 Pädagogischer Minimalismus – Rückzug auf Didaktik

Inspiriert durch die Fiktionen von freien gerechten Kindergemeinschaften, könnten PädagogInnen geneigt sein, Gruppenprozesse sich selbst entfalten zu lassen. Das geschieht umso leichter, je mehr wie z.B. von Giesecke (1985, 118) ein Recht von Kindern und Jugendlichen auf Autarkie in der Gestaltung der Beziehungen in der SchülerInnengruppe betont wird. Giesecke als ein exponierter Vertreter dieser Position trennt scharf das fachunterrichtliche Angebot und die sozial-emotionalen Bedingungen des Lehrens und Lernens nicht nur analytisch i.S. einer theoretischen Durchdringung, sondern auch im praktisch-unterrichtlichen Vollzug voneinander. LehrerInnen seien ausschließlich für Sachbildung zuständig, für Selbst- und Sozialbildung wird ein Eigenrecht der SchülerInnen proklamiert.[7] Damit wird der Rückzug von LehrerInnen aus dem Pädagogischen ins Didaktische legitimiert und das übrige pädago-

---

[6] Zwei Reaktionstendenzen werden nur knapp charakterisiert. Die Darstellung einer favorisierten Form nimmt deutlich breiteren Raum ein.

[7] Angedeutet, aber nicht weiter verfolgt werden soll der Gedanke, dass mittels dieser Rationalisierung möglicherweise auch Schuldgefühle abgewehrt werden sollen, die unweigerlich im nach oben offenen Arbeitsauftrag der Schule entstehen.

gische Feld den Einflüssen der Peer-Group oder genauer gesagt, den durch die normativen Vorgaben der dominanten SchülerInnen geschaffenen sozialen Realitäten überlassen. Giesecke fordert später (1995) ganz konsequentererweise eine Besinnung auf die *Primäraufgabe* der gesellschaftlichen Veranstaltung Schule. In seinem pointiert formulierten Rettungsversuch der „alten" Unterrichtsschule wird die Existenz von (erziehlichen) Problemen in der Schule zwar wahrgenommen, jedoch an die „Sozialisationsagentur" Familie zurückverwiesen, die diese angesichts der oben skizzierten sozial- und familienstrukturellen Veränderungen nur sehr bedingt leisten kann.

3.2 Pädagogik als Regelsetzung – Schutz vor schlimmen Erfahrungen

Selbst in der Position einer totalen Trennung von Unterricht und persönlich-sozialen Angelegenheiten der SchülerInnen kann Schule nicht davon absehen, zumindest bei ernsten Störungen in die Interaktionen der SchülerInnengruppe einzugreifen.

Spätestens die Forschungen von Olweus (1995; 1999) zu Gewalt in Schulen haben gezeigt, dass die Struktur in SchülerInnengruppen von Unterdrückungsbeziehungen geprägt sein kann. Nach Olweus (1999, 294) ist die Verringerung von Täter-Opfer-Gewalt in Schulen wesentlich davon abhängig, in welchem Maße Erwachsene bereit sind, „die Verantwortung nicht allein für die Lernsituation der Kinder, sondern für deren Gesamtsituation, einschließlich ihrer sozialen Beziehungen, zu übernehmen".

Demnach ist es für die Schule notwendig, ein verbindliches normatives Bezugssystem zu entwickeln und auch zu vertreten, damit Kinder und Jugendliche in Schulen und Schulklassen vor Schaden bewahrt werden. Für die SchülerInnengruppe besteht ein Bedarf an sozialer Orientierung, solange sie sich noch nicht selbst i.S. einer zumindest nicht hemmenden Gemeinschaft regulieren kann.

Die Positionierung einer Lehrkraft als jemanden, der neben seiner unterrichtlichen Tätigkeit den Rahmen garantiert und damit destruktive Tendenzen in der SchülerInnengruppe begrenzt, reicht für eine hinreichende Beschreibung eines förderlichen schulischen Erfahrungsraumes nicht aus. Den angedeuteten Herausforderungen ist auf diese Weise nur schwerlich gerecht zu werden. Bei der Konstruktion des schulischen Raumes als nur von außen gesichertes Gebiet, in dem psychische und körperliche Gewalt verboten sind, würde allein schon durch strukturelle Vorgaben bei den SchülerInnen die Tendenz befördert, Überich-Forderungen zu externalisieren und LehrerInnen als verfolgende Objekte wahrzunehmen.

Für intentional gestaltete schulische Bildungsprozesse, die über die Vermittlung von Lehrinhalten und eine durch verbindliche Normen gerahmte Sozialisierung innerhalb der Schüler-Innengruppe hinausgehen, scheint eine weitergehende Konzeptionalisierung nötig.

3.3 Pädagogik im „triangulären Raum" – Strukturbildung in der Klassengruppe

Ein sich selbst überlassener oder von außen regulierter sozialer Erfahrungsraum bietet in der Schulklasse nur bedingt die Chance zur Ausformung bestimmter, entwicklungsnotwendiger innerer Strukturen bei Heranwachsenden. Eine aktivere Beteiligung Erwachsener könnte zu geregelten Gruppenerfahrungen beitragen, die Bildungsprozesse unterstützen. Die Tiefenstruktur der sich stellenden Aufgabe läßt sich mit Hilfe des psychoanalytischen Konzepts der Triangulierung näher bestimmen.

3.3.1 Triangulierung als allgemeines Entwicklungsprinzip

Triangulierung gilt als ein „übergreifendes Konzept psychischer Entwicklung" (Schon 1995, 15). Es zeigt eine Verbindung zwischen interaktionellen Erfahrungen und psychischen Strukturbildungen auf. „Frühe Triangulierung" bezeichnet den Entwicklungsschritt, bei dem das Kind ein äußeres, interaktionelles Beziehungsdreieck verinnerlicht.[8] Mit Hilfe von zwei Bezugspersonen und den entsprechenden Identifizierungen wird die Grundstruktur eines entwicklungs- und integrationsfähigen Selbst und im Regelfall die Repräsentanz der familialen Urgruppe als erste triadische Beziehungsstruktur mit den Beziehungsrepräsentanzen ‚Ich mit Mama', ‚Ich mit Papa', ‚Mama mit Papa ohne mich' und ‚Ich mit Mama und Papa' gebildet.[9]

Der Erwerb der Erkenntnis, dass man ein von anderen getrenntes Selbst ist und die Objekte ein eigenständiges Leben führen, bedarf eines bedeutungsvollen Dritten (des Vaters), der die symbiotisch-dyadische Beziehung zwischen primärer Bezugsperson (Mutter) und Kind mehr und mehr öffnet. Damit übernimmt dieses weitere Objekt eine wichtige Funktion bei der Verselbständigung des Kindes.

„Gelingt der Prozeß der frühen Triangulierung, so ist das Kind in der Lage, zwei Objekte zu besetzen, zu beiden gleichzeitig eine Beziehung zu haben und auch wahrzunehmen und zu ertragen, dass die beiden anderen, im Normalfall also Vater und Mutter, eine vom Kind unabhängige Beziehung zueinander haben" (Grieser 1998, 82). Mit dieser Selbst-Objekt-Differenzierung und der Bildung der grundlegenden Objektrepräsentanzen erwirbt das Kind ein Grundverständnis von sich und den anderen. Darüber hinaus wird es fähig, seinen egozentrischen Standpunkt zu verlassen, Beziehungen aus einer dezentrierten Position zu betrachten und diesen temporären Ausschluß mit Hilfe der verinnerlichten Beziehungen auch zu ertragen. Solange das Kind diesen zentralen Entwicklungsschritt, der mit dem Erwerb wesentlicher interaktiver und kognitiver Kompetenzen verbunden ist, nicht vollzogen hat, „kann es seinen Platz in der Familie oder in einer sozialen Gruppe nicht zufriedenstellend einnehmen" (Winnicott 1941, 49; vgl. auch Schon 1995, 62). Nach dem Erwerb der Drei-Personen-Grundstruktur, einschließlich der genannten psychischen Repräsentanzen, können auf dieser Grundlage weitere triadische Beziehungserfahrungen mit anderen Personen gemacht werden (vgl. Schon 1995, 85).

Nach Buchholz stellt sich die Aufgabe der Triangulierung auf jedem erworbenen Struktur- und Beziehungsniveau auf ihre spezifische Weise neu und kann als ein „entwicklungslogisches Konstruktionsprinzip der Aufeinanderfolge von Triaden" aufgefaßt werden (1990, 129). Die Erfahrung mit zwei differenten Objekten treibt die Entwicklung voran, da sie vom

---

[8] Verinnerlichung als komplexer, prinzipiell ergebnisoffener Vorgang ist deutlich von einfacher Abbildung zu unterscheiden.

[9] Da die Überlegungen grundsätzlichen Charakter haben, werden sie sich angesichts des begrenzten Raumes auf die klassische Konstellation einer Zwei-Eltern-Familie beschränken. Zu abweichenden Familienkofigurationen vgl. Rauchfleisch (2000, 94).

Kind irgendwie zusammengebracht werden müssen (vgl. ebd., 131). Dabei fördert das Erlebnis von Unstimmigkeiten die Suche nach Lösungen höherer Ordnung und die Bildung entsprechender psychischer Strukturen. Frühere Strukturbildungen sind als Basis und Voraussetzung für weitere Entwicklungen zu verstehen.[10] Erwerb und Verfeinerung dieser Repräsentanzen gehen einher mit Erlangung und Ausbau der Fähigkeit zum Perspektivenwechsel (vgl. Schon 1995, 85), bezogen auf den Sozialbereich erst mit den Positionen der Eltern, später mit denen anderer Personen und schließlich allgemeiner Forderungen. Im Laufe eines gelingenden Prozesses einer solchen psychischen Reorganisation wird im allgemeinen eine psychische Integration der in den vorhergehenden Abschnitten vorrangig thematisierten Beziehungen zu anderen prinzipiell Gleichen, wie z.b. Geschwistern oder MitschülerInnen erreicht.

3.3.2 „Trianguläre Räume" in der Schulklasse

Die Klassensituation mit einzelnem Schüler/einzelner Schülerin, MitschülerInnen und Lehrkraft kann als eine erweiterte triadische Konstellation aufgefasst werden. Kinder, die in der Schulklasse nicht zurechtkommen, haben möglicherweise die innere Repräsentanz „Gruppe von Gleichen" oder vorausgehende Matrizen noch nicht gebildet. Sie können soziale Interaktionen in einer Schulklasse nicht adäquat gestalten und sich in einer strukturell von der Mutter-Vater-Kind-Triade abweichenden Situation noch nicht eigenständig bewegen. Es fällt ihnen schwer zu akzeptieren, dass sich die Lehrkraft auch anderen Kindern zuwendet, was sie vermutlich als bedrohlichen Ausschluß oder gar als Störung der Selbstobjektfunktion erleben. Die Erwartung ist, dass Kinder mit solchen Problemlagen mittels von PädagogInnen passend gestalteten Interaktionen Erfahrungen in einer der erweiterten Urgruppe entsprechenden Situation nachholen, mit fortschreitender „innerer Triangulierung" (Rotmann 1978, 1113) ihre Wahrnehmung der anderen Kinder modifizieren, schließlich das Mehrpersonen-Setting Schulklasse realitätsgerechter erleben und dadurch eher lernen können. Voraussetzung ist, dass die Diskrepanz zwischen den schon gebildeten Repräsentanzen und den Interaktionserfordernissen nicht zu groß ist.

Des weiteren kann die aktive Beteiligung eines Erwachsenen am Beziehungsgeschehen in der Schulklasse über eine Kompensation hinausgehende strukturbildende triadische Erfahrungen ermöglichen, was am Autonomie-/Abhängigkeitskonflikt der (Prä-)Adoleszenz verdeutlicht werden soll:

Besonders Kinder und Jugendliche, die durch die entwicklungstypische Labilisierung der psychischen Strukturen stark verunsichert werden, tendieren zu einer engen, fast verschmelzenden Anbindung an eine Gleichaltrigengruppe.[11] Diese starke Identifizierung erlaubt eine Versicherung darüber, wer man ist bzw. sein möchte und wehrt die Wahrnehmung des inneren Konflikts hinsichtlich der Gestaltung des Verhältnisses zu den Eltern ab.[12] Einer-

---

[10] Das heißt nicht, dass spätere Erfahrungen determiniert werden, sondern sich Strukturen etablieren, die für weitere psychische Differenzierungen benötigt werden (vgl. Benjamin 1999, 221; Anm. 2).

[11] Interessanterweise wird das Thema einer bedingungslosen bis gewaltsam erzwungenen Bindung an die Collegegruppe vs der Gefahr der Vereinsamung durch Unabhängigkeit und Anders-sein gegenwärtig in einigen amerikanischen „Teenagerkomödien" thematisiert (z.B. „*Dich kriegen wir auch noch*" oder „*Eine wie keine*").

[12] Nach Benjamin (1999, 21) stellen die üblichen Formulierungen *Ablösung* bzw. *Loslösung* folgenreiche Ver-

seits hilft die Peer-group Adoleszenten, die Wahrnehmung von Verlassenheitsängsten und einander widerstrebenden Unabhängigkeits- und Geborgenheitswünschen gegenüber den Eltern zu regulieren.[13] Andererseits zeigt ein fast zwanghaftes Konformitätsstreben, dass auch Wünsche der Unabhängigkeit gegenüber der SchülerInnengruppe ängstigend sind und abgewehrt werden müssen. Damit wird eine entwicklungsnotwendige konflikthafte Auseinandersetzung behindert und die Chance der psychischen Integration der Autonomie-/Abhängigkeitswünsche, ohne die eine Beziehung auf einem strukturell höheren Niveau nicht erreicht werden kann, vertan. Schlechtestenfalls verbleiben Kinder- und Jugendliche in fast symbiotischen Beziehungsstrukturen zu Einzelnen oder zu Gruppen verhaftet, wie sie für frühkindliche Entwicklungsphasen typisch sind. Hilfreich könnte hier das Hinzutreten eines nichtfamiliären Erwachsenen sein. Dieser kann bei der Neubestimmung des Verhältnisses zu den Eltern, aber auch zu den Peers Unterstützung geben. Durch die reale Interaktion mit einer dritten Position wird ein Zulassen von Differenz und Kongruenz, von Bindungs- und Autonomiestrebungen zu den Bezugsgruppen eher möglich. Voraussetzung für solche produktiven Loyalitätskonflikte sind überwiegend positiv gefärbte Objektbeziehungen. Sie erlauben eine Verarbeitung durch Neutralisierung und Integration der Emotionen durch Identifizierung sowohl mit der Lehrkraft und ihrer Beziehung zur SchülerInnengruppe, als auch mit der SchülerInnengruppe und ihrer Beziehung zur Lehrkraft. Über Vergleich und Abgleich mit Objekten und den Beziehungen zu ihnen wird innerhalb eines Sicherheit gewährenden Rahmens das Zulassen ambivalenter Gefühle, die Bildung eines unabhängigeren Selbst und damit die Erlangung eines eigenen Standpunktes gegenüber Erwachsenen und Gleichaltrigengruppe gerade für solche Kinder und Jugendliche leichter realisierbar.

3.3.3 Die ‚Klassengruppe' – ein Element triangulärer Konzeption schulischer Bildung

Es wäre eine Überfrachtung des schulorganisatorischen Begriffes Schulklasse, sein Bedeutungsfeld auf den Zusammenhang von Interaktions- und Psychodynamik auszuweiten und sie als „triadischen Raum" bezeichnen zu wollen. Ein solcher Versuch stände zudem in der Gefahr, einerseits zu Verkennungen und andererseits zum Verlust des spezifischen Gehaltes des Begriffs Schulklasse zu führen. Es ist eine terminologische Differenzierung nötig, die eine passendere Beschreibung des schulische Bildungsprozesse ermöglichenden triangulären Raumes erlaubt, in dem LehrerInnen in ihrer strukturierenden Funktion eines führenden Mitglieds der persönlich-emotionale Beziehungen pflegenden und sich beeinflussenden Gruppe gedacht werden können. Diese *innere Struktur* wird zur Unterscheidung als ‚Klassengruppe' bezeichnet. Die ‚SchülerInnengruppe' als Teil der Klassengruppe besteht aus den SchülerInnen ohne die Lehrkraft. Sie bildet eine eigene gruppenstrukturelle Formation. ‚Schulklasse' markiert die *äußere Struktur* der schulorganisatorischen Einheit, deren LeiterInnen und damit Teil LehrerInnen sind.[14]

---

kürzungen dar. Sie suggerieren, dass es sich bei dem zu vollziehenden Entwicklungsschritt um eine Beendigung der Beziehungen handle, „statt immer aktiver und selbstständiger *in ihnen* zu werden".

[13] Auch der sog. „Autonomiekult" von Jugendlichen kann als ein Abwehrversuch in Form einer Reaktionsbildung gegen die eigenen Geborgenheits- und Abhängigkeitswünsche an die Eltern betrachtet werden.

[14] In 2.1 wurde bereits eine doppelte Strukturierung des Klassenverbandes angedeutet.

Die Relevanz des Konzepts Klassengruppe für Gestaltung und Reflexion von schulischen Bildungsprozessen läßt sich anhand verschiedenster Phänomene aufzeigen:

In einer Kleinklasse mit noch nicht oder nicht ausreichend triangulierten Kindern, kann es angebracht sein, dass in der Klassengruppe von der Lehrkraft eine dritte, ordnende, schützende und versagende Position eingebracht und deutlich vertreten wird. Sie erhält die triadische Struktur einer Mehrpersonenbeziehung aufrecht, die den Kindern die Gelegenheit bietet, ihre Vorstellung von sich selbst und der Gruppe der anderen als eigenständiges Objekt zu verfeinern. Dagegen kann sich in einer Schulklasse mit selbstständigen und sozial kompetenten SchülerInnen die Forderung nach Gewährleistung triadischer Interaktion darauf beschränken, dass in der Klassengruppe divergierende Standpunkte geäußert werden können, aber dennoch eine Verständigung bzw. wechselseitige Identifikation gelingt und damit der Prozess der Verselbstständigung voranschreiten kann.

Über die bisher thematisierten Selbst- und Sozialbildungsprozesse hinaus, ergeben sich auch für die kognitive Bildung gravierende negative Folgen aus einer Nichtberücksichtigung und Nichtgestaltung der Klassengruppensituation. Deutlich wird das an einem von Ulich (1998, 386) referierten sogenannten „Sekundarstufenschock" am Übertritt von der Primar- in die Sekundarstufe, der sich vor allem durch eine gemeinsame massive Abwertung der Schule durch SchülerInnen einer Schulklasse äußert. Eine Stärkung der Klassengruppe durch eine vermehrte Präsenz des/der Klassenlehrers/-in könnte dieses Phänomen abmildern. Es ist zu vermuten, dass eine relativ konstant anwesende Lehrkraft von den SchülerInnen leichter als führendes Mitglied der Klassengruppe anerkannt wird und für Identifizierungen und gruppendynamische normative Prozesse zur Verfügung steht.[15] Geschieht das nicht, scheinen besonders in auf sich gestellten und nicht kontinuierlich begleiteten SchülerInnengruppen leichter destruktive, kultur- und unterrichtsfeindliche, letztlich regressive Dynamiken dominant zu werden, die triadische Interaktionen und damit schulische Bildungsprozesse gefährden oder gar verunmöglichen.[16]

4. Abschließende Bemerkungen

Angesichts der Veränderungen gesellschaftlicher Parameter stellt sich eine grundlegende pädagogische Aufgabe für die Schule mit neuer Intensität: Was soll geschehen, wenn Kinder durch den Mangel an elementaren Erfahrungen innere Strukturen nicht erworben haben? Muss Schule als subsidiäre gesellschaftliche Institution nicht in manchen Bereichen etwas nachholen und mit ihren Bildungsanstrengungen auf einem basaleren Niveau beginnen? Bestimmte psychische Strukturen müssen einfach vorhanden sein, damit Kinder in der Schule lernen können. Diese Schemata werden durch Erfahrungen in Gruppen erworben. Da viele Kinder aber in ihren Familien und mit anderen Kindern außerhalb der Schule keine Gruppenerfahrungen mehr machen, erlangen schulische Gruppenerfahrungen eine hohe Relevanz, die durch ihre Unausweichlichkeit, Massivität und Dauer noch verstärkt wird. Nimmt man diese Befunde ernst und berücksichtigt die grundlegende Strukturlogik von Entwicklung als

---

[15] Zur Wichtigkeit der Kontinuität in der Lehrer-Schüler-Beziehung vgl. Garlichs & Leuzinger-Bohleber (1999, 96f).

[16] Eine solcher Zustand entspräche der Dominanz der Kampf-Flucht-Gruppe nach Bion (1991).

triangulären Prozess, ergibt sich die Notwendigkeit, schulische Bildung als triadische Erfahrung in der Gruppe zu konzeptionalisieren.

Vorstellungen von Schule, die eine Exklusion des Persönlich-sozialen als Verzicht auf autoritäre Bevormundung umdeklarieren oder die die Härte der sozialen Realität durch ein äußere Rahmung begrenzen wollen, reichen nicht aus, um das komplexe Ineinander von Interaktion und Strukturbildung hinreichend zu fassen. Es wäre also zu schlicht gedacht und für eine Vorstellung von umfassender schulischer Bildung hinderlich, sozial-emotionale Entwicklungsprozesse nicht als eine schulische Aufgabe anzuerkennen oder sie gar aus der Schule ausschließen zu wollen, was sowieso nicht zu realisieren ist.

Das Konzept Klassengruppe erlaubt eine passendere Rekonstruktion der veränderten Bildungssituation in Schulklassen. Es unterstreicht die Bedeutung der Beziehungen, die Kinder und Jugendliche zu erwachsenen Objekten wie auch zur „Peer-group" unterhalten. Es wurde gezeigt, dass in dieser triadischen Konstellation dem einzelnen Kind und Jugendlichen durch die Möglichkeit alternierender Identifikationen eine Herauslösung aus hemmenden fusionären, aber auch hemmenden antisozialen und regressiven Tendenzen erleichtert wird.

Die Unterscheidung Schulklasse – Klassengruppe rührt an einen schulpädagogischen Grundkonflikt, der Frage für welche welche Bildungsbereiche die Schule zuständig ist. Sie verdeutlicht und akzentuiert die Aufgaben für Lehrkräfte neu. Als bedeutsame Erwachsene halten LehrerInnen im triangulären Raum der Klassengruppe den Rahmen der Interaktion, stellen sich für Projektionen zur Verfügung, übernehmen die Funktion eines erwachsenen Identifikationsobjekts, eines störenden, fremden, fordernden aber auch Orientierung und Halt gebenden Anderen.

Für LehrerInnen wird es nicht ohne Konflikte abgehen, sich auch als führendes Mitglied der Klassengruppe zu denken. Die Gefährdungen, eine dritte, dezentrierte Position aufzugeben, sich auf die organisatorische Funktion der Leitung der Schulklasse zurückzuziehen oder der Gruppe der SchülerInnen angliedern zu wollen, sind mannigfaltig. Soziale Gebilde gewinnen ihre Eigenart aber erst durch die integrativen Leistungen, mit denen ihre inneren und äußeren Bedingungen aufeinander bezogen werden (Neidhardt 1979, 645) und wie immanente Widersprüche gestaltet werden. Nur wenn beiden Teilsystemen des Klassenverbandes, Schulklasse und Klassengruppe, Platz eingeräumt wird, kann dem Bildungsauftrag Individuation, der die Entwicklung von Repräsentanzen von Gegenseitigkeit umfasst, entsprochen werden.

Zumindest bis SchülerInnen entwicklungsförderliche, trianguläre Räume selbst gestalten können, scheint die beziehungsrelevante Anwesenheit von kompetenten Erwachsenen nötig. Alles andere käme einer zu frühen Selbstüberlassung gleich. Bildung bedarf geregelter Gruppenerfahrungen, damit Angst reduziert wird, Wagnisse unternommen werden und Nichtkönnen eingestanden werden kann, wie es gerade auch kognitive Bildungsprozesse verlangen.

Die Ressource der Klassengruppe liegt nicht in ihrer Problemlosigkeit, wie vielleicht jetzt der Eindruck entstanden sein könnte, sondern in der Ermöglichung einer Bearbeitung anstehender konflikthafter Entwicklungsaufgaben. Die Klassengruppe sollte einen intentional und kunstvoll gestalteten Raum zur Verfügung stellen, der sich gerade von den zufälligen Alltagsinteraktionen und -beziehungen der Kinder unterscheidet. Daraus gewinnt sie ihre Veränderungspotentiale.

Für die Schule gilt ebenso, wie für andere pädagogischen Institutionen, dass erst einmal die Vorstellungen der Erwachsenen und weniger die Phantasien der Kinder und Jugendlichen den Bildungsraum vorstrukturieren.

Literatur:

Ahrbeck, B.; Körner, J. (Hrsg.) (2000): Der vergessene Dritte – Ödipale Konflikte in Erziehung und Therapie. Luchterhand: Neuwied, Berlin

Benjamin, J. (1999): Die Fesseln der Liebe. Psychoanalyse, Feminismus und das Problem der Macht. Fischer: Frankfurt/M.

Bion, W.R. (1991): Erfahrungen in Gruppen. Fischer: Frankfurt/M.

Bowlby, J. (1995): Bindung: Historische Wurzeln, theoretische Konzepte und klinische Relevanz. In: Spangler, G.; Zimmermann, P. (Hrsg.): Die Bindungstheorie. Grundlagen, Forschung und Anwendung. Klett-Cotta: Stuttgart, 17-26

Buchholz M. (1990): Die Rotation der Triade. In: Forum der Psychoanalyse 6, 116-134

Freud, A. (1987): Gemeinschaftsleben im frühen Kindesalter. In: Dies.: Die Schriften der Anna Freud, Bd IV. Fischer: Frankfurt/M, 1161-1228

Freud, S. (1917/1918): Vorlesungen zur Einführung in die Psychoanalyse. In: Ders.: Gesammelte Werke. Bd. XI. Fischer (1999): Frankfurt/M

Garlichs, A.; Leuzinger-Bohleber, M. (1999): Identität und Bindung. Die Entwicklung von Beziehungen in Familie, Schule und Gesellschaft. Juventa: München

Giesecke, H. (1985): Das Ende der Erziehung. Klett-Cotta: Stuttgart

Giesecke, H. (1995): Wozu ist Schule da? In: Neue Sammlung 35, 93-104

Grieser, J. (1998): Der phantasierte Vater. Zur Entstehung und Funktion des Vaterbildes beim Sohn. Edition Discord: Tübingen

Gruntz-Stoll, J. (1989): Kinder erziehen Kinder. Ehrenwirth: München

Haesler, L. (2000): Das ödipale Dreieck – Lebensgeschichtliches Ereignis oder psychische Struktur? In: Ahrbeck, B.; Körner, J. (Hrsg.): Der vergessene Dritte – Ödipale Konflikte in Erziehung und Therapie. Luchterhand: Neuwied, Berlin, 25-49

Herzog, J. (1998): Frühe Interaktionen und Repräsentanzen: Die Rolle des Vaters in frühen und späten Triaden; der Vater als Förderer der Entwicklung von der Diade zur Triade. In: Bürgin, D. (Hrsg.): Triangulierung. Schattauer: Stuttgart, 162-178.

Hofstätter, P. (1972): Gruppendynamik. Kritik der Massenpsychologie. Rowohlt: Hamburg

Krappmann, L. (1998): Sozialisation in der Gruppe der Gleichaltrigen. In: Hurrelmann, K./Ulich, D. (Hrsg.): Handbuch der Sozialisationsforschung. Beltz: Weinheim u.a. , 355-375

Naudascher, B. (1978): Jugend und Peer Group. Die pädagogische Bedeutung der Gleichaltrigen im Alter von zwölf bis sechzehn Jahren. Klinkhardt: Bad Heilbrunn

Neidhardt, F. (1979): Das innere System sozialer Gruppen. In: Kölner Zeitschrift für Soziologie und Sozialpsychologie 31, 640-660

Oerter, R. (1980): Zur emotionalen Dimension in Unterricht und Erziehung: In: Kron, F. (Hrsg.): Persönlichkeitsbildung und soziales Lernen: Klinkhardt: Bad Heilbrunn, 44-56

Oerter, R. (1987): Gruppenbildung bei Kindern. In: Oerter, R.; Montada, L.: Entwicklungspsychologie. Psychologie-Verlags-Union: München, 2. neuarb. Aufl., 260-264

Olweus, D. (1995): Gewalt in der Schule. Huber: Bern u.a.

Olweus, D. (1999): Täter-Opfer-Probleme in der Schule: Erkenntnisstand und Interventionsprogramm. In: Holtappels, H.-G. u.a. (Hrsg.): Forschung über Gewalt an Schulen. Juventa-Verlag: Weinheim, München, 2. Aufl., 281-297

Overbeck, A. (1994): Aggression und Gewalt – erregend, ängstigend, beruhigend. Zur existentiellen Situation des Individuums zwischen Selbstbestimmung und sozialem Bezogensein. In: Hahn, K. u.a. (Hrsg.): Aggression in Gruppen. Grünewald: Mainz, 9-41

Rauchfleisch, U. (2000): Familien mit gleichgeschlechtlichen Paaren. Probleme und Chancen. In: Büttner, C.; Krebs, H.; Winterhager-Schmid, L. (Hrsg.): Jahrbuch für Psychoanalytische Pädagogik 11. Themenschwerpunkt: Gestalten der Familie – Beziehungen im Wandel. Psychosozial: Gießen, 84-97

Rotmann, M. (1978): Über die Bedeutung des Vaters in der „Wiederannäherungs-Phase". In: Psyche 32, 1105-1147

Sandner, D. (1976): Der Beitrag von S.H. Foulkes zur Entwicklung einer analytisch fundierten Gruppendynamik. In: Gruppenpsychotherapie Gruppendynamik 10, 203-219

Schon, L. (1995): Entwicklung des Beziehungsdreiecks Vater-Mutter-Kind. Kohlhammer: Stuttgart

Statistisches Bundesamt (2000): Statistisches Jahrbuch 2000 für die Bundesrepublik Deutschland. Wiesbaden

Streeck-Fischer, A. (1992): „Geil auf Gewalt". Psychoanalytische Bemerkungen zu Adoleszenz und Rechtsextremismus. In: Psyche 46, 745-768

Thomas, A. (1992): Grundriß der Sozialpsychologie. Bd. 2. Hogrefe: Göttingen

Uher, J. (1995): Pädagogische Anthropologie und Evolution: Beiträge der Humanwissenschaften zur Analyse pädagogischer Probleme. Univ.-Bund Erlangen-Nürnberg: Erlangen

Ulich, K. (1998): Schulische Sozialisation. In: Hurrelmann, K./Ulich, D. (Hrsg.): Handbuch der Sozialisationsforschung. Beltz: Weinheim u.a., 377-398

Weiß, C. (1972): Pädagogische Soziologie IV. Soziologie und Sozialpsychologie der Schulklasse. Klinkhardt: Bad Heilbrunn, 7. Aufl.

Winnicott, D. W. (1980): Kind, Familie und Umwelt. Reinhardt: München

Zeiher, H. (1989): Modernisierungen in den sozialen Formen von Gleichaltrigenkontakten. In: Geulen, D. (Hrsg.): Kindheit. Deutscher Studien Verlag: Weinheim, 68-85

III. Was macht die Schule mit den Jugendlichen? – Was machen die Jugendlichen mit der Schule?

Günther Bittner

Plädoyer für eine Jugend-Schule.
Die vergessenen „Adressaten" der Sekundarstufe I

Der Begriff „Jugendschule" wurde zunächst im Umfeld der Jugendbewegung geprägt. Er sollte eine Schule bezeichnen, die den „aufkommenden Interessen, den erweiterten Lernmöglichkeiten und dem gewandelten Selbstverständnis der Jugendlichen gerecht zu werden versucht" (Böhm 1982, 279). Als Jugend-Schulen aus dem Geist der Jugendbewegung waren zuerst die Landerziehungsheime konzipiert: die „Freie Schulgemeinde" Wickersdorf, die Odenwaldschule und viele andere (vgl. Flitner 1992). Ursprünglich auf das Gymnasium bezogen, wurde der Gedanke der Jugend-Schule in den 60er Jahren auf die Hauptschule ausgeweitet (vgl. Roth 1961); für die Realschule muss er selbstverständlich entsprechend gelten; kurz: für den ganzen Bereich der heute so genannten Sekundarstufe I.

Die Reflexion auf die „Benutzer" von Schule, die Adressaten von Unterricht ist überhaupt in der Schulpädagogik weithin aus der Mode gekommen. 1960 schrieb Langeveld sein Buch „Die Schule als Weg des Kindes"; 1964 erschien der viel diskutierte Aufsatz von Fürstenau „Zur Psychoanalyse der Schule als Institution", der vor allem von der Deformierung des Kindes durch die Schule handelt; seitdem herrscht zu diesem Thema eher „Funkstille". Die Diskussion, was „kindgemäß" sei, ist weithin erstorben, die Frage nach der Berücksichtigung des Jugendgemäßen in der Schule noch gar nicht ernstlich aufgeworfen worden.

Auch heute noch kann man, wenn man dieser letzteren Frage nachgehen will, nur bei Langeveld anknüpfen. Er beklagt ein „menschenarmes", stattdessen „rationalisiertes", „politisiertes", „dogmatisiertes" Bild einer Schule, die alles weiß, nur „eines nicht: was sie mit sich anfangen soll, um eine *menschliche* Lebenswelt zu sein" (Langeveld 1985, 437). In die Schule kommt der Mensch als Kind, er macht seine Erfahrungen mit Struktur und Ordnung, mit der eigenen Körperlichkeit und den Wissensgebieten. Und dann, sagt Langeveld, beginnt irgendwann „die *Periode größter Instabilität*, d.h. die Periode der Vorpubertät und der Pubertät. Die naiven Lösungen der Selbsterfahrung, des selbstverständlich-angenommenen Geführtwerdens von den Eltern und den Erwachsenen *können* zurückgehen", jetzt wird der „ältere Pubeszent (...) zum Verhaltensvorbild des Noch-nicht- oder des beginnenden Pubeszenten". Es gibt ein Durcheinander in den Identifikationsbeziehungen. „Und außerdem gibt es dann noch die Abenteuer des Körpers: Wachstum, Proportionsveränderungen, Leistungs- und Fehlleistungserfahrungen spielen durch die Jahre hindurch ihre verwickelten Rollen, und selbstverständlich treten schon von dieser Altersphase an Reifeerscheinungen, Geschlechtsmerkmale und -erfahrungen, die Änderungen des körperlichen Selbsterlebnisses auf" (ebd., 441 f.).

Ich will im Folgenden zweierlei tun:
1. Die ältere und neuere Entwicklungspsychologie des Jugendalters auf ihre Beiträge zum Verständnis speziell des Jugendlichen als „Lerner" abfragen. Dabei wird sich ergeben, dass das in der heutigen Entwicklungspsychologie verbreitete Entwicklungsaufgaben-Modell schulpädagogisch eher unbefriedigende Schlussfolgerungen nahe legt, während das ältere psychoanalytische Krisen- und Konfliktmodell die Friktionen zwischen der Schule und ihren jugendlichen „Benutzern" zum Teil schlüssiger erklärt.
2. In einem weiteren Schritt erörtere ich dann, wie der Mentalität der jugendlichen „Adressaten" im Unterrichtsalltag der Sekundarstufe I Rechnung zu tragen wäre: nicht durch Anpassung des Curriculums an die Vorlieben der Jugendlichen, sondern in der Sensibilisierung für die tieferen Gründe „abwehrbedingter" jugendlicher Lernverweigerung. Exemplarisch suche ich diese Problematik im Diskurs mit drei Fachdidaktiken, der Literatur- der Mathematik- und der Ethikdidaktik zu eröffnen.

1. Der Jugendliche als Schüler

Schule war für Jugendliche schon immer – aber was heißt schon: immer? Sagen wir vorsichtiger: seit es Jugend in diesem modernen Sinn gibt (vgl. Gillis 1980) – ein prekäres, ein problematisches Thema. Das erste große psychologische Werk über das Jugendalter von Charlotte Bühler (1921), noch vor Sprangers hochberühmter Darstellung (1924), bringt Tagebuchbeispiele zuhauf, wie sich Jugendliche über die Schulfron beklagen:
Ein 15-jähriger schreibt, „daß ich mich zusammennehmen muß, nicht die Bücher in eine Ecke zu hauen oder wenn ich drankomme, eine unverschämte Antwort zu geben" (Bühler 1921, 111).
Oder ein 17-jähriger, der in Versen schreibt:

> „Zwar ich lerne, lerne immer,
> Doch ich seufz auch immerzu.
> Ach wann darf ich endlich lassen,
> was ich so gezwungen tu."   (ebd., 241)

An anderer Stelle sagt dieser selbe Jugendliche: „Ich arbeite und arbeite an meinen Schulaufgaben wie ein Pferd, und dabei ersticke ich mehr und mehr mein Inneres" (ebd., 241).
Heutige Jugendliche drücken das ganz ähnlich aus, z.B. in Zinneckers Sammlung von Schüleräußerungen „Schule gehen Tag für Tag" (1982):

> „Sei schön angepaßt, fang bloß nicht an zu denken,
> der Lehrer wird dir seine Meinung schenken.
> Schleime mit, dann kriegst du gute Noten.
> Andernfalls kriegst du was auf die Pfoten.

> So wird der letzte Mist in dich hineingestopft,
> das geht so weiter, bis du nur noch kotzt.

Was dich interessiert, kümmert kein Schwein,
da guckst du mal wieder in die Röhren rein.

Verdammt, ich bin ein Mensch, ich hab auch Gefühle,
die gehen alle kaputt in dieser Mühle.
In der Schule läuft es kalt und rational,
schluck nur die Scheiße, der Rest ist ganz egal!" (Zinnecker 1982, 44 f.)

„Gesparte Vitalität
Ich kenne viele Schüler, die beschlossen haben, in der Schule
nicht zu leben. Sie ziehen ihre ganze Vitalität aus der Schule
heraus. Das, was sie dort sparen an Vitalität, verausgaben sie
dann außerhalb der Schule.
Ein Schüler der gymnasialen Oberstufe, im Gespräch" (ebd., 49)

Die Anfänge der Jugendforschung in den 20er Jahren bei Spranger und Ch. Bühler waren dominiert gewesen von pädagogischen Fragestellungen. Nach dem Zweiten Weltkrieg änderte sich die Szenerie grundlegend: Jugendforschung war soziologisch konzipiert, bediente sich der neu aus Amerika importierten Methoden standardisierter Befragung, wie sie in der Sozialforschung, vor allem in politischen Meinungsumfragen und Wahlvoraussagen angewandt wurde. Diese Anbindung an die politische Psychologie kam nicht von ungefähr: man interessierte sich vor allem für die politischen Anschauungen der jungen Generation, um eventuelle nationalsozialistische Orientierungen rechtzeitig erkennen zu können. Diese Art Jugendsozialforschung gefiel sich in antipädagogischen Ressentiments, so z.B. Schelsky in seiner „Skeptischen Generation" (1956): er machte sich ein Vergnügen daraus, die von Spranger sich nährenden Pädagogenmeinungen über den Idealismus der Jugendlichen als illusionär zu entlarven (vgl. Flitner 1963).
Aus diesen 50er Jahren datiert auch die bis heute fortgeschriebene Shell-Jugendstudie, die, als reine Meinungsumfrage-Studie begonnen, seit 1981 eine grundlegende methodische Verbreiterung erfuhr: neben die standardisierte Befragung trat nun die illustrierende biographische Einzelfallstudie; die Studien setzten von jetzt an thematische Akzente. 1981 waren es z.B. Jugendbiographie und Jugendkultur; die jüngste Studie „Jugend 2000" setzt ihren besonderen Akzent auf das Verhältnis von deutschen und ausländischen, insbesondere türkischen Jugendlichen.
Geblieben ist das pädagogische Desinteresse: das Verhältnis zur Schule, zu einzelnen Lehrern oder gar zu einzelnen schulischen Lerngebieten kommt in den Shell-Studien 1981 und 2000 praktisch nicht vor.
Pädagogisch ergiebiger ist die zweite große deutschsprachige Jugendstudie von Fend:

- auch hier, wie bei Schelsky, die Kritik am Sprangerschen Leitbild einer „Kulturpubertät", die nach Fends empirischen Befunden allenfalls bei „gebildeten" Mädchen aus gebildeten Elternhäusern vorkommt;
- in Übereinstimmung mit vielen anderen, z.B. mit Oerter (1995) wendet sich Fend gegen die von der alten Entwicklungspsychologie suggerierte Ansicht, daß die Adoleszenz eine besonders gefährdete Lebensperiode, eine Periode des „Sturms und Drangs" sei. Etwa 70 bis 80 % der Jugendlichen würden diese Entwicklungsphase als ebenso harmonisch wie

ihre Kindheit erleben. „Sturm und Drang" sei „kein universales Entwicklungsmerkmal, sondern ein differentielles" (Fend 1994, 4).

- im Zusammenhang mit seinem dominierenden Interesse für die unterschiedlichen Bedingungen von Normal- und Risikoentwicklungen zeigt Fend auch ein freilich thematisch eng begrenztes Interesse für die Rolle der Schule im Leben der Jugendlichen: Risiko-Jugendliche geben „langfristige Leistungs-Engagements" (ebd., 6) zugunsten kurzfristiger Befriedigungen im Feld von altersgleichen Cliquen auf.
- zutreffend schließlich ist Fends grundsätzliche Einschätzung: „Während es bisher gut gelungen ist, die Grundschulzeit auf die Entwicklungsbesonderheiten der Kindheit abzustimmen und die Sekundarstufe II ganz auf die fachlich-kulturellen Inhalte auszurichten, bestehen große pädagogische Orientierungsprobleme, wie die Sekundarstufe I zu gestalten wäre" (ebd.). Dies deckt sich mit meinen gegenwärtigen Intentionen: die Sekundarstufe I aus ihrem gegenwärtig diffusen Status als entwicklungspsychologisch-anthropologisches Niemandsland herauszubringen.

Fend konkretisiert dies in einzelnen Punkten:

- „Wir haben in den letzten Jahren unübersehbar eine altersphasenspezifische Bildungstheorie vernachlässigt, (...) das Bewußtsein von der Verschränkung der personalen Individuation mit der kulturellen Initiation weitgehend verloren". Die Beschäftigung mit passend ausgewählter Literatur böte nach Fend „ein wichtiges Feld der Identitätsfindung" (Fend 1990, 260).
- Weiterhin: „Das *jugendgerechte Lehrerverhalten* steht heute kaum mehr im Mittelpunkt der Aufmerksamkeit. Dabei dürften alte Erkenntnisse von der spezifischen Verletzbarkeit in dieser Altersphase und von den großen Identifikationsbedürfnissen von Jungen und Mädchen auch heute noch zutreffen" (ebd.).
- „Wenn man das Curriculum der Sekundarstufe I unter jugendspezifischen Gesichtspunkten durchforstet, dann fällt der starke kognitive Überhang auf. Dabei ist bekannt, daß in dieser Altersphase ein vielfältiges Feld der produktiven Selbstdarstellung geschaffen werden muß" (ebd.). Fend nennt Sport- und Musikpädagogik, Moral- und Sexualpädagogik, Lesepädagogik, politische und Berufspädagogik als altersspezifische Lernangebote.

Fends Überlegungen sind an der jugendlichen Identitätsentwicklung als einzigem Maßstab für die Curriculum-Konzeption orientiert. Mathematik und Naturwissenschaften, Fremdsprachen etc. müssten nach diesem Kriterium gegenüber den oben genannten Fächern mit identitätsbildendem Potential in der Sekundarstufe I an Bedeutung verlieren.

Der Irrweg, auf den Fend geraten ist, ergibt sich beinahe zwangsläufig aus einer fehlerhaften Jugendpsychologie. Fend und die anderen psychologischen Jugendforscher, vor allem Oerter (1995), lehnen wie oben gezeigt die Vorstellung vom Jugendalter als einer Zeit der Krise vehement ab und orientieren sich am Modell der „Entwicklungsaufgabe". Diese ist nach der bekannten Definition von Havighurst „eine Aufgabe, die sich in einer bestimmten Lebensperiode des Individuums stellt. Ihre erfolgreiche Bewältigung führt zu Glück und Erfolg, während Versagen das Individuum unglücklich macht, auf Ablehnung durch die Gesellschaft stößt und zu Schwierigkeiten bei der Bewältigung späterer Aufgaben führt" (Havighurst, zit.

nach Oerter 1995, 121). Als solche Entwicklungsaufgaben für das Jugendalter werden von Oerter angegeben: über sich selbst im Bilde sein, Aufnahme intimer Beziehungen, Entwicklung einer Zukunftsperspektive (vgl. ebd., 328).
Mich hat das Entwicklungsaufgabenmodell nie besonders überzeugt. Wird Entwicklung als eine Abfolge von Aufgaben und ihren Bewältigungen verstanden, so resultiert daraus eine problematische Pädagogisierung des Entwicklungskonzepts. Die Schullaufbahn wird sozusagen zum Modell des Lebens: eine Aufgabe folgt der anderen; wenn ich das Pensum einer Klasse „bewältigt" habe, kann ich in die nächste aufsteigen; wenn die Entwicklung das eigentliche Curriculum vorgibt, sozusagen das Curriculum Vitae; wenn es die vorrangige Entwicklungsaufgabe des Jugendlichen ist, sich und seine Identität zu entwickeln – dann wird das Curriculum scholae zweitrangig und verliert an Bedeutung. Das kann im Endergebnis nicht richtig sein.

Das Entwicklungsaufgaben-Modell verführt uns zu einer einlinigen pädagogischen Konzeption, die einzig die Identitätsentwicklung des Jugendlichen im Blick hat. Ich meine, dass das ältere, von der Psychoanalyse konzipierte Modell der Pubertät als Labilisierung und Krise besser geeignet ist, die im Zuge der Identitätsentwicklung des Jugendlichen notwendigerweise auftretenden Friktionen mit den kulturellen Anforderungen zu verstehen.

Anna Freud schrieb vor Jahren ein kluges Buch „Das Ich und die Abwehrmechanismen", worin sie das Jugendalter als extrem konflikthafte, von Gegensätzen bestimmte Lebensphase beschreibt. Ein instruktives Beispiel aus Anna Freuds Buch mag für viele stehen: Ein zehnjähriger Junge entwickelt sich in einer bestimmten Phase seiner Entwicklung zum glänzenden Fußballspieler.

„Die großen Jungen der Schule schätzen seine Leistung und lassen den viel Jüngeren zu seiner Freude als Gleichberechtigten zu ihren Spielen zu. Nach kurzer Zeit berichtet er mir einen Traum: *Er spielt Ball. Ein großer Junge schießt so stark, daß er nur gerade noch über den Fußball wegspringen kann, um nicht getroffen zu werden.* Er erwacht danach mit Angst. – Die Deutung zeigt, daß sein Stolz über den Verkehr mit Großen sich schnell in Angst verwandelt hat. Er fürchtet die Aggression der älteren Jungen, die ihn um sein Spiel beneiden könnten. Die anfangs lustvolle Situation, die er durch seine Leistung schafft, hat sich damit in eine ängstliche verwandelt. Das gleiche Thema wiederholt sich kurz darauf in einer Einschlafphantasie. Er sieht die Buben, die ihm mit dem Ball die Füße abschießen wollen. Der große Fußball fliegt auf ihn zu, er zuckt im Bett mit seinen Füßen in die Höhe, um sie noch zu retten (...). Mit Traum und Phantasie ist die Entwicklung seiner neuen Leidenschaft gestört. Seine Leistungen gehen zurück, das Ansehen, das er dafür genossen hat, verschwindet schnell wieder. Er sagt mit diesem Rückzug: ,Ihr braucht mir nicht die Füße abzuschießen, ich bin ja ohnehin kein guter Spieler mehr'" (A. Freud 1936, 283 f.).

Bei dem Jungen handelt es sich um Peter Heller, der aus der Retrospektive ausführlich über seine Kinderanalyse bei Anna Freud berichtet (vgl. Bittner/Heller 1983). Er hat sich rückblickend mit Anna Freuds Deutung der Episode ausgiebig befasst. Abgesehen davon, dass es sich nicht um Fußball, sondern Völkerball gehandelt habe, gibt er Anna Freud Recht:

„Was Anna Freud in dem Buch schildert, deckt sich nicht ganz mit meiner Erinnerung. Das Ballspiel, bei dem Sigurd so stark schießt, war nicht Fußball, sondern Völkerball, bei dem man die Wahl hat, den Ball zu fangen oder zu vermeiden, daß man getroffen wird; daher oft hochspringt, um dem Ball auszuweichen. Es tat weh, wenn ich den Ball auffing, den Sigurd warf, der überhaupt ein mit Gewalttätigkeit drohender ,Großer' war (...) Und doch hat A.F. recht. Ich hatte Angst vor allzu gutem Ballspiel und später in der öffentlichen Schule, besonders auch beim Fußball, davor, die Knöchel angeschlagen zu bekommen, so daß ich nie ein guter Fußballspieler wurde, sondern meinen Ehrgeiz auf Handball, Skilaufen etc. konzentrierte, wie ich auch, statt ordentlich boxen zu lernen, nachdem mir der Instruktor kräftig auf die Nase schlug, fechten lernte" (Heller 1983, 206).

Manche schulische Leistungsverweigerung mag nach diesem oder ähnlichem Muster verständlich werden.

Anna Freud beschrieb die Pubertät als Verschärfung eines Konflikts zwischen Ich und Es: der unbezweifelbare Triebschub der Pubertät trifft auf ein noch kindliches Ich, das dem Ansturm hilflos gegenübersteht und mit archaischer Abwehr reagiert. Dieser Gedanke wurde weiter ausgeführt von Laufer u. Laufer (1989). Der grundlegende Entwicklungsvorgang der Pubertät besteht darin, dass der Jugendliche einen neuen, nämlich den erwachsenen, geschlechtsreifen Männer- und Frauenkörper bekommt, und dass die Ich-Organisation dieser Veränderung des Körper- und Lebensgefühls nicht auf Anhieb gewachsen ist. Deswegen ist das Jugendalter die bevorzugte Zeit von Krisen bis hin zu klinischen Manifestationen, wie auch von der Kinder- und Jugendpsychiatrie bestätigt wird.

Auf alle diese Entwicklungsanforderungen antwortet das jugendliche Ich mit Abwehr. Das labilisierte Ich des Jugendlichen, das an so vielen Fronten zu kämpfen, so viele Neuanpassungen zu vollbringen hat, geht allen Anforderungen aus dem Weg, die seinen Konflikt verschärfen könnten. Dazu gehören vor allem die schulischen Lern- und Disziplinanforderungen.

Das Konzept Abwehr, das ich meinen pädagogischen Überlegungen zugrunde lege, stammt aus der Psychoanalyse. Im weiteren Sinn bedeutet Abwehr die Tendenz, Unlustvolles von der Wahrnehmung fern zu halten oder wenigstens so in der Wahrnehmung umzuformen, dass es erträglicher wird. In einem engeren und spezifisch psychoanalytischen Sinn bezieht sich die Abwehr auf solche unlustbetonten Wahrnehmungen, die ihren Unlustcharakter daraus beziehen, dass sie uns an einen verborgenen inneren Konflikt erinnern – in unseren Beispielfällen an den Konflikt zwischen Selbst- und Fremdbestimmung. Ich greife hier als einzigen diesen Gegensatz von Autonomie und Heteronomie heraus, der für die Motivation zum Lernen von besonderer Bedeutung ist: Lernen schließt immer das Eingeständnis ein, dass man etwas noch nicht kann und weiß, dass man auf Leitung angewiesen ist. Man kann sich blamieren, wenn man vor der Klasse was falsch macht usw. usw.

Was den Jugendlichen mit der Schule in Konflikte bringt, sind weniger die sexuellen Themen, obwohl auch diese nicht zu unterschätzen sind; die Freundin ist vielfach wichtiger als der Lehrer und der Unterrichtsstoff. Aber viel mehr noch bringt die schulische Lernsituation den Jugendlichen mit seinem labilen Selbstwertgefühl in die unangenehme Lage, wie ein Kind behandelt zu werden. Die aus dieser labilen Selbst- und Fremdeinschätzung resultierenden Konflikte werden abgewehrt; die Konsequenz ist ein innerer Rückzug aus dem konfliktbesetzten Feld „Schule".

Nun gibt es gegen solche pointierten Aussagen immer wieder den Einwand, das seien Einzelfälle, nicht charakteristisch für die Jugendlichen insgesamt, die ein ganz anderes, unproblematisches Verhältnis zur Schule hätten. Überhaupt legt die neuere Jugendforschung Wert auf die Feststellung, die Mehrzahl der Jugendlichen würde sich relativ problemlos an die Anforderungen der Umwelt anpassen:

„Angesichts einer überwältigenden Anzahl von empirischen Belegen muss man heute endgültig von der Vorstellung Abschied nehmen, das Jugendalter sei eine Zeit der heftigen Krise, emotionalen Labilität und akuten Gefährdung" (Oerter 1987, 275, in der neuesten

Auflage von 1995 nicht mehr wörtlich zu finden). Auch Fend schließt sich in seiner großen Längsschnittstudie prinzipiell der Meinung von Oerter an. Er distanziert sich von einer Auffassung des Übergangs in die Adoleszenz „als Phase des Sturm und Dranges, als Phase des aufgewühlten, grüblerischen und oft auch selbstzerstörerischen Seelenlebens" (Fend 1990, 82).

Was ist aber von den folgenden Grafiken aus der Fendschen Untersuchung zu halten? Das „gesundheitliche Wohlbefinden" entwickelt sich zwischen dem 13. und dem 16. Jahr folgendermaßen:

Abb. 2.10: Gesundheitliches Wohlbefinden

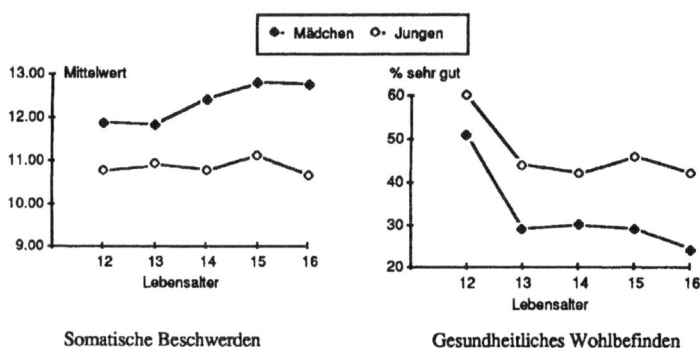

(Aus: Fend 1990, Bd. I, 88)

Teils ähnlich die schulische Leistungsbereitschaft:

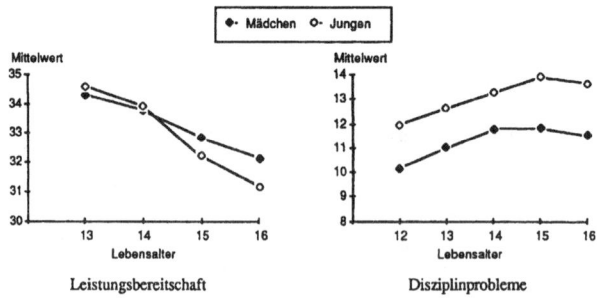

(Aus: ebd., 95)

Fend schließt aus alledem, dass „Mädchen Entwicklungsprobleme eher somatisierend und nach Innen (...) verarbeiten, Jungen aber entsprechende Belastungen stärker externalisieren, in aggressivem und destruktivem Verhalten äußern" (ebd., 95). Aber Pubertät – eine Krisenzeit? Keine Rede davon, siehe oben.

Das Jugendalter ist, so halte ich gegen Oerter und Fend fest, eine Zeit des Konflikts und der Krise: der/die Jugendliche hat plötzlich einen neuen Körper, den Körper eines geschlechtsreifen Wesens, in dem er sich neu zurechtfinden muss. Damit verbunden ist die Herausbildung geschlechtertypischer Bewältigungsstrategien: Jungen neigen eher zur Selbstbestätigung durch Normverletzung, Mädchen zur Übererfüllung der Überich-Normen. Bei alledem gerät die Schule in eine Position marginalen Interesses, vor allem bei den männlichen Jugendlichen.

Der zentrale Wundpunkt des Jugendlichen ist seine Unsicherheit über das eigene Ich. Jugendliche besitzen sich (oder besser: bringen sich hervor) in Gestalt eines idealen bewussten Entwurfs. Der Jugendliche besteht nur aus diesem idealen Entwurf, etwas anderes ist er noch gar nicht. Etwas scherzhaft könnte man das so verdeutlichen: die berühmte Reifeprüfung, in der dem jungen Menschen das „Zeugnis der Reife" zuerkannt wird, ist natürlich Lug und Trug. Von Reife ist noch keine Spur; es wird eine ideale Konstruktion bescheinigt, der nichts Wirkliches entspricht. Das gleiche gilt für die „Mündigkeit", die „Volljährigkeit", die einer mit 18 Jahren erreicht – von Mündigkeit keine Rede, aber wenn man die Leute nicht erst einmal der Idee nach für mündig erklärte, würden sie es nie. Prekär wird es natürlich, wenn diese Idee allzu unbesehen als Wirklichkeit unterstellt wird. Darum war es z.B. weise vom Gesetzgeber, bei der Herabsetzung des Volljährigkeitsalters nicht gleichzeitig die volle strafrechtliche Verantwortung vorzuverlegen. Nach wie vor gibt es gesetzlich den „Heranwachsenden" bis zum vollendeten 21. Lebensjahr, der bei Vorliegen bestimmter Voraussetzungen als Jugendlicher beurteilt werden kann. Mit anderen Worten: der Gesetzgeber rechnet selber damit, dass die im Prinzip für mündig Erklärten vielleicht doch noch gar nicht so mündig sind. Das scheint mir das Widersprüchliche der jugendlichen Existenz zu sein: dass man im Prinzip etwas ist, was man faktisch noch nicht sein kann.

Das Problem der Schule mit den Jugendlichen lässt sich also dahingehend auf den Punkt bringen: sie befinden sich „Im Zwischenland" (Andreas-Salomé 1902), sind „weder Fisch noch Fleisch", wie der Volksmund sagt, weder Kind noch Erwachsener. Deshalb stößt man auf Gegenwehr, wenn man sie wie Kinder behandelt. Behandelt man sie hingegen wie Erwachsene, provoziert man das Chaos. Kein Wunder, dass die Schule wenig oder nichts mit ihnen anzufangen weiß.

2. Die Dilemmata einer Jugend-Schule

Die Schulpädagogik der Sekundarstufe I hat den Jugendlichen qua Jugendlichen bisher kaum zur Kenntnis genommen. In Tübingen fand 1982 ein hochkarätig besetztes wissenschaftliches Symposion „Jugend als Herausforderung der Schule" (Schweitzer/Thiersch 1983) statt, das allerdings aus heutiger Sicht vor allem das eine lehrt: wie schnell solche Bestandsaufnahmen gerade im Hinblick auf die Jugend veralten. Nach langem Suchen stieß ich auf ein einziges Werk aus jüngster Zeit (übrigens auch ein Symposiums-Bericht), das „Jugend und

Schule" (Maas 2000) zum Thema hat. Für die Schule, schreibt Rauschenberger in seinem Vorwort, gehe es darum, „Jugendlichen ein angemessenes Lernen zu bieten" (ebd., 2). Der Herausgeber Maas konkretisiert dies:

„Innerhalb der Sekundarstufe I werden besonders die Jahrgänge 7 und 8 von vielen (...) als besonders schwierig und konfliktträchtig empfunden (...). Wasser- und Essensschlachten beim Mittagessen, ein nicht enden wollender Strom provozierender bis beleidigender Äußerungen der Schüler, ihr Zur-Schau-Stellen der eigenen Uninteressiertheit, die sonderbare Mischung von extremen Ansprüchen und extrem kindlichem Betragen, der verantwortungslose Umgang mit Tischen, Heften oder Büchern, zähe Diskussionen, penetrante Albernheiten – all dies kann Lehrerinnen und Lehrern ihre Arbeit gründlich verleiden und wirft die Frage auf, ob schulischer Unterricht so, wie er heute üblicherweise praktiziert wird, überhaupt dem Jugendalter angemessen ist" (ebd., 4). Maas zitiert v. Hentig: „Mit der Entschulung der Schule beginnt man am besten dort, wo das am nötigsten ist: bei den 13- und 14jährigen (...) in der Pubertät wird die Schule zur Qual. In diesem Alter richtet das schulische Lernen so gut wie gar nichts aus, und die Schule ignoriert dies hartnäckig" (ebd., 2000, 5).

Systematisch analysiert wird das Konfliktpotential zwischen Jugend und Schule von Luise Winterhager-Schmid. Sie bestimmt das jugendliche als ein „'virtuelles Selbst', d.h. es ist ein Selbst, das noch 'in Arbeit' ist" (Winterhager-Schmid 1993, 51). Die Jugendlichen haben ein äußerst verletzliches Größenselbst, dem die Schule permanente Kränkungen zufügt, und zwar vor allem auf zweierlei Art:

„Ausgerechnet in der Lebensphase, in der das jugendliche Ich seinen je eigenen Lebensentwurf zu realisieren trachtet (...), wird ihm durch die Schule unmißverständlich bedeutet, es sei eigentlich noch ganz unfertig, müsse erst kompetent gemacht werden, um es im Leben zu etwas bringen zu können" (ebd., 47).

Die Schule halte zudem „eine Menge Fallstricke der Degradierung bereit, in denen stecken zu bleiben für die Jugendlichen gleich bedeutend ist mit der Erfahrung schmerzlicher, oft dauerhafter Niederlagen. Schule hat in unserer Gesellschaft die Macht, zu beschämen und jemandem das Gefühl zu vermitteln, ein Versager zu sein" (ebd., 48). Die Schüler rächen sich für die strukturell vorprogrammierten Selbstwert-Kränkungen, indem sie sich „ignorant, desinteressiert, abwesend präsentieren" (ebd.).
Der Band besteht sodann zum großen Teil aus Projektberichten von Alternativschulen, die der besonderen Situation von Jugendlichen auf ihre Weise Rechnung tragen wollen: durch exemplarisches Lernen, Projektlernen, Freinet-Pädagogik und anderes – festzuhalten scheint mir aber vor allem die grundsätzliche Überlegung von Winterhager-Schmid: Jugendliche mit ihrem „virtuellen", misslingensbedrohten, beliebig deklassierbaren Selbst haben ein strukturell bedingtes Problem mit der Schule, die eben diese Erfahrungen reichlich bereithält. Das Ergebnis sind Schutz- und Abwehrmechanismen – eine „Schutzrüstung von Knotigkeit", wie schon Spranger diagnizierte.
Das Problem ist, wie ich sagte, ein strukturelles: deshalb ist von einem vorzeitigen Ausweichen in „alternative" Lernformen wenig zu erhoffen. Mir geht es darum, die Friktionen zwischen labilem jugendlichen Selbstwertgefühl und dessen permanente Bedrohungen durch die schulischen Anforderungen einfach sichtbar zu machen.
Ich greife drei Unterrichtsfächer heraus, um an ihnen exemplarisch diese Friktionen zu analysieren: den Mathematik-, den Literatur- und den Ethikunterricht.

1. In welcher Weise sind die Jugendlichen als „Adressaten" in der *Mathematikdidaktik* präsent? Weigand schrieb mir im Vorfeld dieser Überlegungen: für die Mathematikdidaktik könne er die These, dass die Perspektive des Schülers vernachlässigt werde, nicht bestätigen: „In der Mathematikdidaktik gibt es jedenfalls ein breites Forschungsfeld, das sich mit dem Schüler in seiner Wechselbeziehung zu mathematischen Inhalten und – in letzter Zeit – vor allem zu Allgemeinbildungskonzepten beschäftigt" (briefliche Mitteilung).[1]

Wie sieht es mit der Berücksichtigung der Schülerperspektive in neueren mathematik-didaktischen Arbeiten, speziell im Blick auf die Jugendlichen der Sekundarstufe I aus?

Zunächst: es gibt eine große Anzahl empirischer Untersuchungen zu Mathematik- bzw. Computerprojekten (dies letztere ein besonderer Arbeitsschwerpunkt der Würzburger Mathematik-Didaktik) in der Sekundarstufe I. Die überwiegende Zahl der Untersuchungen indessen ist rein kognitionsorientiert: Vollrath z.B. will „untersuchen, welche Vorstellungen Schüler im Geometrieunterricht über die Begriffe Gerade und Strecke entwickeln" (Vollrath 1998, 202); er fragt weiter, „ob sich im Verständnis dieser Begriffe Unterschiede in unterschiedlichen Jahrgangsstufen feststellen lassen" (ebd., 203). Weigand untersucht, wie sich am Computer „Arbeitsweisen von Lernenden gegenüber dem traditionellen Lösen einer Aufgabe mit Papier und Bleistift verändern" (Weigand 1999, 28). Bevorzugt geht es um Problemlösestrategien bzw. Problemlöse-Schwierigkeiten (vgl. Weigand 2001) bei verschiedenen Aufgabentypen. Bei Untersuchungen dieser Art tritt der Schüler zwar als „Lerner", aber nicht als Jugendlicher in den Blick.

Eine Dissertation von Grigutsch untersucht „mathematische Weltbilder von Schülern" (Grigutsch 1997, 253) und setzt sie zu deren Selbstbildern in Beziehung. Diese mathematikbezogenen Selbstbilder verändern sich deutlich im Lauf der Jugendentwicklung. In Klasse 6 besitzen die Schüler eine positive Selbsteinschätzung, was Lust am Unterricht, Fleiß und Note angeht, „danach jedoch verschlechtert es sich. Gegen Ende ihrer Schulzeit besitzen nur die Schüler im Leistungskurs ein positives Selbstbild". Bei den übrigen setzt eine „Distanzierung von der Mathematik" ein (ebd., 254) – eben dies, was ich in psychoanalytischer Terminologie als Abwehr beschrieben habe.

Es ergeben sich weiterhin Unterschiede in den geschlechtsspezifischen Mathematik-Selbstbildern. „Jungen besitzen ein positiveres Bild von sich und ihren Leistungen, obwohl kein objektiver Grund vorliegt" (ebd.) – ein Befund, der vielfach erhoben und bestätigt wurde. Die Erörterung der Geschlechterdifferenzen ist vielleicht überhaupt am ergiebigsten für unser Problem. Leistungsunterschiede zwischen Jungen und Mädchen bei bestimmten mathematischen Operationen scheinen zu bestehen, werden aber in Meta-Analysen immer wieder relativiert und aus ideologischen Gründen „kleingerechnet" (vgl. dazu kritisch Jungwirth 1994).

Wichtiger als diese eher geringfügige kognitive Überlegenheit der Jungen sind motivationale und emotionale Faktoren. Eine Untersuchung von Hannover bei Schülerinnen und Schülern von 13 - 17 Jahren bestätigte den bereits bekannten Sachverhalt: „Die Mädchen unterschätzten ihre Leistungen in Mathematik, während die Jungen ihre Leistungen als zu gut beurteilten. Die Einschätzungen der Deutschleistung ergaben demgegenüber keinen Unter-

---

[1] Freundlicherweise stellte mir Weigand eine Reihe von mathematik-didaktischen Publikationen zur Verfügung, auf die sich meine nachfolgenden Überlegungen vor allem beziehen.

schied zwischen Jungen und Mädchen. Hannover zieht daraus den Schluß, daß mit dem biologischen Geschlecht die Bewertung der mathematischen Kompetenz korreliert ist, nicht aber die Leistungseinschätzung im Fach Deutsch" (Hannover, zit. nach Menacher 1994, 5). Die Beurteilung eigener Fähigkeiten werde also bei den Mädchen durch geschlechtsbezogene Deutungsmuster, die sich vor allem in der Pubertät herausbilden, negativ beeinflusst. Speziell für den Umgang mit Computern konstatiert Faulstich-Wieland bei Mädchen eine „Hemmschwelle (...) vor Technik und insbesondere vor Computern", die bei Grundschülern und jüngeren Jugendlichen noch kaum, bei älteren verstärkt zu beobachten sei. Gemäß ihrer feministischen Position bringt Faulstich-Wieland dieses Phänomen mit der „highly male atmosphere of the computer center" in Verbindung, die auf Mädchen blockierend und einschüchternd wirke (Faulstich-Wieland 1985, 149). Faulstich-Wieland hebt die Angst der Mädchen hervor, „vor allem bei Anwesenheit von Jungen und Männern, sich lächerlich zu machen", „Schwierigkeiten auf ihr Versagen oder ihre ‚Dummheit' zurückzuführen und nicht etwa – wie Männer – auf die Maschine und ihre möglicherweise unausgereifte Technik" (ebd.) – wie oben von Anna Freud als Abwehrmechanismus der Ich-Einschränkung beschrieben.

Männliche Jugendliche nehmen die Computerwelt als für sich irgendwie „passend" wahr: die virtuelle Welt mit ihren Algorithmen und Operationen vermittelt ein Gefühl von Sicherheit und Beherrschbarkeit von Abläufen, die gerade den Jugendlichen mit seiner notorischen Lebens-Unsicherheit fasziniert. Insofern wurzeln beide Einstellungen, Computerfaszination und -phobie, im prekären Selbstkonzept der Jugendlichen und stellen gegensinnige Versuche der Selbststabilisierung und der Abwehr von Verunsicherung dar.

2. Greiner und Abraham behaupten eine grundsätzliche „Subjektbezüglichkeit der Literatur" (Griesheimer/Prinz 1992, zit. nach Greiner/Abraham, 1): Literatur wende sich an den Leser, wolle ihm etwas nahe bringen. Literaturwissenschaft müsse diesen „für jede Begegnung mit Literatur bedeutsamen persönlichen Bezug mitbedenke(n)" (Greiner/Abraham, 1); sie solle „Distanz" und „Anteilnahme gleichermaßen (...), einander kontrollierend und bereichernd, in Forschung und Lehre wirksam werden lassen" (ebd.). Freilich tendiere Lehre – in der Hochschule und auch in der Schule – immer dazu, „die Anteile der Subjektbezüglichkeit zugunsten des Objektivierbaren zurückzudrängen" (ebd., 2).
"Literarisches Lehren" bestimmen die Autoren demnach als „eine Art von Lehre, die neben der legitimen philologischen Distanz zu den Texten (Autoren, Epochen, Gattungen usw.) die ebenso legitime Anteilnahme des lesenden Subjekts (...) zuläßt oder gar herausfordert" (ebd., 6). Vor dem Hintergrund der Einsicht in ihre grundsätzliche Lehrhaftigkeit wird das Lernen aus Literatur „kognitionswissenschaftlich beschreibbar als Auf-, Aus- oder Umbau vorhandener mentaler Modelle" (ebd., 5). Dabei könnten sich z.B. Fragen wie die folgenden ergeben: „Welches lebensweltliche Schemawissen hat der Text in mir aktiviert (...) Wie hat der Text es vermocht, mein Schemawissen zu verändern?"
Von Interesse ist, dass in diesem didaktischen Entwurf der Bezug auf den Adressaten, den Rezipienten, das „lesende Subjekt" explizit hergestellt wird. Allerdings bleibt dieses „lesende Subjekt" seltsam abstrakt: von seinen Auseinandersetzungs- und Aneignungsprozessen erfahren wir lediglich, dass dabei kognitive Schemata ab- und umgebaut, dass moralische Wertungen herausgefordert werden sollen (vgl. ebd.).

Unterbelichtet bleibt die konkrete Befindlichkeit des Literatur-Rezipienten, die u.a. durch Lebensalter und Geschlecht, aber auch durch den Zeithintergrund, durch jugendkulturelle Einflüsse usw. bestimmt ist, die die Rezeption eines bestimmten literarischen Textes begünstigen oder ihr Widerstände entgegensetzen können.

Ein Beispiel dazu aus meiner eigenen Schüler-Biographie: In der 10. Klasse, damals Untersekunda, verfiel unser Deutschlehrer, ein genialisch-eigenwilliger Mann, dem ich viel verdanke, der unter anderem die Begeisterung für Psychologie und Tiefenpsychologie bei mir erstmals weckte, auf den psychologisch wenig erleuchteten Gedanken, mit uns Ruhrpott-Jugendlichen Liebesgedichte von Mörike zu lesen. Mir als Deutsch-Spitzenschüler fiel es zu, den Anfang mit der Interpretation zu machen.

> Schön Rohtraud
>
> Wie heißt König Ringangs Töchterlein?
> Rohtraud, Schön-Rohtraud ...
>
> Der liebende Knabe wird Schön-Rohtrauds Jägerbursche:
>
> Einstmals sie ruhten am Eichenbaum,
> Da lacht schön Rohtraud:
> „Was siehst mich an so wunniglich?
> Wenn du das Herz hast, küsse mich!"
> Ach, erschrak der Knabe!
> Doch denkt er: Mir ist's vergunnt
> Und küsset Schön-Rohtraud auf den Mund. –
> Schweig stille, mein Herze!

Ich bin hilflos und beschämt in diesem Text herumgestakst, vor den Augen und Ohren der feixenden Klassenkameraden, und habe nur das eine „Bildungserlebnis" aus der Begegnung mit diesem Text mitgenommen: Mörike – nie wieder!

Eigentlich hätte es jedem psychologisch Denkenden klar sein müssen, dass es so kommen musste: bei Jugendlichen galt damals wie noch heute die Devise, „cool" zu erscheinen, zarte Empfindungen zu verleugnen. Zu alledem noch die befremdlich-altertümliche Sprache Mörikes, die Jugendliche zum Spott reizt („Schweig stille, mein Herze"). Es war einfach nicht zu machen. Ich verstieg mich dazu, die Sprache des Gedichts als „geschäftsmäßig" zu charakterisieren, was mein Deutschlehrer mit Recht verfehlt fand – nur kam er nicht auf den Grund des von ihm verursachten Desasters: dass ein Bezug des „lesenden Subjekts" in Gestalt eines 10-Klässlers zu einem derartigen Gedicht nicht oder wenigsten nur mit sehr viel mehr Bemühung, Widerstände und Befremden zu überwinden, hätte hergestellt werden können.

3. „*Ethikunterricht* ist für diejenigen Schüler Pflichtfach, die nicht am Religionsunterricht teilnehmen (...). Der Inhalt des Ethikunterrichts orientiert sich an den sittlichen Grundsätzen, wie sie in der Verfassung des Freistaates Bayern und im Grundgesetz für die Bundesrepublik Deutschland niedergelegt sind" (Bayer. Staatsministerium für Unterricht und Kultus 1990, 148). In diesem Kontext steht jener beinahe einzige Satz, auf den es mir ankommt: „Dabei muß die entwicklungsspezifische Situation der Jugendlichen berücksichtigt werden" (ebd.).

Mir scheint, dass dieser Satz weit davon entfernt ist, konkret eingelöst zu werden. Die weiteren Spezifizierungen nehmen Bezug auf die Unterstufe, also auf Kinder, bei denen „Situationen und Probleme aus dem unmittelbaren Erfahrungsbereich" (ebd.) thematisiert werden sollen, und dann wieder auf die Oberstufe, wo „ethische Urteilsbildung vor dem Hintergrund überlieferter philosophischer Traditionen" (ebd., 149) erfolgen soll. Die Aussagen über die Mittelstufe, das eigentliche Jugendalter, bleiben vage und ungreifbar.

Erst in der Jahrgangsstufe 10, also jugendpsychologisch gesehen viel zu spät, soll z.B. berücksichtigt werden, dass „die Schülerinnen und Schüler als Heranwachsende eine zunehmend selbständige Denk- und Handlungsweise zeigen wollen und auch zeigen sollen" (ebd., 324). *Wie* der Unterricht auf der Jahrgangsstufe 10 dies leisten soll, bleibt wiederum undeutlich: „Normen, Werte und Tugenden" sollen behandelt werden, „Gewissen und Verantwortung", „Fragen der Güterabwägung" (ebd.) usw. Alles dies relativ abstrakt und weit entfernt von jugendlichen Themen.

Wenn ich auch Kohlberg und seine moralischen Dilemma-Geschichten keineswegs für der Weisheit letzten Schluss halte: jugendgemäßer als das, was der bayerische Lehrplan vorsieht, sind sie doch: weil sie nämlich Konflikte thematisieren. Und Konflikt ist, wie oben entwicklungspsychologisch begründet, sozusagen das Lebens-Medium des Jugendlichen. Das Problem bei Kohlberg wie auch schon bei Piaget, dessen Gedanken er aufgenommen und weiterentwickelt hat, ist die Konstruktion einer Stufenfolge moralischer Kognitionen, überhaupt die Konstruktion der Moral allein von den sie begründenden Kognitionen her.

Daraus resultiert eine notwendigerweise rein kognitivistische Moralpädagogik. Moralerziehung nach den Prinzipien Kohlbergs basiert wesentlich, wenn nicht gar ausschließlich, auf der Diskussion moralischer Themen. Die ersten Versuche Kohlbergs und seiner Mitarbeiter beschränkten sich darauf, hypothetische moralische Dilemmata, wie sie sie in seinen Forschungen verwendet hatten, von Schulklassen diskutieren zu lassen, wodurch sich „im Durchschnitt ein Drittel der Kinder um eine Stufe und die meisten Kinder um eine Drittel-Stufe weiterentwickelten" (Kohlberg 1986, 22).

Die spätere Weiterentwicklung der pädagogischen Ideen Kohlbergs zum „Just Community"-Modell folgt grundsätzlich derselben Linie, strebt lediglich eine bessere Integration der moralischen Diskussion in den Schulalltag an: durch Einbezug in die Curricula für Literatur und Gesellschaftslehre (vgl. ebd., 25) und durch Moralerziehung als „Schöpfung einer kleinen Schulgemeinschaft" (ebd., 28). Immer aber bleibt die Diskussion das entscheidende Element pädagogischer Intervention (vgl. Berkowitz 1986).

Wenngleich Kohlberg sein erstes Modell nachträglich selbstkritisch als „Einbahnstraßen-Modell" (Kohlberg 1986, 24) einer allzu direkten Anwendung einer psychologischen Theorie auf Probleme pädagogischer Praxis bezeichnet, muss Ähnliches doch auch gegen sein zweites, das „Just Community"-Modell eingewandt werden: dieses bezieht zwar den Schulalltag stärker ein und bemüht sich um dessen Umgestaltung gemäß der Gerechtigkeits-Prinzipien, doch ist der Eindruck nicht zu verwischen, dass Leben und Schulalltag auch hier letzten Endes nur als Stoff für moralische Diskussionen interessant sind. Das Leben bleibt der Theorie nachgeordnet.

Einer Moralpädagogik, die das Wesentliche moralischer Erziehung in der Weckung und Förderung moralischer Einsicht sieht, wäre ein Erfahrungs- oder Situationsmodell moralischer Entwicklung entgegenzustellen. Moralische Erziehung bestünde dann, mit Winnicotts Worten, im „Verschaffen von Gelegenheit" (Winnicott 1974, 134) zum Gutsein – und, wie ich im Anschluss an die Überlegungen zur notwendigen Erfahrung des Regelwidrigen und der Übertretung für die moralische Entwicklung hinzufüge: im Verschaffen von Gelegenheiten zu beidem: zum Gut- ebenso wie zum Bösesein.

Pestalozzi hat ein derartiges Situationsmodell moralischer Erziehung im berühmten „Stanser Brief" beschrieben, worin er von einem Erziehungsexperiment mit heimatlosen Kindern berichtet. Die späteren pädagogischen Systematiker unterschieden im „Stanser Brief" drei Stufen der sittlichen Erziehung: die allseitige Besorgung, das sittliche Handeln und zum Schluss erst die Reflexion, den Gebrauch der Wörter (vgl. Klafki 1992).

Am Anfang sittlicher Erziehung steht die Erweckung einer „sittlichen Gemütsstimmung durch reine Gefühle" (Pestalozzi 1799, 19). Die Situationen, in denen solche Gefühle der Liebe, der Dankbarkeit erfahren werden können, wurzeln in der leiblichen Versorgung, erschöpfen sich aber nicht darin. Die von Pestalozzi artikulierte Grunderfahrung besagt, dass ein Kind den Weg des Guten nur in dem Maße finden kann, wie ihm zuvor selber Gutes zuteil geworden ist.

Das zweite ist nach Klafkis sicherlich zu schematischer Stufenfolge die Einübung ins sittliche Handeln. Zu schematisch nenne ich sie, weil es bei Pestalozzi nur ansatzweise ein Nacheinander, ein Aufeinander-Aufbauen ist (vgl. ebd., 14), vielmehr aber Teil und Aspekt eines gemeinsam gelebten Lebens.

Schließlich – dies die dritte Klafkische Stufe – die Worte, die sittlichen Belehrungen, die nach Pestalozzis Auffassung gar nicht sparsam genug gebraucht werden können:

„Ich habe meinen Kindern unendlich wenig erklärt; ich habe sie weder Moral, noch Religion gelehrt; aber, wenn sie still waren, daß man eines jeden Athemzug hörte, dann fragte ich sie: Werdet ihr nicht vernünftiger und braver, wenn ihr so seyd, als wenn ihr lärmet?" (ebd., 15).

Pestalozzis Ziel war es nicht – oder wenigstens nicht in der Hauptsache –, die Kinder zum Einhalten bestimmter Regeln zu erziehen, sondern die ursprüngliche „innere Kraft" (ebd., 16) zum Guten in ihnen zu erwecken.

Pestalozzi erklärt als seinen moralpädagogischen Grundsatz:

„(...) daß ich belebte Gefühle jeder Tugend dem Reden von dieser Tugend vorher gehen ließ; denn ich achtete es für bös, mit Kindern von irgend einer Sache zu reden, von der sie nicht auch wissen, was sie sagen" (ebd., 16 f.).

Der einzige gewichtige Beitrag zur Theorie des Ethik-Unterrichts von Fellmann steht dieser letzteren Position, die auch ich vertrete (vgl. Bittner 1996), erstaunlich nahe. Das Gewissen, das im Ethik-Unterricht angesprochen werden soll, „setzt sich aus Erkenntnis und Gefühl zusammen". „Nur wenn sich die Schüler das Wissen emotional aneignen und in Verhalten umsetzen, ist Ethikunterricht an Schulen überhaupt sinnvoll" (Fellmann 2000, 9).

So will Fellmann die ethische Verpflichtung „aus dem Lebenszusammenhang" (ebd., 18) die „ethische Theorie vom Selbstverständnis des Menschen her" (ebd., 20) ableiten. All dies konkretisiert sich für ihn in Geschichten, denn es kommt „die Lebenswirklichkeit nur in und über Geschichten zum Vorschein, so dass der Ort, wo die gelebte Moral liegt, das Verstricktsein in Geschichten ist" (ebd., 37).

In diesem Zusammenhang einer der für mich wichtigsten Sätze Fellmanns, der sich gegen das einseitige Wertvermittlungskonzept auch z.B. des bayerischen Lehrplans stellt: „Die

Ethik hat (...) der Faszination nachzugehen, die das Böse schon auf junge Menschen ausübt. Denn mehr als das Gute verweist das Böse auf die Erfahrung der Freiheit im Tun und Lassen der Menschen" (ebd., 21).

Das sind Sätze, die sich mit meinen Überlegungen eng berühren. Was bei Fellmann fehlt, ist lediglich die Reflexion über den Jugendlichen als Adressaten moralpädagogischer Bemühungen. Jugendliche, so leite ich aus meinen allgemein jugendpsychologischen Erörterungen ab, fühlen sich von den Erwachsenen bevormundet. Sie wollen frei sein. Sie wollen vielleicht auch „gut" sein – aber wenn, dann nur aus freien Stücken. Sie wollen nicht „angepredigt" werden; sie wollen nicht, dass ihnen jemand sagt, wo es langgeht. Wenn das zu aufdringlich geschieht, dann gehen sie prompt den entgegengesetzten Weg. Das war schon vor 2000 Jahren so.

In seinen „Bekenntnissen" berichtet Augustin eine hochberühmte Episode etwa aus seinem 16. Lebensjahr:

„Ein Birnbaum stand in der Nähe unseres Weinbergs, schwer mit Früchten beladen, die aber nichts Verlockendes hatten, weder nach Aussehen noch Geschmack. Wir Bürschchen, eine Bande von Taugenichtsen – es war schon tief in der Nacht, und so lang hatten wir uns nach übler Gewohnheit auf den Spielplätzen herumgetrieben – zogen los, den Baum zu schütteln und die Beute fortzuschaffen. Birnen, die schwere Menge, schleppten wir weg – nicht für unsern Verzehr, denn höchstens den Schweinen wollten wir sie hinwerfen -, und wenn wir einiges davon aßen, so taten wir's, nur damit wir etwas täten, was eine Lust ist, weil es nicht erlaubt ist" (Augustinus, Bekenntnisse, 79).

Augustin will an dieser Geschichte zeigen, dass die Menschen moralische Gesetze nicht nur übertreten, wenn sie von Not oder Begierden dazu getrieben werden, sondern auch aus der puren Lust an der Übertretung: „Denn was ich stahl, davon besaß ich selbst im Überfluß und noch viel besser. Ich wollte mich ja auch gar nicht an der Beute letzen, auf die ich beim Stehlen ausging, sondern allein an der Dieberei und der Sünde" (ebd., 79).

Nun weist er allerdings noch auf einen weiteren Punkt hin, den er nicht recht klären kann: allein hätte er den Diebstahl kaum begangen. Der besondere Reiz der Tat sei es gewesen, sie in Gesellschaft Mitschuldiger zu verüben. „Ein Hohnlachen war's, wie aus gekitzeltem Herzen, daß wir Leute hintergingen, die sowas von uns nicht erwartet hätten und sich schwer darüber ärgern würden" (ebd., 91) – also die Eltern und Erzieher. An dieser Stelle bricht Augustin die Erörterung dieser Verwicklung brüsk ab: „nolo in eam intendere, nolo eam videre". Ich will mich nicht mehr mit ihr abgeben; ich will sie nicht mehr sehen.

Wenn Augustin an dieser Stelle weitergedacht hätte, wäre er in die Nähe einer modernen Antwort gekommen: wer die Übertretung als solche will, der will sich vor allem seiner Freiheit und Autonomie vergewissern. Der Jugendliche übertritt die von den Eltern vertretenen Normen mit Vorliebe in der Gruppe Gleichaltriger, weil er sich hier stärker fühlt, als wenn er auf sich selber gestellt wäre. Freilich hätte diese Antwort nicht in sein theologisches Konzept gepasst.

Aus genau diesem Grund, dass Jugendliche nicht über das Gutsein belehrt werden wollen, weil sie darin ihre noch so fragile Freiheit und Selbstbestimmung bedroht sehen, hat der Ethik-Unterricht schlechte Karten, vielleicht noch schlechtere als der traditionelle Religionsunterricht, der ja nicht nur vom „Sollen", sondern auch von Verheißungen, von tradierten biblischen Erzählungen usw. handelt. Ich muss gestehen, dass ich in diesem Dilemma für den Ethik-Unterricht auch keinen Rat weiß.

3. Allgemeine Pädagogik, Schulpädagogik, Fachdidaktik

Diese Überlegungen wurden formuliert, um den fachlichen Diskurs zwischen der Pädagogik, der Schulpädagogik und den Fachdidaktiken voranzubringen. Die Fachdidaktiken denken vom Sachzusammenhang ihrer Fächer her, der Schüler tritt, wenn überhaupt, allenfalls als „Adressat" des Lernangebots in Erscheinung.
Die Schulpädagogik, incl. der Grundschulpädagogik, so nehme ich es wahr, denkt primär von der Institution Schule her, über das Kind reflektiert sie insoweit, als es in der Schule in Erscheinung tritt (vgl. die Forschungen der vergangenen Jahre über veränderte Kindheit und daraus resultierende veränderte Aufgaben der Schule).
Der Blickwinkel der Allgemeinen Pädagogik ist primär anthropologisch: ihr Bezugspunkt ist der Mensch als Kind, als Jugendlicher, als Erwachsener – der Bezugspunkt ist der menschliche Lebenslauf, Pädagogik ist eine „Pädagogik der Lebensalter", und nur auf diesem Horizont werden die Institutionen interessant.
In meinem Einführungsbuch „Kinder in die Welt, die Welt in die Kinder setzen" (1996) findet sich auch ein Kapitel über die Schule. Dieses Kapitel besteht in wesentlichen Teilen aus Schulerinnerungen ehemaliger Schüler. Ich frage: welchen Stellenwert hatte die Schule im Leben *dieser Menschen*? Allgemeine Pädagogik: das ist der Blick auf den Menschen, der erzogen wird. Allgemeine Pädagogik lädt den künftigen Lehrer ein, über den Tellerrand seiner Institution hinauszublicken, sich die Kinder, die Jugendlichen, die die Schule durchlaufen, in ihren Lebenszusammenhängen vorzustellen, sich die Erwachsenen vorzustellen, die einmal aus ihnen werden sollen, die Brüche und Krisen in einem Menschenleben, das Gelingen und Misslingen von Erziehung ins Auge zu fassen.
Die anthropologische Frage, die im Kontext einer „Pädagogik der Lebensalter" nach den je spezifischen Konkretionen des Menschseins in den unterschiedlichen Lebensstufen und nach ihrer Relevanz für Erziehungsaktivitäten fragt, ist die Domäne der Allgemeinen Pädagogik, die sich insofern als Zusammenhang stiftende Disziplin für die Teil-Pädagogiken und Fachdidaktiken anbietet.

Literatur:
Andreas-Salomé, L. (1902): Im Zwischenland. Novellen. J.G. Cotta'sche Buchhandlung Nachfolger: Stuttgart
Augustinus, A.: Bekenntnisse, lateinisch und deutsch, eingeleitet, übersetzt und erläutert von Joseph Bernhart. Insel Verlag: Frankfurt/M. 1987
Bandura, A. (1976): Lernen am Modell. Ansätze zu einer sozial-kognitiven Lerntheorie. Klett: Stuttgart
Bayer. Staatsministerium für Unterricht und Kultus (1990): Lehrplan für das bayer. Gymnasium, München
Berkowitz, M.W. (1986): Die Rolle der Diskussion in der Moralerziehung, in: F. Oser/R. Fatke/O. Höffe: Transformation und Entwicklung. Grundlagen der Moralerziehung. Suhrkamp: Frankfurt/M.
Bittner, G. (1996). Kinder in die Welt, die Welt in die Kinder setzen. Eine Einführung in die pädagogische Aufgabe. Kohlhammer: Stuttgart
Bittner, G./Heller, P. (1983): Eine Kinderanalyse bei Anna Freud (1929 - 1932). Königshausen & Neumann: Würzburg
Böhm, W. (1982): Wörterbuch der Pädagogik. Kröner: Stuttgart 2000, 15.Aufl.

Bühler, Ch. (1921): Das Seelenleben des Jugendlichen. Fischer: Stuttgart 1991, 7.Aufl.

Faulstich-Wieland, H. (1985): Computer auch für Mädchen. Aber wie?, in: Bildschirm. Faszination oder Information. Jahresheft III aller Päd. Zeitschriften des Friedrich-Verlages in Zusammenarbeit mit Klett, 148-151

Fellmann, F. (2000): Die Angst des Ethiklehrers vor der Klasse. Ist Moral lehrbar? Reclam: Stuttgart

Fend, H. (1990): Vom Kind zum Jugendlichen. Der Übergang und seine Risiken. Entwicklungspsychologie der Adoleszenz in der Moderne, Bd. I, Huber: Bern u.a.

Fend, H. (1994): Die Entdeckung des Selbst und die Verarbeitung der Pubertät. Entwicklungspsychologie der Adoleszenz in der Moderne, Bd. III, Huber: Bern u.a.

Flitner, A. (1963): Soziologische Jugendforschung. Darstellung und Kritik aus pädagogischer Sicht. Quelle & Meyer: Heidelberg

Flitner, A. (1992): Reform der Erziehung, Piper: München

Freud, A. (1936): Das Ich und die Abwehrmechanismen, in: dies.: Werke, Bd. 1. Kindler: München 1980

Freud, S. (1930): Das Unbehagen in der Kultur, GW XIV, Fischer: Frankfurt/M. 1976, 5.Aufl.

Fürstenau, P. (1964): Zur Psychoanalyse der Schule als Institution, in: Das Argument, Berliner Hefte für Probleme der Gesellschaft, Heft 2, 65-78

Gillis, J.R. (1980): Geschichte der Jugend. Tradition und Wandel im Verhältnis der Altersgruppen und Generationen in Europa von der zweiten Hälfte des 18. Jh. bis zur Gegenwart. Beltz: Weinheim u.a.

Greiner, Th./Abraham, U.: Die Lehre der Literatur oder Was Literaturlehrende von ihrem Gegenstand lernen können, unveröffentl. Manuskript

Grigutsch, St. (1997): Mathematische Weltbilder von Schülern. Struktur, Entwicklung, Einflußfaktoren, in: Journal für Mathematik-Didaktik (18), 253-254

Heller, P. (1983): Retrospektive. In: G. Bittner/P. Heller (Hrsg.): Eine Kinderanalyse bei Anna Freud (1929-1932). Königshausen & Neumann: Würzburg

Jugendwerk der Deutschen Shell (Hrsg.) (1982): Jugend '81. Lebensentwürfe, Alltagskulturen, Zukunftsbilder. Leske + Budrich: Opladen

Jugendwerk der Deutschen Shell (Hrsg.) (2000): Jugend 2000. Die 13.Jugendstudie. Leske + Budrich: Opladen

Jungwirth, H. (1994): Die Forschung zu Frauen und Mathematik: Versuch einer Paradigmenerklärung in: Journal für Mathematik-Didaktik (15), 253-276

Klafki, W. (1992): Interpretation des systematischen Gehaltes. In: J.H. Pestalozzi: Pestalozzi über seine Anstalt in Stans. Mit einer Interpretation von Wolfgang Klafki. Beltz: Weinheim u. a. 1992, 6.Aufl.

Kohlberg, L. (1986): Der „Just Community"-Ansatz der Moralerziehung, in: Oser, F./Fatke, R./ Höffe, O. (Hrsg.): Transformation und Entwicklung. Grundlagen der Moralerziehung. Suhrkamp: Frankfurt/M.

Langeveld, M.J. (1960): Die Schule als Weg des Kindes. Westermann: Braunschweig

Langeveld, M.J. (1985): Kindheit, Wachstum, Erziehung, Schule – und die Frage nach ihrem Sinn, in: S. Baratto/W. Böhm (Hrsg.): Filosofia e Pedagogia oggi. Libreria Ed. Gregoriana: Padua 433-446

Laufer, M./Laufer, M.E. (1989): Adoleszenz und Entwicklungskrise (Originaltitel: Adolescence and developmental breakdown), Klett: Stuttgart

Maas, M. (2000): Jugend und Schule. Ideen, Beiträge und Reflexionen zur Reform der Sekundarstufe I. Schneider Verlag Hohengehren: Baltmannsweiler

Makarenko, A.S. (1952): Der Weg ins Leben. Ein pädagogisches Poem. Ullstein: Frankfurt/M.

Menacher, P. (1994): Erklärungsansätze für geschlechtsspezifische Interessen- und Leistungsunterschiede in Mathematik, Naturwissenschaften und Technik, in: Zeitschrift für Didaktik der Mathematik (1), 1-11

Oerter, R./Montada, L. (Hrsg.) (1982): Entwicklungspsychologie. Ein Lehrbuch, Psychologie Verlags Union: München 1995, 3.Aufl.

Pestalozzi, J.H. (1799): Pestalozzi über seine Anstalt in Stans / mit einer Interpretation von Wolfgang Klafki. Beltz: Weinheim, Basel 1992, 6.Aufl.

Roth, H. (1961): Jugend und Schule zwischen Reform und Restauration. Schroedel: Hannover

Schelsky, H. (1957): Die skeptische Generation. Eine Soziologie der deutschen Jugend. Diederichs: Düsseldorf u.a.

Schweitzer, F./Thiersch, H. (Hrsg.) (1983): Jugendzeit – Schulzeit. Von den Schwierigkeiten, die Jugendliche und Schule miteinander haben. Beltz: Weinheim u.a.

Spranger, E. (1924): Psychologie des Jugendalters. Quelle & Meyer: Leipzig

Vollrath, H.-J. (1998): Zum Verständnis von Geraden und Strecken, in: Journal für Mathematik-Didaktik (19), 201-219

Weigand, H.-G. (1999): Eine explorative Studie zum computerunterstützten Arbeiten mit Funktionen, in: Journal für Mathematik-Didaktik (20), 28-54

Wiegand, B. (2001): Mathematische Anwendungsfähigkeit von Lernenden der Sekundarstufe I, in: Journal für Mathematik-Didaktik (22), 93-94

Winnicott, D.W. (1974): Reifungsprozesse und fördernde Umwelt. Studien zur Theorie der emotionalen Entwicklung. Kindler: München

Winterhager-Schmid, L. (1993): Jugendzeit in der Schule – eine angemessene Entwicklungsförderung?, In: M. Maas: Jugend und Schule. Ideen, Beiträge und Reflexionen zur Reform der Sekundarstufe I. Schneider Verlag Hohengehren: Baltmannsweiler 2000

Zinnecker, J. (Hrsg.) (1982): Schule gehen Tag für Tag. Schülertexte. Juventa: München

Zulliger, H. (1958): Schwierige Kinder, Huber: Bern

Michael Maas

Adoleszenz und Schule
Überlegungen zu einem konfliktträchtigen Verhältnis am Beispiel des projektorientierten Unterrichtes in einer Freien Alternativschule

Im Folgenden möchte ich die Ergebnisse eines Kapitels aus meiner Dissertation zum Thema „Adoleszenz und Schule" vorstellen. Am Beispiel einer Freien Alternativschule in Bochum bin ich der Frage nachgegangen, wie sich die emotionale Bedürfnislage Jugendlicher, gemeint sind hier etwa die 12- bis 16jährigen, in der Schule ausdrückt und wie Schule auf diese Bedürfnislage reagiert.

Thema war also das konfliktträchtige Verhältnis von Entwicklungsbedürfnissen und Entwicklungsproblemen Jugendlicher auf der einen Seite und den Anforderungen und Angeboten der Institution Schule auf der anderen Seite.

Dieses Verhältnis wurde einmal aus der Logik der Institution Schule heraus untersucht: ein Forschungsstrang der im wesentlichen auf teilnehmenden Beobachtungen in zwei Klassen basierte und in eine ethnographische Feldstudie einmündete.

Zum zweiten mal wurde das angesprochene Verhältnis von Adoleszenz und Schule aus der Logik der betroffenen Subjekte heraus betrachtet. Dieser Forschungsstrang basierte neben teilnehmenden Beobachtungen auf verschiedenen qualitativen Interviews und mündete in zwei Fallstudien ein.

Die Ergebnisse des gesamten Forschungsprojektes auf dem hier begrenzten Raum zu präsentieren wäre nur möglich, wenn man auf jegliches Anschauungsmaterial verzichten würde. Ich habe mich deshalb entschlossen, nur einen Aspekt der Arbeit, nämlich die Praxis des *projektorientierten Unterrichtes in der Freien Schule Bochum* zu präsentieren und durch empirisches Material zu veranschaulichen.

1. Der projektorientierte Unterricht in der Freien Schule Bochum

Es würde hier zu weit führen, das pädagogische Profil der Freien Schule Bochum eingehend zu erläutern. Es sei nur soviel gesagt, dass es sich bei dieser Schule um eine staatlich anerkannte Privatschule besonderer pädagogischer Prägung für die Jahrgänge 1 bis 10 handelt (vgl. Freie Schule Bochum 1994). Etwa 60 % der Schüler und Schülerinnen ab Klasse 5 sind sogenannte Quereinsteiger, besuchen die Freie Schule Bochum also nicht seit der ersten Klasse, sondern aufgrund von Problemen unterschiedlichster Art, die sich in anderen Schulen für diese Schüler ergeben haben.

Projektorientierter Unterricht nimmt im Lerngeschehen der Freien Schule Bochum zeitlich einen großen Platz ein und gehört seit Gründung der Schule zu einem wesentlichen Bestandteil des pädagogischen Konzeptes. Ziel des projektorientierten Unterrichtes ist es nicht zuletzt, die Selbständigkeit der Schüler durch weitgehend eigenverantwortlich organisierte Lernprozesse zu fördern und ihnen die Möglichkeit zu eröffnen, eigene Lerninteressen und Themenwünsche aktiv in das schulische Lerngeschehen einzubringen.

Es gibt in der Freien Schule Bochum drei verschiedene Formen des projektorientierten Unterrichtes. Zwei- bis viermal im Jahr werden Projektwochen durchgeführt. Jeder Freitag ist sogenannter „Projekttag" und ab Klasse 9 gibt es die sogenannten „individuellen Projektarbeiten", für deren Bearbeitung den Schülern zwei Schulstunden pro Woche zur Verfügung stehen.

Wenn man den Begriff „Projektunterricht" als ein Unterrichtsverfahren versteht, bei dem ganzheitliche Arbeitsvorhaben von Schülern selbst entworfen, organisiert, durchgeführt und am Ende präsentiert werden, so muss zunächst festgehalten werden, dass viele der beobachteten Aktivitäten während der sogenannten „Projektwochen" und der „Projekttage" diesem Verständnis *nicht* entsprachen. Nur die „individuellen Projektarbeiten" entsprachen ganz den Merkmalen projekt*orientierten* Unterrichts. Dennoch gilt für alle drei Formen des projektorientierten Unterrichts, dass sie im Vergleich zum Fachunterricht

- zeitlich und räumlich offener strukturiert waren,
- didaktisch vielfältiger gestaltet waren,
- die Selbstverantwortung der Schüler für ihren eigenen Lernprozess stärker herausforderten
- und den Jugendlichen in stärkerem Maße die Möglichkeit boten, eigene Themen in das Unterrichtsgeschehen einzubringen.

2. Kommunikative Selbstprobung in der peer-group verdrängt inhaltliches Interesse

Eine erste wichtige Beobachtung im Forschungsprozess war die, dass die Anstrengungsbereitschaft und Arbeitsdisziplin bei den meisten Schülern während der Projektwochen und der Projekttage deutlich nachlässt. Vor diesem Hintergrund ließ sich die Hypothese aufstellen, dass die offeneren Arbeitstukturen des projektorientierten Unterrichtes adoleszente Regressions- und Kommunikationsbedürfnisse sowie narzisstische Versagensängste (vgl. Ziehe 1980) deutlicher zu Tage treten lassen.

Viele Schüler tendieren in offeneren Arbeitstrukturen dazu, auf Kosten einer konzentrierten Auseinandersetzung mit dem jeweiligen Lerngegenstand die selbsterprobende Kommunikation mit Gleichaltrigen in den Vordergrund zu rücken und Lernsituationen zu vermeiden, die die Gefahr einer narzisstischen Kränkung in sich bergen.

Ein Beispiel aus der Projektepoche „Künstlerisch-kreatives Gestalten" in der Stammgruppe 7/8 möge dies veranschaulichen.

Am Ende der Besprechung stellt der Lehrer Wolfgang den Schülern vor, was während des heutigen Projekttages gemacht werden soll. Während er zusammen mit seiner Kollegin am Anfang noch mit zwei Gruppen die Zeugnisse bespricht, sollen sich die anderen Schüler im Zeichnen üben. Konkret sollen jeweils Zweiergruppen gebildet werden, wobei jeder Schüler von seinem Partner mit Bleistift zwei Porträts anfertigen soll. Das erste Porträt soll möglichst realistisch und naturgetreu die äußere Erscheinung des Partners wiedergeben, das zweite Porträt soll den Charakter, das „Innere" des Gegenübers skizzieren. Bei der zweiten Zeichnung, so Wolfgang, seien auch Karikaturen erlaubt, diese sollen für den Porträtierten jedoch nicht beleidigend sein.

Die anschließende Umsetzung dieser anspruchsvollen Aufgabenstellung durch die Schüler erweckt bei mir den Eindruck, dass sie überfordert sind. Die meisten Jungen sind mit ihren Versuchen, ihr Gegenüber realistisch zu zeichnen, nämlich schon nach wenigen Strichen so unzufrieden, dass sie die begonnene Zeichnung in eine Karikatur umwandeln. Sich gegenseitig neckend fangen einzelne Jungen an, den Karikaturen Details zuzufügen, die mit dem realen äußeren Erscheinungsbild des Partners nichts mehr zu tun haben, ihn aber offensichtlich provozieren sollen. Steffen zeichnet beispielsweise seinen Partner Florian, der seit einigen Wochen mit seiner Mitschülerin Sandra „zusammen" ist, als einen dumm-dreist wirkenden Bodybuilder mit einem Hakenkreuz-Tattoo auf dem einen, und einem Herz-Tattoo mit der Inschrift „Sandra" auf dem anderen Arm. Dies bemerkend „rächt" sich Florian sogleich, indem er nun auch seiner Zeichnung von Steffen ein Hakenkreuz-Tattoo zufügt. Mehr und mehr lassen die Karikaturen den Versuch vermissen, bestimmte charakterliche oder äußerliche Merkmale des Gegenübers zu erfassen; es werden einfach nur noch monsterähnliche Gestalten gezeichnet. An die Ermahnung Wolfgangs, die Karikaturen nicht beleidigend zu zeichnen, scheint niemand mehr zu denken. Als dieser nach etwa einer halben Stunde von seiner Zeugnisbesprechung zurückkommt, ermahnt er die Schüler, nicht immer nur das zu zeichnen, was sie eh schon können (auch außerhalb des Unterrichtes zeichnen manche Schüler des öfteren solche monsterähnlichen Gestalten), sondern erst einmal mit der realistischen Zeichnung anzufangen. Einige Schüler gehen darauf ein, geben dann aber schon nach kurzer Zeit wieder auf. (7/8, 5.12.97)

Die Reaktion der Jugendlichen auf die anspruchsvolle Aufgabenstellung lässt sich als ein typisches Beispiel narzisstischen Vermeidungsverhaltens im schulischen Kontext lesen, wie es Thomas Ziehe (1975) schon in den 70er Jahren beschrieben hat. Die Schüler vermeiden das narzisstisch kränkende Erlebnis, sich selbst als wenig kompetent erleben zu müssen, indem sie sich regressiv auf eine zeichnerische Tätigkeit zurückziehen, die sie ohnehin schon beherrschen. Weiterhin fällt auf, wie die Schüler, anstatt sich auf den eigenen Arbeitsprozess zu konzentrieren, die Beziehungsebene des Geschehens in den Vordergrund rücken. Aufmerksam beobachten sie, wie die Zeichnungen der anderen Schüler fortschreiten und entfalten über das Medium des Zeichnens ein kommunikatives Spiel, in dem es darum zu gehen scheint, lustvoll-provokativ die Toleranzgrenze des jeweiligen Partners auszutesten. Im gelassenen Hinnehmen und sich aufschaukelnden Überbieten gegenseitiger Sticheleien und Beleidigungen, üben sich die Jungen eher in jugendkulturell so hoch geschätzter „Coolness" als im Zeichnen.

Denken wir an die hohe, identitätsbildende Bedeutung, die die psychoanalytische Jugendtheorie der Kommunikation Jugendlicher mit Gleichaltrigen beimisst, darf ein solches Verhalten allerdings kaum verwundern. Aufgrund ihres entwicklungsbedingten Bedürfnisses, sich in den Reaktionen Gleichaltriger auf das eigene Verhalten zu spiegeln, tendieren Jugendliche im schulischen Kontext immer wieder dazu, in Lernprozessen die inhaltliche Auseinandersetzung mit dem jeweiligen Lerngegenstand zugunsten wechselseitiger Kommunikationsprozesse in der peer-group in den Hintergrund treten zu lassen.

Nichtsdestotrotz war bei *einzelnen* Schülern und in *bestimmten* Lernsituationen auch mehrfach eine – verglichen mit dem Lernverhalten im Fachunterricht – ungewöhnlich *hohe* Anstrengungsbereitschaft und Arbeitsdisziplin zu beobachten. Solche Situationen außergewöhnlichen Lerneifers im Projektunterricht lassen sich meiner Einschätzung nach meist damit erklären, dass der Projektunterricht den Jugendlichen die Möglichkeit erschließt, quasi intuitiv subjektiv bedeutsame Themen auszuwählen und somit die eigen psychische Befindlichkeit auf einer symbolischen Ebene zu artikulieren.

3. Das Referat „Die Zerstörung der Möhnetalsperre"

Ein Beispiel dafür ist das gelungene Referat des Schülers Achim aus der 10. Klasse. Achim ist ein schüchterner, zurückhaltender und sehr leistungsschwacher Schüler, der aufgrund einer Krankheit in der Vergangenheit viele ihn psychisch sehr belastende Situationen hatte durchstehen müssen. Im Klassenverband war er lange in der Position eines Außenseiters gewesen. In Situationen, die ihn psychisch belasteten, kam es immer wieder vor, dass er hyperventilierte und sich sein Körper dann ähnlich wie bei einem epileptischen Anfall verkrampfte. Obgleich sich Achims Stellung im Kassenverband in den letzten Jahren deutlich verbessert und er zu einem Mitschüler inzwischen auch eine Freundschaft aufgebaut hatte, hatte er in den vergangenen Jahren in seiner Rolle als Außenseiter doch viele Aggressionen von einigen Mitschülern einstecken müssen.

Im Rahmen einer Projektepoche zum Thema „Nationalsozialismus und Zweiter Weltkrieg" hatte sich Achim nun als Referatsthema „Die Zerstörung der Möhnetalsperre" ausgesucht. Vor dem Referat hatte ich gerätselt, was Achim wohl dazu bewogen haben könnte, sich dieses Thema auszusuchen. Es wirkte auf mich – im Vergleich zu anderen Referatthemen wie „Widerstand im Nationalsozialismus" oder „Hitlers Biographie" – relativ uninteressant und nebensächlich. Als Achim dann aber mit seinem Referat begann, war ich erstaunt über die Qualität seines Vortrages und das für ihn ungewöhnlich selbstsichere und beherzte Auftreten, mit dem er uns über die Umstände der im Sauerland befindlichen, 1944 von den Briten zerbombten Möhnetalsperre aufklärte. Achim präsentierte eine Statistik der Zerstörung, die mit der durch die Zerbombung der Talsperre ausgelösten Flutkatastrophe über einige Dörfer gekommen war und in deren Folge über 1000 Menschen starben. Als Achims Ausführungen in mir Bilder einer alles mit sich reißenden und unter sich begrabenden Wasserflut erzeugten, wurde mit plötzlich klar, worin die Faszination des Themas für Achim liegen mochte. Womit ließe sich die Sehnsucht nach einem plötzlichen Ausbruch aggressiver Energien bei einem zurückhaltenden, an einer Krankheit leidenden und sich oft in einer Opferrolle befindlichen Jungen prägnanter und eindrücklicher symbolisch fassen, als durch gewaltige, aufgestaute Wassermassen, die zerstörerisch durch einen Damm brechen?

Ich vermute, dass Achim sich des symbolischen Gehaltes seines Themas keineswegs bewusst war; fest steht aber, dass sein Auftreten während des Referates – einige seiner Mitschülerinnen bestätigten mir dies im Nachhinein – ungewöhnlich selbstsicher war und alle über die gute Leistung Achims erstaunt waren. Das Beispiel verdeutlicht, wie die freie Wahl von Unterrichtsthemen im projektorientierten Unterricht Schülern die Möglichkeit erschließt, ihre (unbewussten) ganz persönlichen Hoffnungen, Ängste und Konflikte auf einer symbolischen Ebene zu artikulieren (vgl. hierzu auch Hirblinger 1992 und 2001). Unterricht erhält damit zwar noch nicht notwendigerweise einen konflikt*verarbeitenden* Charakter. Die heilsame Wirkung einer – wenn auch verschlüsselten – Präsentation der eigenen psychischen Befindlichkeit vor anderen sollte m.E. aber nicht unterschätzt werden.

Was durch eine solche Artikulation der eigenen psychischen Befindlichkeit auf einer symbolischen Ebene gleichzeitig erreicht wird, ist eine „Versöhnung zwischen Narzissmus und Welt", so wie Mario Erdheim gelungene Bildungsprozesse in der Adoleszenz beschreibt (Erdheim 1982, 310ff.). Nach Erdheim ist das Dilemma zwischen Allmachtsphantasien und Arbeit zusammen mit dem Ablösungsprozess von der Familie das zentrale Dilemma der Adoleszenz. Für die Kreativität der Arbeit des späteren Erwachsenen ist es von ausschlaggebender Bedeutung, wie der Adoleszente dieses Dilemma löst. Es gibt bei Jugendlichen die Tendenz, die Allmacht zu verleugnen genauso wie die umgekehrte Tendenz, die Arbeit und das Realitätsprinzip zu verleugnen. Zu einer entwicklungsfördernden Versöhnung zwischen Narzissmus und Welt kommt es aber nur, so Erdheim, wenn es dem Jugendlichen gelingt, seine Allmachtsphantasien über das Medium der Arbeit an der Realität abzuarbeiten. Ich möchte nun ein weiteres Beispiel einer individuellen Projektarbeit vorstellen, die sich in diesem Sinne als ein kleiner Versöhnungsakt zwischen Narzissmus und Welt interpretieren lässt.

4. Die Projektarbeit „Designer-Drogen"

Es handelt sich um eine Projektarbeit zum Thema „Designer-Drogen", die der Schüler Tom am Ende der zehnten Klasse als seine letzte individuelle Projektarbeit verfasste. Tom ist ein hochbegabter Schüler mit einem ausgesprochen oppositionellen Selbstverständnis (vgl. Maas 1999). Ein auffälliges äußeres Erscheinungsbild korrespondiert mit einer vernichtenden Kritik der deutschen Gesellschaft, wie er sie in Interviews formuliert. Von einem städtischen Gymnasium verwiesen besucht Tom die Freie Schule Bochum seit zwei Jahren. In einem Interview erzählt Tom offen von seinem Drogenkonsum und davon, dass er seine Drogenerfahrungen in seiner letzten Projektarbeit reflektieren wolle.

Diese Arbeit umfasst ca. 50 Seiten, geht einleitend auf die geschichtliche Entwicklung des Drogenkonsums ein, fasst kurz wesentliche Argumente zusammen, die für und gegen die Freigabe von Drogen sprechen und wendet sich im Hauptteil vier verschiedenen Drogengruppen zu. Die einzelnen Drogen werden jeweils sehr vielschichtig thematisiert. Entdeckung, Wirkung und Gefahren der jeweiligen Droge kommen ebenso zur Sprache wie physiologisch-medizinische, juristische, drogenpolitische, soziologische und psychologische Aspekte. Eine Grafik, die einen Überblick über alle wichtigen Designer-Drogen bietet, ein Fremdwörterlexikon und einige Fotos am Ende runden die Arbeit ab.

Als Toms Klassenlehrerin mir diese Arbeit kurz nach ihrer Fertigstellung aushändigte, war ich zunächst sehr verwundert, hatte Tom mir doch vorher angekündigt, er wolle in seiner Arbeit keine Literatur verarbeiten, sondern nur seine eigenen Drogenerfahrungen beschreiben. Im zweiten Interview teilt er dann mit, er habe eben während der Arbeit an diesem Text festgestellt, dass viele Aspekte in der Literatur viel besser beschrieben seien, als er selbst es hätte formulieren können, außerdem sollte die Arbeit wissenschaftlichen Ansprüchen genügen, was ohne eine Einarbeitung von Literatur nicht möglich sei. Toms Arbeit zeichnet sich im Vergleich zu den Projektarbeiten seiner Mitschüler, die mir ebenfalls zugänglich waren, tatsächlich gerade durch ihre wissenschaftliche Nüchternheit und Distanz aus. Toms Anspruch einer wissenschaftlichen Behandlung seines Themas ist dabei weniger ein von der Lehrerin vorgegebener, als vielmehr ein selbst gesetzter Anspruch.

Vor dem Hintergrund der großen Bedeutung, die der Drogenkonsum in Toms Leben spielt, kann meines Erachtens diese Projektarbeit als eine Form der „Versöhnung zwischen Narzissmus und Welt" im Sinne Erdheims interpretiert werden. Jeder Drogenrausch – sofern er sich nicht zu einem Horrortrip entwickelt – vermittelt dem Konsumenten narzisstische Verschmelzungszustände. Der Konsument bejaht im Rausch das pure, sich selbst genügende Dasein, blendet die Anforderungen der Realität situativ aus und genießt so gewissermaßen einen Triumph des Lustprinzips. Gerade für Jugendliche mit einem oppositionellen Selbstkonzept wie Tom ist der Konsum illegaler Drogen darüber hinaus insofern faszinierend, als er – als eine gesellschaftlich geächtete Handlung – gleichermaßen den Zusammenhalt in der peer-group wie die Abgrenzung gegenüber der Erwachsenenwelt zu stärken vermag. Indem Tom in seiner Arbeit gerade jene Drogen aus verschiedenen Blickwinkeln thematisiert, die er selbst häufiger konsumiert, werden seine mit dem Drogenkonsum verknüpften Allmachtsphantasien nicht verleugnet, über das Medium der Arbeit aber in ihrer Bedeutung relativiert und mit gesellschaftlicher Tradition gedanklich in Verbindung gebracht.

Gerade für einen Jugendlichen wie Tom, der ansonsten stark dazu neigte, „Arbeit" zu verleugnen und gesellschaftliche und familiäre Tradition abzuwerten, war dies eine beachtliche Leistung.

5. Das Hörspiel „Schrebergärten des Zorns"

Ich möchte nun ein drittes und letztes Beispiel einer Projektarbeit präsentieren, in der Jugendliche ihre innere psychische Realität zum Ausdruck bringen. Es handelt sich hierbei um ein Hörspiel, das als letzte Projektarbeit in der 10. Klasse von einer Gruppe von vier Jungen und einem Mädchen gemeinsam verfasst und anschließend vertont wurde. Inhaltlich geht es in dem Hörspiel um den Kindermörder und Sexualstraftäter Ivan Strogganov, der aus einer psychiatrischen Anstalt zu seiner Mutter flieht, von dieser in dem Geräteschuppen eines Schrebergartens versteckt wird, um gleich darauf zu einem Wiederholungstäter zu werden. Schon beim ersten Lesen des Hörspieltextes drängte sich mir der Eindruck auf, dass sich hier typisch adoleszente Konfliktthemen relativ unverblümt ausdrückten.

Die psychoanalytische Jugendtheorie sieht eine wesentliche Aufgabe des adoleszenten Loslösungs- und Individuationsprozesses darin, dass der Jugendliche sich von seinen infantilen Objektbeziehungen löst (vgl. u.a. Blos 1962). Eine gelungene Individuation vollzieht sich aber nicht auf dem Wege kontinuierlicher Progression, sondern im dialektischen Wechsel von Regression und Progression. Nur im Rückgriff auf die Trieblust gewährende Komponente infantiler Objektbeziehungen kann der Jugendliche neue tragfähige Beziehungen aufbauen. Regressiv zu sein bedeutet für den Jugendlichen, sich durch den Rückgriff auf Bekanntes psychisch zu entlasten und Kraft zu schöpfen (vgl. Ziehe/Stubenrauch 1982, 108). Während der frühen und eigentlichen Adoleszenz bleibt nichtsdestotrotz die Angst untergründig bestehen, gleichsam unrettbar in einen regressiven Sog hin zur übermächtigen Mutterrepräsentanz zu geraten.

Am Beispiel einiger ausgesuchter Sequenzen möchte ich nun aufzeigen, wie sich solche typisch adoleszenten Ängste und entsprechenden Phantasien im Hörspiel „Schrebergärten des Zorns" ausdrücken. Angesichts der Tatsache, dass unter den fünf Jugendlichen nur ein Mädchen ist, darf es nicht verwundern, dass eine männliche Perspektive im latenten Bedeutungsgehalt des Textes dominant ist.

1. Szene: Nachdem Ivan seinen Psychiater mit einem Tablett niederschlägt und einen Wächter der Psychiatrie überwältigt, flieht er bezeichnenderweise zu seiner Mutter, kehrt also gewissermaßen regressiv zurück in den mütterlichen Schoß.

Ivan: Hallo Mutter! Lass dich erst einmal umarmen!
Mutter: Oh, mein Junge! Wie schön, dass du wieder bei mir bist (schmatz)! Komm erst einmal rein und setz dich, ich werde uns in der Zeit einen Kaffee machen.

2. Szene: Ivans Mutter schlägt ihrem Sohn vor, sich vorläufig in dem Geräteschuppen eines Schrebergartens zu verstecken. Wie der folgende Dialog offen legt, spielt der Aspekt des oralen Versorgtwerdens in Ivans Beziehung zu seiner Mutter eine wichtige Rolle und verknüpft sich hier gleichzeitig mit einer regressiven Fixierung auf eine von Adoleszenten als unreif und deshalb minderwertig empfundenen Sexualbetätigung, der Onanie.

Mutter: Richte es dir hier gut ein, mein Sohn. Kann sein, dass du hier ein paar Wochen bleiben musst. Ich werde dir zweimal täglich was zu Essen vorbeibringen und du darfst auf keinen Fall die Hütte verlassen. Wenn dich jemand sieht, bist du geliefert und ich werde dich wieder ein paar Jahre nicht sehen und das willst du doch nicht, oder?
Ivan: Nein, Mutter, natürlich nicht! Noch einmal würde ich das nicht ertragen.
Mutter: Ich gehe jetzt und komme morgen früh, um dir was zu Essen zu bringen.
Ivan: Bis morgen! Ich werde mir schon die Zeit vertreiben. (Mutter weg) Ich hatte noch keine Zeit, mich sexuell zu entladen. (ritsch) Ah, ahhh, oh ja... .

3. Szene: Nachdem Ivan ein zufällig am Geräteschuppen vorbeilaufendes Mädchen zu einem seiner weiteren Opfer macht und dabei infantil-sadistische Partialtriebe exzessiv befriedigt, macht sich der Vater des Mädchens, Martin Müller-Weckstein, eigenständig auf die Suche nach seiner verschwundenen Tochter. Für die hier verfolgte Lesart des Textes ist bemerkenswert, wie die Rachegelüste des Vaters ödipal gefärbt scheinen. Die verbotene Regression zur frühkindlichen Sexualorganisation soll offenbar ödipal gerächt werden.

Weckstein: (...) Wenn dieser Mann meine Tochter auch nur berührt hat, bringe ich ihn um! Ich sollte mich mit dem vererbten Revolver von Papa bewaffnen und eine Taschenlampe sollte ich auch mitnehmen.

4. Szene: Obszön offen drückt sich schließlich im dramatischen Höhepunkt des Hörspiels aus, dass die regressive Fixierung auf die Mutter aus adoleszenter Sicht gewissermaßen eine „Todsünde" darstellt. Weckstein entdeckt und erschießt Ivan ausgerechnet zu einem Zeitpunkt, als dieser gerade, seine Mutter als Geschlechtspartnerin phantasierend, ein weiteres Mal im Geräteschuppen onaniert.

Ivan: Oh Mama, oh Mama, oh Mama, oh-ha, was machen Sie denn hier? Sehen Sie nicht, dass ich am Onanieren bin!?
Weckstein: Deine Zeit ist abgelaufen! Du Kinderschänder! Du Hurensohnbastard!
Ivan: Was denkst du eigentlich, wer du bist!?
Weckstein: Stirb, du Arschloch! (fünf Schüsse).

Stellvertretend lassen die Jugendlichen ihren abgewehrten Wunsch nach exzessiver Regression durch den Protagonisten Ivan ausagieren, distanzieren sich gleichzeitig aber auch von diesem Wunsch, indem sie Ivan am Ende mit väterlicher Strenge (dem „ererbten Revolver von Papa") für seine Taten sterben lassen. Die dieser Textproduktion innewohnenden Lustkomponenten sind vielfältig: Sie ermöglicht sublimierte Regressionslust, Angstabwehr und eine symbolische Selbstvergewisserung eigener Reife. Indem die Jugendlichen hier eigene adoleszente Ängste und entsprechende Phantasien auf dem Wege einer gemeinsamen kreativen Textproduktion symbolisch zum Ausdruck bringen, können sie – psychisch entlastend – ihre eigene emotionale Verfasstheit als eine gemeinsame emotionale Verfasstheit erleben und machen sie zumindest teilweise objektbezogen. Peter Blos charakterisierte die kreativen „Werke" und künstlerischen Produktionen Jugendlicher zutreffend als oftmals „unverhüllte Autobiographie", welche einen unmittelbaren Eindruck von den inneren Nöten der Jugendlichen geben (vgl. Blos 1962, 147).

6. Zusammenfassung

Im Vergleich zum Fachunterricht ist der projektorientierte Unterricht in der Freien Schule Bochum zeitlich und räumlich offener strukturiert. Adoleszente Regressions- und Kommunikationswünsche sowie narzisstisches Versagensängste treten hier deutlicher zu Tage, wodurch die Arbeitsdisziplin und Anstrengungsbereitschaft der meisten Schüler erheblich in Mitleidenschaft gezogen wird. Viele Schüler tendieren in offeneren Arbeitsstrukturen dazu, auf Kosten einer konzentrierten Auseinandersetzung mit dem jeweiligen Lerngegenstand die selbsterprobende Kommunikation mit Gleichaltrigen in den Vordergrund zu rücken und Lernsituationen zu vermeiden, die die Gefahr einer narzisstischen Kränkung in sich bergen. Ungeachtet dessen zeigt sich im Rahmen des projektorientierten Unterrichtes in einzelnen Situationen und bei einzelnen Schülern aber eine herausragende Lernintensität und Anstrengungsbereitschaft. Dies lässt sich auf die Tatsache zurückführen, dass Lerninhalte im Rahmen des projektorientierten Unterrichtes auf mindestens zwei Ebenen eine *erhöhte subjektive Bedeutsamkeit* erlangen können.

Erstens in solchen Lernsituationen, in denen es im Sinne Erdheims gelingt, adoleszente Allmachtsphantasien an der Realität abzuarbeiten, oder, um mit den Worten Winterhager-Schmids (2000) zu sprechen, die ich-fernen Anforderungen der Kultur mit ich-nahen Ausformungen eines persönlichen Ich-Ideals zu verknüpfen. Als ein eindrückliches Beispiel einer solchen Verknüpfung lässt sich die erörterte Projektarbeit zum Thema „Designer-Drogen" des Schülers Tom verstehen, mit welcher Tom einen idealisierten Aspekt seines Alltagslebens und entsprechende Allmachtsphantasien über das Medium der Arbeit in ihrer Bedeutung relativierte und mit gesellschaftlicher Tradition gedanklich in Verbindung brachte. Voraussetzung einer solchen Verknüpfung schien in jedem Falle die Offenheit der Schule gegenüber der jugendlichen Alltags- und Subkultur zu sein. Gegenüber einer alltagskulturellen Orientierung didaktischer Arrangements verhielten sich die Jugendlichen zwar häufig sehr reserviert; wurden Themen der Alltagskultur aber nicht von den Lehrern, sondern von den Schülern selbst in das schulische Lerngeschehen eingebracht, schien dies in den meisten Fällen die subjektive Bedeutsamkeit desselben aufzuwerten.

Eine erhöhte subjektive Bedeutsamkeit erlangen inhaltlich-kognitive Lernprozesse zweitens dann, wenn sie die Möglichkeit eröffnen, auf einer *symbolischen* Ebene innere psychische Realität zu verarbeiten. Beispiele dafür wären das besprochene Referat Achims über „Die Zerstörung der Möhnetalsperre", oder das ausführlich erörterte Hörspiel „Schrebergärten des Zorns". Schulische Lernarbeit, in der die Jugendlichen offensichtlich biographisch oder entwicklungsbedingte Konflikte symbolisch artikulierten, schien durchweg *nicht* darauf angewiesen zu sein, dass sich die Schüler selbst oder die jeweils involvierten Lehrer der dabei ausschlaggebenden psychodynamischen Prozesse bewusst wären. Unabdingbar für das Zustandekommen einer solchen Lernarbeit schien aber in jedem Fall die mehr oder weniger *freie Themenwahl* zu sein. Denn nur diese ermöglichte es den Jugendlichen, quasi „intuitiv" subjektiv bedeutsame Themen auszuwählen.

7. Vier abschließende Thesen zur weiteren Diskussion

1. Die beobachtete Praxis des projektorientierten Unterrichtes in der Freien Schule Bochum legt nahe, den ursprünglichen Projektgedanken zu erweitern. Im Projektunterricht kann und sollte es nicht nur um die Bearbeitung äußerer, gesellschaftlicher Realität gehen, sondern auch um die Bearbeitung innerer, psychischer Realität.

2. Dies geschieht in dreifacher Hinsicht: Auf einer symbolischen Ebene wird innere psychische Realität artikuliert, diese kann entweder entwicklungstypisch oder biographisch bedingt sein. Adoleszente Allmachtsphantasien werden an der Realität abgearbeitet. Ichferne Anforderungen der Kultur werden mit Ich-nahen Ausformungen eines persönlichen Ich-Ideals in Verbindung gebracht.

3. Begünstigende Voraussetzungen dafür, dass schulische Lernprozesse den Charakter einer entwicklungsfördernden Bearbeitung innerer psychischer Realität erhalten sind:Die freie Themenwahl: Schüler wählen quasi intuitiv Themen, die von subjektiver Relevanz sind. Eine Offenheit der Lehrer gegenüber der jugendlichen Alltags- und Subkultur, ohne sich dieser anzubiedern.

4. Die *Artikulation* innerer psychischer Realität im Projektunterricht setzt eine Bewußtheit der Beteiligten im Hinblick auf den symbolischen Gehalt des jeweiligen Themas *nicht* notwendig voraus. Auf Seiten der Schüler wäre diese Bewusstheit wahrscheinlich sogar oft eher kontraproduktiv. Es ist aber davon auszugehen, dass eine Bewusstheit auf Seiten der Lehrer im Hinblick auf den symbolischen Gehalt der Unterrichtsthemen die entwicklungsfördernde Verarbeitung der artikulierten psychischen Realität wahrscheinlicher macht. Auf die Entwicklung einer solchen Sensibilität wird in der traditionellen Lehrerausbildung kaum Wert gelegt.

Literatur:

Blos, P. (1962): Adoleszenz – eine psychoanalytische Interpretation. Klett-Cotta: Stuttgart 1995, 6.Aufl.

Freie Schule Bochum (1994): Pädagogisches Konzept der Freien Schule Bochum. 4. Aufl., unveröffentlicht, Bochum

Erdheim, M. (1982): Die gesellschaftliche Produktion von Unbewußtheit. Suhrkamp: Frankfurt/M.

Hirblinger, H. (1992): Über Symbolbildung in der Adoleszenz. In: Jahrbuch für Psychoanalytische Pädagogik 3. Matthias-Grünewald-Verlag: Mainz

Hirblinger, H. (2001): Einführung in die psychoanalytische Pädagogik der Schule. Königshausen & Neumann: Würzburg

Maas, M. (1999): Selbsterprobung und Widerstand – eine Fallstudie zur emotionalen Bedürfnislage Jugendlicher im schulischen Kontext. In: Combe, A., Helsper, W., Stelmaszyk, B. (Hrsg.): Forum qualitative Schulforschung 1. Schulentwicklung – Partizipation – Biographie. Leske & Budrich: Weinheim, 397-428

Winterhager-Schmid, L. (2000): Jugendzeit in der Schule – eine angemessene Entwicklungsförderung? In: Maas, M. (Hrsg.): Jugend und Schule. Ideen, Beiträge und Reflexionen zur Reform der Sekundarstufe I. Schneider-Verlag Hohengehren: Baltmannsweiler, 46-55

Ziehe, T. (1975): Pubertät und Narzißmus. Europäische Verlagsanstalt: Frankfurt, Köln

Ziehe, T. (1980): Zur gegenwärtigen Motivationskrise Jugendlicher. In: Gewerkschaftliche Monatshefte 1980, Heft 6

Ziehe,T., Stubenrauch, H. (1982): Plädoyer für ungewöhnliches Lernen. Ideen zur Jugendsituation. Rowohlt: Reinbek

IV. Was macht die Schule mit den Lehrern? – Was machen die Lehrer mit der Schule?

Margit Datler

Über die Bedeutung des Erlebens von Lehrern in schulischen Situationen in der Geschichte der Psychoanalytischen Pädagogik

1. Zwei Fallausschnitte

Ich möchte meine Ausführungen mit zwei kurzen Fallausschnitten beginnen. Einmal zitiere ich Leonhard Schwarz (1926), der über sein Erleben in einer Mathematikstunde berichtet, und zum zweiten möchte ich eine Unterrichtsvignette von Regina Clos (1986) vorstellen, in der sie ihr Erleben in einer Klassensituation beschreibt.

Zunächst begleiten wir Leonhard Schwarz, Lehrer in einer Schule des Erziehungsheimes Auhof bei Hilpoltstein in Bayern, in eine sogenannte Rechenstunde:

„Ich rufe zu Beginn der Rechenstunde Else an die Tafel und gebe ihr eine Aufgabe. Sie geht aber nicht an die Tafel, an der wir für gewöhnlich rechnen, sondern marschiert stracks auf die andere Tafel los, worauf etwas steht, was die Klasse noch längere Zeit braucht. In aller Ruhe sage ich: ‚Geh´ an diese Tafel!' Sie schiebt zur rechten Tafel und beginnt mitten im schwarzen Viereck zu schreiben. ‚Warum denn in der Mitte?' Sie löscht die Ziffer weg und fängt einen Dezimeter weiter oben an. ‚Warum denn nicht oben links?' Nun steht auf der ersten Zeile noch etwas aus der Stunde vorher. Else glaubt, mich ärgern zu können, und wischt, so schnell sie kann, die Zeile ab. Ich aber schlage sie wieder mit Ruhe, indem ich sage: ‚Danke sehr, ich wollte das eben selbst abwischen'" (Schwarz 1926, 376).

Nach einigen weiteren Aufforderungen steht die Rechenaufgabe leserlich an der Tafel. Aber Else macht viele Fehler, obwohl sie die Aufgabe leicht lösen könnte.

„‚Lösche das ab! Das stimmt nicht.' Meine Ruhe bringt sie schier aus dem Häuschen. ... Es hätte Else natürlich riesig Spaß gemacht, wenn ich auf ihre Trotzäußerungen hin angefangen hätte, zu schimpfen, oder wenn ich mich gar hätte hinreißen lassen, sie zu strafen, vielleicht zu schlagen. Aber ich bleibe die Ruhe selbst" (Schwarz 1926, 376).

Die Aufzeichnungen von Clos (1987), die an einer Lernbehindertenschule unterrichtet hat, geben ein deutlich anderes Bild vom Erleben der Unterrichtssituation wieder:

Clos will mit dem Unterricht beginnen und fordert die Schüler auf, sich zu setzen. Die Schüler reagieren nicht darauf und toben weiter herum.

„Unverdrossen toben drei Viertel der Kinder herum und spielen Monster, Graf Dracula, Vampir und Zombie, indem sie fürchterliche Grimassen mit weit aufgerissenen Mündern schneiden, ihre Hände zu hocherhobenen Krallen formen und unter grässlichen Grunzlauten und gellenden Schreien über ihre Opfer herfallen. Mehrere kämpfende, beißende und blutsaugende Kinder liegen schon am Boden

und hinterlassen Vampirleichen, die jedoch bald wieder aufstehen, um ihrerseits als blutrünstige Monster nach neuen Opfern in der Klasse zu suchen.
Der Lärmpegel und das sich verbreitende Chaos sind nicht unerheblich. Etwas hilflos stehe ich daneben und versuche zu begreifen, was hier passiert. Zweifellos ist das Geschehen meiner Kontrolle entglitten: die Kinder erscheinen mir vollkommen im Agieren versunken, sie sind nicht mehr ansprechbar und zu bändigen.
Nach einer Weile des guten Zuredens schlägt meine Hilflosigkeit in Zorn um. Hatte ich mir tags zuvor nicht besondere Mühe mit dem Arbeitsblatt und mit der Stundenvorbereitung gegeben? Und nun werde ich auf diese Art einfach kaltgestellt und ausgeschaltet" (Clos 1987, 19f).
Clos schreibt weiter, sie wüsste aus Erfahrung, dass jetzt eine Demonstration ihrer Macht nur bedingt den gewünschten Effekt brächte:
„Wie auch immer, ich würde mich am Ende der Stunde elend fühlen: wieder einmal hätte ich es nicht geschafft, die Kinder zu disziplinieren und zum Lernen zu bewegen, wieder einmal hätte ich bewiesen, dass ich mich nicht durchsetzen kann, dass ich offensichtlich nicht jenes berühmte pädagogische Geschick, die Kinder zu ‚fesseln' habe, das andere Lehrer doch haben. Hoffentlich merkt es keiner!" (ebd., 20).

In den eben referierten Textpassagen beschreiben zwei Lehrer ihr recht unterschiedliches Erleben in der Lehrer-Schüler-Interaktion.
Schwarz präsentiert sich als Lehrer, der sich durch keine Aktion der Schülerin aus der Ruhe bringen lässt und der souverän mit den Schwierigkeiten der Schülerin umgeht. Offensichtlich erkennt er rasch die Situation und lässt sich weder innerlich noch äußerlich in den Konflikt verstricken. Über seine Gefühle teilt er uns kaum etwas mit. Seiner Beschreibung nach dürfte er sich nicht mit intensiven Gefühlen, vor allem nicht mit störenden unangenehmen Gefühlen, konfrontiert sehen.
Clos hingegen beschreibt sehr offen ihre Gefühlsturbulenzen, in die sie gerät: Sie verspürt Wut, Hilflosigkeit, Zorn, Enttäuschung und zweifelt an ihren pädagogischen Fähigkeiten. Sie zeigt sich als Lehrerin, die von ihren heftigen Gefühle berichtet und diese zulässt, auch wenn sie es als sehr belastend erlebt. Clos stellt dar, in welcher Weise sie emotional ins Geschehen involviert ist, ohne zunächst eine Vorstellung davon zu haben, welchen inneren Konflikt die Schüler externalisieren.

2. Zur Geschichte der Psychoanalytischen Pädagogik

Zwischen den beiden genannten Textausschnitten liegen ungefähr sechzig Jahre der Entwicklung Psychoanalytischer Pädagogik. In diesem Zeitraum haben manche Bedeutungszuschreibungen einen großen Wandel erfahren. Das trifft auch auf die Bedeutung zu, die dem Erleben des Lehrers in Unterrichtssituationen zugeschrieben worden ist und jetzt zugeschrieben wird. Dies habe ich in einer Studie umfassend untersucht (Datler 2001). Hier werden nun Ergebnisse dieser historischen Studie vorgestellt. Freilich können in diesem Rahmen nur wenige exemplarische Hinweise meine Thesen unterstreichen.
Dazu knüpfe ich an die Textausschnitte der Arbeiten von Schwarz und Clos an, die für zwei weitgehend unterschiedliche Positionen repräsentativ sind, die man in der psychoanalytisch-pädagogischen Literatur findet.

2.1 Über die Bedeutung des Erlebens von Lehrern in schulischen Situationen in der Zeitschrift für psychoanalytische Pädagogik (erschienen September 1926 – Oktober 1937)

Bleiben wir zunächst beim Textausschnitt von Leonhard Schwarz, der 1926 im ersten Jahrgang der Zeitschrift für psychoanalytische Pädagogik publiziert wurde. Der Text ist bezeichnend für eine psychoanalytisch-pädagogische Grundhaltung, die man in zahlreichen Beiträgen der Zwischenkriegszeit finden kann, in denen schulpädagogische Fragen behandelt werden.

Wie schon vorher kurz angerissen, bleibt Schwarz (1926) in der Rechenstunde unangefochten Herr der Lage. Als psychoanalytisch geschulter Lehrer behält er auch in der angespannten Beziehungssituation seine Überlegenheit, die sich in seiner so oft genannten inneren Ruhe während des Unterrichtsgeschehens und seinem beinahe emotionslosen Handeln ausdrückt. Im Gespräch mit der Schülerin Else bleibt er überaus ruhig. Ihr Verhalten und die darin ausgedrückten Gefühle beobachtet er genau. Aus Elses Verhalten zieht er den Schluss, sie sei auf ihn wütend und deshalb trotzig. Weiter schließt er daraus, dass sie ihn mit Absicht ärgern, ihn an seine Grenzen bringen und ihn mit ihrer Art zu einer Reaktion provozieren will, die er ablehnt. Sich dessen bewusst geworden, handelt er so, dass Else ihr Ziel nicht erreichen kann, denn er bleibt ja äußerlich von ihrem destruktiven Tun gleichsam unberührt. Über *seine* Gefühle während dieser Unterrichtszene verliert er kein einziges Wort, so als hätte er gar keine Empfindungen verspürt.

In der von ihm beschriebenen Situation gerät Schwarz nie in Gefahr, in den unbewussten Konflikt der Schülerin verwickelt zu werden. Immer ist er dem Agieren Elses einen Schritt voraus. So behält er die Unterrichtsgestaltung souverän in seiner Hand.

Schwarz entspricht voll dem damaligen Bild des psychoanalytischen Lehrers, welcher der Schülerin verschiedenste Gefühle, auch sehr heftige Gefühle, zugesteht, diese als Lehrer sachlich distanziert versteht und entsprechende Handlungen setzt.

Diese kühle, abstinente Haltung schildert auch Lucie Gravelsin (1926), die in der Zeitschrift für Psychoanalytische Pädagogik über eine gelungene Aufklärungsstunde in ihrer Klasse berichtet. Es ist festzuhalten, dass die damals wissenschaftlich diskutierte Meinung sich allgemein negativ gegen Klassenaufklärungen ausgesprochen hatte. Gravelsin erklärt den Schülern den Ablauf von der Zeugung bis zur Geburt und hält fest: „Bis jetzt war alles zu meiner großen Freude affektlos und glatt gegangen und ich sah die Sache als erledigt an, denn ich hatte nicht die Absicht, eine weitergehende Erklärung zu geben" (Gravelsin 1926, 295). Ein schon aufgeklärter Bub bringt sie mit der Frage: „Wo kommen sie denn heraus?" offensichtlich in Verlegenheit (vgl. ebd., 295). Daher benützt sie das Ende der Unterrichtsstunde, um das offensichtlich unangenehm gewordene Thema abzuschließen. In einer der nächsten Stunden setzt sie allerdings auf Bitten der Schüler den Aufklärungsunterricht fort.

Abschließend betont Gravelin in ihrem Beitrag, dass es bei so heiklen Themen besonders wichtig ist, dass der Lehrer sein seelisches Gleichgewicht immer behält. Auch sie lässt den Leser im Unklaren über ihr Empfinden im Unterricht, gerade, wo sie doch etwas ausprobiert, dem bekannte Autoren ablehnend gegenüberstanden. Nur einmal erwähnt sie ihre große Freude, weil alles affektlos und glatt gegangen ist.

Das Bild des um die (unbewussten) Konflikte des Schülers wissenden, souverän handelnden Lehrers, der in der Lehrer-Schüler-Interaktion keine intensiven Gefühle wahrnimmt, wird in der psychoanalytisch-pädagogischen Literatur der Zwischenkriegszeit von allen Autoren als erstrebenswerte Haltung eines psychoanalytisch geschulten Lehrers tradiert. Wird in den Artikeln der Zeitschrift für psychoanalytische Pädagogik über das Erleben des Lehrers in Unterrichtssituationen geschrieben, dann als ein unerwünschtes, ein zu vermeidendes intrapsychisches Geschehen, das als ein Hinweis auf seine neurotische Persönlichkeit gedeutet wird, die er in der Eigenanalyse ungenügend bearbeitet hat. Das Wahrnehmen heftiger Gefühle hindert den Lehrer bloß daran, seiner pädagogischen Aufgabe verantwortungsvoll und gut nachzukommen.

Im zehnten Jahrgang der Zeitschrift (einem Jahr, bevor die Zeitschrift eingestellt worden ist) beschreibt Zulliger (1936) das Erleben eines nicht psychoanalytisch-gebildeten Lehrers – im Sinne eines nicht nachahmenswerten Beispiels. Der mit psychoanalytischen Theorien nicht vertraute Lehrer wird durch sein intensives Gefühlserleben dermaßen heillos in die Schülerbeziehungen verstrickt, dass Zulliger nur negative Auswirkungen auf das affektive Wohlbefinden des Lehrers wie auch auf dessen Lehrtätigkeit ausmachen kann. Dieser Lehrer wird in seiner Kompetenz eingeschränkt und er kann den Schülern bei der Lösung ihrer Konflikte nicht mehr dienlich sein, im Gegenteil: Er trägt vielleicht zur weiteren Neurotisierung der Schüler bei. Zulliger skizziert also 1936 einen psychoanalytisch ungebildeten Lehrer, der von seinen Gefühlen überschwemmt wird, in folgender Art:

„Wo ein geliebter Schüler auch nur ein bisschen über die Grenzen dessen geht, was sich der Lehrer als pädagogisches Ideal abgezirkelt hat, überwältigen ihn Enttäuschung und Depression. Ist der jugendliche ‚Sünder' von ihm ungeliebt, reagiert der Pädagoge mit vollkommen unangepassten Gegenmaßnahmen, die nur Hass und Ressentiments hervorrufen. Die Ambivalenzerscheinungen an seinen Zöglingen begreift er nicht, sie machen ihn irre, misstrauisch und verstimmen ihn, und vor allem steht er ihnen hilflos gegenüber. Sie verleiden ihm auf Dauer den Beruf, und die andauernde Spannung lässt ihn ‚schulmüde' und ‚nervös' werden. Er steht seinem Berufe überhaupt unsachlich gegenüber, weil er aus ihm und von den Kindern mit unzulässigem Maße libidinöse Befriedigung erwartete. ... Er fällt in helle Empörung oder lähmende Niedergeschlagenheit, wo sich seinem Streben nach Befriedigungen Hindernisse in den Weg stellen" (Zulliger 1936, 340 f).

Die Forderung, möglichst affektfrei in der Lehrer-Schüler-Interaktion zu bleiben, ist auch in jenen Beiträgen nachzulesen, in denen Autoren sich allgemein mit dem Erleben des Lehrers im Klassengeschehen auseinandersetzen. So vertritt Schneider (1926), Univ. Prof. in Riga und Mitherausgeber der Zeitschrift für Psychoanalytische Pädagogik, die Ansicht, dass Lehrer und Erzieher sich des Ursprungs ihrer Gefühle in einer Analyse bewusst werden sollen. Das Wahrnehmen von Gefühlen, deren Ursprung man nicht kennt, kann nur negative Auswirkungen auf den erzieherischen und pädagogischen Bereich zeitigen.

„Motive unsachlichen erzieherischen Verhaltens sind meist unbewusst und verraten sich dadurch, dass die Erziehungsmaßnahmen, überhaupt das ganze Verhalten, einen besonders affektiven Charakter tragen" (Schneider 1926, 172).

Ein Autor allerdings, bringt 1936 in seiner Publikation einen wesentlich anderen Aspekt in die Diskussion ein. Er meint, dass der Lehrer gezwungen ist, im Unterricht affektiv zu dissozialen Schülern Stellung zu nehmen, weil diese durch ihr Verhalten oft das rechtzeitige Erlangen eines Arbeitszieles der Klasse gefährden oder gar verunmöglichen. Dieser Autor hält fest, dass sich nur über das Wissen, wie der Dissoziale auf den Lehrer wirkt, sich Mittel und Wege finden lassen, die der Klassengemeinschaft und der Förderung des Verwahrlosten ge-

recht werden. Im Lehrer entsteht dem Verwahrlosten gegenüber meist eine unbewusste wie auch eine bewusste Abwehrtendenz, eine „gefühlsmäßige, affektive Reaktion", die später wohl von einer intellektuellen Kontrolle überformt wird, die aber trotzdem ein objektives Handeln des Lehrers nicht mehr gewährleisten kann (vgl. Aichhorn 1936, 25).
Als erster Autor gibt Aichhorn (1936) dem Erleben des Lehrers und der Reflexion seines Erlebens einen neuen Stellenwert. Nach Aichhorn sollte der Lehrer nicht so sehr bemüht sein, seine Gefühle niederzuhalten, sondern er sollte seinem aktuellen Erleben vielmehr Aufmerksamkeit schenken und es als potentiellen Zugang zum Verstehen des Schülers offen halten. Im Verstehen der eigenen Gefühle bewahrt sich der Lehrer die Chance, auch die Beziehung zwischen ihm und dem Schüler zu verstehen und das impliziert, dass er den Schüler vielleicht besser verstehen kann.
Die Verbindung der Reflexion des eigenen Erlebens mit psychoanalytischem Wissen machen diesen neuen Ansatz für das Verstehen der unbewussten Konflikte des Schülers aus. Aber weder führt Aichhorn in einer der folgenden Publikation in der Zeitschrift für psychoanalytische Pädagogik diesen Ansatz weiter aus, noch greift einer der anderen Autoren diese Diskussionslinie auf.
Zusammenfassend bleibt festzuhalten, dass psychoanalytische Pädagogen der Zwischenkriegszeit durchwegs darauf bedacht waren, in den Lehrer-Schüler-Interaktionen nicht von heftigen Gefühlen gestört zu werden. Intensives Erleben wurde als hinderlich für eine psychoanalytisch-pädagogische qualifizierte Arbeit angesehen. In einer Analyse soll er mit seinen Gefühlen ins Reine kommen, damit sie ihm im Unterricht nicht unkontrolliert dazwischenfunken. Die Gefühle der Schüler soll er beobachten und daraufhin die unbewussten Ursachen erkennen. Der Lehrer soll sein seelisches Gleichgewicht in jeder Situation aufrecht erhalten und sachlich die Klassengemeinschaft nach psychoanalytisch-pädagogischen Richtlinien leiten. Allzeit souverän und nicht heillos verstrickt soll er den Schulalltag meistern.

3. Über die Bedeutung des Erlebens des Psychoanalytikers von therapeutischen Situationen in der ersten Hälfte des 20. Jahrhunderts

Beim Bearbeiten der Texte fiel auf, dass immer wieder auf psychoanalytische Theorien Bezug genommen wurde. Praktizierende Psychoanalytiker publizierten in der Zeitschrift für psychoanalytische Pädagogik, auch Freud und seine Tochter Anna. Es war daher naheliegend nachzuforschen, welchen Stellenwert Psychoanalytiker ihrem Erleben in der therapeutischen Arbeit beigemessen haben und ob sich berechtigter Weise ein Zusammenhang zwischen dem Stellenwert des Erlebens des Lehrers und dem des therapeutisch arbeitenden Analytikers herstellen lässt.

3.1 Freuds Einfluss auf die Haltung des Analytikers

Freuds Weg über seine Studien in Paris, über seine Erfahrungen mit der Hypnose bis er schließlich zum „Sessel-Couch-Setting" kam, kann hier nicht nachgezeichnet werden. Jedenfalls wandte sich Freud sehr bald dem Phänomen der Übertragung und der technischen

Handhabung derselben zu. Die Auseinandersetzung mit der Gegenübertragung ließ sich nicht vermeiden.

Da verliebte Patientinnen vor allem in jungen Analytikern so starke Gefühle erregten, dass zeitweilig die Fortführung der analytischen Behandlung verunmöglicht wurde, stellte Freud 1912 in dem viel zitierten Aufsatz „Ratschläge für den Arzt bei der psychoanalytischen Behandlung" vor allem zwei Bilder vor, die auf die Arbeitshaltung des Psychoanalytikers lange Zeit großen Einfluss ausübten. Freud nahm das Bild des Chirurgen und die Spiegelmetapher als Vorbild für die erstrebenswerte Arbeitshaltung des Analytikers. Um qualitative analytische Arbeit und um die Etablierung der Psychoanalyse als ernsthafte Wissenschaft nicht zu gefährden, sollten Analytiker ihre Gefühle unter angemessener Kontrolle halten können. Daher schien es notwendig, folgende Richtlinien während der Kur einzuhalten:
- die Kur in Abstinenz zu führen,
- wie ein Spiegel nur die Gefühle der Patienten widerzuspiegeln,
- eiskalt wie ein Chirurg nur die geistigen Kräfte gezielt einzusetzen,
- menschliches Mitleid beiseite zu drängen, um eigenes Affektleben zu schonen,
- bereitliegende Gegenübertragungstendenzen in gefährlichen Situationen immer wieder zu überprüfen und sich davor in Acht zu nehmen,
- Geduld zu haben, Ruhe zu bewahren.

Freud hatte Sorge, dass durch zu starke Gegenübertragungsgefühle die Neurose des Analytikers wieder aufflammen könnte und dass der Analytiker das Übertragungsgeschehen auf Grund seiner emotionalen Verstrickung nicht mehr kontrollieren könnte. Ein reales Beispiel lieferte der damalige Freudschüler C.G. Jung mit seiner Analysandin Sabina Spielrein (vgl. Carotenuto 1986). Auch von anderen Analytikern war bekannt, dass ihre Patientenbeziehungen nicht immer den Forderungen der Abstinenzregel entsprachen (vgl. Krutzenbichler 1991, 295f).

In seinen Publikationen versuchte Freud aufzuzeigen, dass eine abstinente Haltung, die ein kontrolliertes Affekterleben in der analytischen Sitzung mit einschloss, unabdingbar war, um das psychoanalytische Verfahren nicht zu missbrauchen und Heilerfolge nicht in Frage zu stellen oder gar zu verunmöglichen.

Manche Analytiker legten die technischen Richtlinien recht rigoros aus. So meinte Fließ, der Analytiker solle so wenig von seiner Persönlichkeit zeigen, dass er auf den Patienten wie ein „Kleiderständer" oder wie eine „Strohpuppe" wirke, damit der Patient völlig unbeeindruckt seine Übertragungen aufarbeiten könne (Fließ 1942, 215).

Mit wenigen Ausnahmen, wie z.B. Adolph Stern (1923) oder später Ferenczi (1930), folgten die Analytiker einhellig der Linie Freuds.

3.2 Die Wende um 1950

Mit Theodor Reiks Buch „Hören mit dem dritten Ohr" (1948) kündigt sich der Beginn einer Wende an. Reik hält fest: „Die Antwort (Anm.d.V.: des Analytikers) ist sozusagen die innere Erfahrung dessen, was der Analytiker wahrnimmt, empfindet, fühlt, wenn er den Patienten betrachtet" (Reik 1948, 326).

Der Vortrag von Paula Heimann, 1950 am Internationalen Psychoanalytischen Kongress in Genf, mit dem Titel „On Countertransference" wird von vielen Psychoanalytikern als bahnbrechend für die damals beginnende Diskussion gewertet. Erstmals wird dem Erleben des Analytikers ein wichtiger und einzigartiger Stellenwert zugeordnet: „Meine These lautet, dass die emotionale Antwort des Analytikers auf seinen Patienten innerhalb der analytischen Situation eines der wichtigsten Werkzeuge für seine Arbeit darstellt. Die Gegenübertragung des Analytikers ist ein Forschungsinstrument in Hinblick auf das Unbewusste des Patienten" (Heimann 1950, 180). Für Heimann avanciert die Gegenübertragung zum „Schlüssel zum Unbewussten des Patienten" (ebd., 183).

Heinrich Racker (1959) bringt den nächsten großen Markierungsstein in der weiteren Entwicklung mit seinem Konzept der konkordanten und komplementären Gegenübertragung ein. Racker versuchte mit dieser Unterscheidung den Analytiker anzuhalten, noch sensibler auf sein Gefühlserleben in der therapeutischen Behandlungssituation zu achten, um noch feinere Strömungen wahr- und aufzunehmen, die in einer passenden Deutung ihren Ausdruck finden sollten.

Unwiderruflich stand nun ein Bild des Analytikers fest, das sich nach dem Tode Freuds erheblich gewandelt hatte: Beginnend mit Reik (1948), Heimann (1950), Racker (1959) und anderen Analytikern wurde dem Erleben des Analytikers ein völlig anderer Stellenwert zugesprochen: Auch der Analytiker ist in seiner therapeutischen Arbeit permanent mit seinem Erleben, auch mit sehr heftigen Gefühlen, konfrontiert. Er ist aufgerufen, die Bedeutung dieser Gefühle zu verstehen und mit der Frage zu verbinden, in welchem Zusammenhang sie in der Beziehung zum Analysanden zu sehen sind.

In den nachfolgenden Jahrzehnten erschienen viele Publikationen, in denen Theoriemodelle vorgestellt wurden, die dazu dienen sollten, ein differenziertes Verständnis von therapeutischen Beziehungen und eine differenzierte Vorstellung der Bedeutung auszubilden, die dem Erleben des Analytikers einzuräumen ist. Für manche dieser Theorien sind bestimmte Leitbegriffe bezeichnend geworden: Leitbegriffe wie "Rollenübernahme" von Sandler (1976), wie "Agieren und Mitagieren" von Klüwer (1983), wie "Containing und projektive Identifizierung" von Bion (1962) und wie "Szenisches Verstehen" von Lorenzer (1973). Die Theorien, die hinter diesen Leitbegriffen stehen, sind in psychoanalytisch-pädagogischen Kreisen weitgehend bekannt, sodass es hier bei der Nennung derselben bleibt. Autoren, die sich mit psychoanalytisch-pädagogischen Themen beschäftigen, bedienen sich dieser analytischen Theoriemodelle.

Es wird daher die Aussage nun wenig überraschend sein, dass die veränderte Bedeutungszuschreibung des Erlebens des Analytikers Auswirkungen auf die Bedeutungszuschreibung des Erlebens des psychoanalytisch gebildeten Lehrers nach 1950 zeitigt.

4. Über die Bedeutung des Erlebens des Lehrers in schulischen Situationen in der jüngeren psychoanalytisch-pädagogischen Literatur

Überraschend ist aber vielleicht, in welchem Ausmaß sich diese Haltung in den Arbeiten finden lässt, die sich im Besonderen mit dem Erleben des Lehrers in Unterrichtssituationen wissenschaftlich auseinandersetzen:

In meiner eigenen oben angesprochenen Studie sind 23 Artikel aus dem Jahrbuch für Psychoanalytische Pädagogik (1989 bis 2000) und neunzehn Arbeiten, die im Vor- und Umfeld des Jahrbuchs publiziert worden sind, untersucht worden, in denen von konkreten Schulsituationen berichtet oder allgemein über das Erleben des Lehrers in Schulsituationen geschrieben wird. Unter den 42 Publikationen findet sich nur eine, in der auf das Unterrichtsgeschehen konkret Bezug genommen, aber auf das Erleben des Lehrers nicht eingegangen wird. Es ist dies der Beitrag von Mauthe-Schonig (1995) „Die kleine weiße Ente hat einen Traum ...". Die Frage: Allzeit souverän oder heillos verstrickt? – kann jetzt nicht mehr mit einem klaren Ja oder Nein wie in der Zwischenkriegszeit beantwortet werden. In der vorgestellten klassischen Position gab es eine Spaltung in qualifizierte Lehrer, die über eine psychoanalytisch-pädagogische Bildung verfügten und die im Unterricht souverän waren, und in schlechte, unqualifizierte Lehrer, denen eine psychoanalytisch-pädagogische Ausrichtung fehlte. Deshalb waren diese Lehrer permanent in Gefahr, sich heillos in Beziehungen zu verstricken, die sie an der Erfüllung ihrer Aufgaben als Lehrer erheblich behinderten.

In der jüngeren Literatur scheint diese Spaltung aufgehoben zu sein, insofern eine emotionale Verstrickung alleine nicht grundsätzlich als ein Hinweis auf unzureichende Qualifikation gilt. Vielmehr wird es von den Autoren oft als unumgänglich gesehen, sich zunächst in eine Beziehung tiefer einzulassen, wobei die optimale Distanz zeitweise verloren gehen kann. Aber auf dem Weg des psychoanalytisch orientierten Reflektierens des Erlebens kann der Lehrer sowohl sein Erleben wie auch die Bedeutungen der unbewussten Dimensionen im Interaktionsgeschehen verstehen. Der Lehrer versetzt sich so in die Lage, pädagogische Aufgaben angemessen und professionell auszuführen. Trescher formulierte es so:

„Angemessene Förderung setzt angemessenes, nämlich psychoanalytisches Verstehen der Interaktion, des Erziehungsgeschehens voraus. Psychoanalytisches Verstehen eröffnet qualitativ neue entwicklungsfördernde und konfliktverarbeitende Handlungs- und Gestaltungsspielräume pädagogischen Handelns, weil es unbewusste Motive und Sinnzusammenhänge insbesondere in konflikthaften und belastenden Interaktionsverläufen erschließen kann" (Trescher 1993, 170).

In den Arbeiten der jüngeren psychoanalytisch-pädagogischen Literatur werden Fallbeispiele vorgestellt und diskutiert, in denen das analytische Reflektieren des Erlebens von Lehrern im Dienst des psychoanalytischen Verstehens von dyadischen Beziehungen (vgl. z.B.: Heinemann 1991, Freudenberger 1993, Salzberger-Wittenberg 1993), von Gruppenprozessen (vgl. z.B.: Lotz 1987, Clos 1987, Hirblinger 1992) und von Prozessen, welche die Grenzen von Schulklassen übersteigen (vgl. z.B.: Gstach/Sieber-Mayr 1993, Freudenberger 1991, Reich-Büttner 1987), steht.

Fast alle Beiträge bringen eine kasuistische Darstellung, und zeigen auf, wie es zu einem analytischen Verstehen des unbewussten Beziehungsgeschehens gekommen ist und welche Folgen aus diesem Verstehen für das weitere Arbeiten des Lehrers mit den Schülern, Eltern und Kollegen erwachsen.

Ich habe exemplarisch ein Fallbeispiel von Clos (1987) ausgewählt, aus dem zu Beginn ein Textausschnitt vorgestellt worden ist. Die Autorin setzt sich mit dieser für sie höchst unangenehmen Situation sehr differenziert auseinander. Wieder können nur ausgewählte Anteile dieser Diskussion wiedergeben werden.

Clos berichtet, dass sie – trotz der starken emotionalen Involvierung – ein genügendes Maß an innerer Distanz aufrechterhalten konnte, um diese Situation auszuhalten. Sie findet in dem Chaos eine Idee, auf welche die Kinder (positiv) reagieren: Dem Läuten der Pausenglocke gibt sie den Kindern gegenüber die Bedeutung des Ein-Uhr-Glockenschlags, der die

Geisterstunde beendet. Sie geht zu jedem Kind hin und verschließt mit einem Zeichenblockdeckel die imaginären Särge der Monster.

Später versucht Clos im Reflektieren der entstandenen Inszenierung zu verstehen, warum die Schüler an diesem Morgen sich ihr gegenüber in dieser Art verhalten und dadurch eine Situation geschaffen haben, in der sie sich als Lehrerin hilflos, wütend und überrascht erlebte und überdies das Verlangen spürte, massiv gegen die Kinder einzuschreiten. Dabei fällt ihr auf, dass sie zwei Tage gefehlt hat. Ihre Abwesenheit bringt sie in Verbindung damit, dass viele ihrer Schüler zahlreiche frühe Trennungen traumatisch erlebt haben. Sie weiß, dass spätere Trennungen oft wiederum starke Gefühle wecken, die im Regelfall von den Schülern bewusst nicht wahrgenommen werden können. Offensichtlich, so Clos, war der Trennungsschmerz und die Trennungsangst für diese früh gestörten Kinder zu viel. Sie wurden massiv mit ihren Ängsten aus der Kindheit konfrontiert und blieben wütend und verlassen zurück. Die Kinder verhielten sich nun als Gruppe ihr gegenüber so, dass sie sie als Lehrerin spüren ließen, dass sie als Schüler Wut, Hilflosigkeit, Entwertung, Angst, Ohnmacht und Zorn gefühlt hatten. Bezogen auf das Monster-Spiel resümiert Clos:
„Die Kinder standen unter einem Handlungszwang, dem ich so oder so nicht ausweichen konnte. Es war also kein Spiel, sondern bitterer Ernst: ‚Sie dir an, was in uns vorging, als du plötzlich nicht kamst. Sämtliche Monster sind in uns wach geworden. Jetzt beruhige uns gefälligst!'" (ebd., 22).
Im Mitspielen konnte sie den Schülern in einer für sie adäquaten Form vermitteln, dass sie die unbewussten Ängste und die Wut der Schüler verstand und für wichtig nahm.

5. Folgerungen für die Aus- und Weiterbildung

In der jüngeren psychoanalytisch-pädagogischen Literatur herrscht unter psychoanalytischen Pädagogen Konsens, dass über das Erleben und die analytische Reflexion desselben unverzichtbare Erkenntnisse für das analytische Verstehen unbewusster Beziehungsprozesse gewonnen werden können.

In den Publikationen wird aufgezeigt, dass dieses Vorgehen auch für den schulischen Bereich Gültigkeit besitzt, denn die auf diesem Weg gewonnene zusätzliche Erkenntnis wirkt sich erweiternd auf das Verständnis des Lehrers aus. Er kann Verhaltensweisen von Schülern besser einschätzen und angemessene pädagogische Handlungen setzen. Analytisches Verstehen und pädagogisches Handeln greifen ineinander.

In den in der Studie untersuchten Publikationen berichten einzelne Lehrer oft sehr differenziert, wie sie einen professionellen, analytisch verstehenden Zugang zu den Problemen der Schüler oder der Schulklasse gefunden haben. Was aber bis jetzt fehlt, was auch nicht in den Beiträgen zu finden ist, die sich allgemein über das Erleben des Lehrers in schulischen Situationen Gedanken machen, ist eine Konzeptualisierung der Psychoanalytischen Pädagogik im Arbeitsfeld Schule, in der die verwendeten therapeutischen Konzepte speziell auf das schulische Arbeiten hin theoretisch modifiziert werden. Im schulischen Bereich herrschen doch wesentlich andere Bedingungen vor als beim analytischen Arbeiten in der therapeutischen Praxis, es sind auch andere Gegebenheiten als etwa in einem Erziehungsheim oder in der Sozialarbeit. Trescher hat sich mit dieser Problematik immer wieder beschäftigt und ver-

schiedene wichtige Punkte angedacht, aber es ist ihm nicht mehr gelungen, seine Überlegungen in ein kompaktes psychoanalytisch-pädagogisches Konzept zu bringen.
Vielleicht würden sich in den schulspezifischen Publikationen, die in den Jahrbüchern für Psychoanalytische Pädagogik und die im Vor- und Umfeld des Jahrbuchs erschienen sind, spezifische Handlungsansätze finden, die systematisiert eine Grundlage für die weitere Ausarbeitung eines psychoanalytisch–pädagogischen Konzepts für handlungsorientiertes psychoanalytisch-pädagogisches Arbeiten in der Schule bilden könnten.
Nicht unerwähnt will ich lassen, dass sich Hirblinger (2001) in seinem letzt erschienen Buch „Einführung in die psychoanalytische Pädagogik der Schule" mit dem Konzeptualisierungsproblem der psychoanalytischen Pädagogik beschäftigt. Bezug nehmend auf die theoretischen Überlegungen Bions (1962) zu den „emotionalen Erfahrungen", erstellt Hirblinger eine Metatheorie der Psychoanalytischen Pädagogik der Schule.
„,Anwendung' psychoanalytischer Konzepte im Praxisbereich der Pädagogik kann also zunächst nur heißen: Rekonstruktion und Spielen mit Modellen, Deutung von kommunikativen Mustern als Fulguration und Zusammenschließen von Gedanken im Horizont eines vorgängigen Beziehungserlebens in der Alltagspraxis unter Berücksichtigung der damit verbundenen, abgewehrten leidvollen Erfahrungen. – Die Verstrickung ins Unbewusste fordert im Prozess solcher Theoriebildung und Konzeptualisierung eine ganz spezifische Einstellung" (Hirblinger 2001, 35).
Worüber sich auch nur vereinzelt Publikationen finden lassen, sind Konzepte über psychoanalytisch-pädagogische Lehreraus- und Weiterbildung. Auch hier gibt es Autoren, die „ihr Modell" beschreiben, aber kein allgemein ausgearbeitetes verbindliches Grundkonzept.
Irmtraud Sengschmied, eine Kollegin in Wien, arbeitet gerade an einem Projekt mit dem Titel: „Psychoanalytische Pädagogik in der Allgemeinen pädagogischen Ausbildung für das Lehramt". Die Primäraufgabe des Projektstudiums war: „Den Lehramtskandidaten Erfahrungen sowie Kenntnisse von psychodynamischen und gruppendynamischen Prozessen in Individuen, Gruppen und Organisationen so zu vermitteln bzw. sie erleben zu lassen, dass sie zu einem vertieften persönlichen Verständnis der psychischen Kräfte beitragen und damit dessen kreative Anwendung im pädagogischen Berufsalltag ermöglichen" (Diem-Wille u.a. 1998). Die Auswertung des Projekts und ihre Schlussfolgerungen sind in Vorbereitung für eine Veröffentlichung.

Literatur:
Aichhorn, A. (1936): Zur Technik der Erziehungsberatung. In: Zeitschrift für psychoanalytische Pädagogik. X. Jahrgang 5-74
Bion, W. (1962): Lernen durch Erfahrung. Fischer: Frankfurt/M.
Carotenuto, A. (1986)(Hrsg.): Tagebuch einer heimlichen Symmetrie. Sabina Spielrein zwischen Freud und Jung. Verlag Traute Hensch: Freiburg i. Br.
Clos, R. (1987): Wer braucht eine Monsterschule? In: Reiser, H. und Trescher, H.-G. (Hrsg.): Wer braucht Erziehung? Impulse der Psychoanalytischen Pädagogik. Matthias-Grünewald-Verlag: Mainz, 19-38
Clos, R. (1991): Offener Unterricht an der Schule für Lernbehinderte. Didaktik oder Therapie? In: Büttner, Ch., Finger-Trescher, U. (Hrsg.): Psychoanalyse und schulische Konflikte. Psychoanalytische Pädagogik Band 7. Matthias-Grünewald-Verlag: Mainz, 51-78

Datler, M. (2001): Lehrer in schulischen Situationen – Die Bedeutung ihres Erlebens und dessen psychoanalytische Reflexion. Eine psychoanalytisch-pädagogische Studie unter besonderer Berücksichtigung problemgeschichtlicher Zusammenhänge. Dissertation, Wien

Ferenczi, S. (1928): Die Elastizität der psychoanalytischen Technik. In: Ferenczi, S. (1982): Schriften zur Psychoanalyse, Band II. Fischer: Frankfurt/M., 237-250

Ferenczi, S. (1921): Weiterer Ausbau der "aktiven Technik" in der Psychoanalyse. In: Ferenczi, S. (1982): Schriften zur Psychoanalyse, Band II. Fischer: Frankfurt/M., 74-91

Ferenczi, S. (1930): Relaxationsprinzip und Neokatharsis. In: Ferenczi, S. (1982): Schriften zur Psychoanalyse. Band II. Fischer: Frankfurt/M., 257-250

Fließ, R. (1942): The metapsychologie of the analyst. In: Psychoanaly. Quart. 11, 211-227

Freud, S. (1912): Ratschläge für den Arzt bei der psychoanalytischen Behandlung. In: GW Bd. VIII, 375-408. Fischer: Frankfurt/M., 1976, 4.Aufl.

Freudenberger, H. (1991): Traum oder Trauma – eine echte Alternative? In: Büttner, Ch. und Finger-Trescher, U. (Hrsg.): Psychoanalyse und schulische Konflikte. Psychoanalytische Pädagogik Band 7. Matthias-Grünewald-Verlag: Mainz, 79-92

Freudenberger, H. (1993): „Auf dem weg nach Tutti Frutti ...". Szenen aus der Arbeit einer heilpädagogischen Spielgruppe in der Grundschule. In: Muck, M. und Trescher, H.-G. (Hrsg.): Grundlagen der Psychoanalytischen Pädagogik. Psychoanalytische Pädagogik Band 12. Matthias-Grünewald-Verlag: Mainz, 271-292

Gravelsin, L. (1926): Zur sexuellen Aufklärung in der Schule. In: Zeitschrift für Psychoanalytische Pädagogik. I. Jahrgang (Oktober 1926 - September 1927), 291-300

Heimann, P. (1950): On Counter-Transference. In: Int. J. Psycho-Anal. 31, 81-84

Heinemann, E. (1991): Szenisches Verstehen und fördernder Dialog in der Sonderschule für Erziehungshilfe. In: Trescher, H.-G. und Büttner, Ch. (Hrsg.): Jahrbuch für Psychoanalytische Pädagogik 3. Matthias-Grünewald-Verlag: Mainz 127-138

Hirblinger, H. (1992): Pubertät und Schülerrevolte. Gruppenphantasien und Ich-Entwicklung in einer Schulklasse – eine Falldarstellung. Psychoanalytische Pädagogik Band 10. Matthias-Grünewald-Verlag: Mainz

Hirblinger, H. (2001): Einführung in die psychoanalytische Pädagogik der Schule Verlag Königshausen & Neumann: Würzburg

Gstach, J. / Sieber-Mayr, B. (1993): Anna stört – Zum Umgang mit auffälligem Verhalten am Beispiel eines achtjährigen Schulmädchens. In: Muck, M. und Trescher, H.-G. (Hrsg.): Grundlagen der Psychoanalytischen Pädagogik. Psychoanalytische Pädagogik Band 12. Matthias-Grünewald-Verlag: Mainz, 293-304

Klüwer,R. (1983): Agieren und Mitagieren. In: Klüwer, R. (1995): Studien zur Fokaltherapie. Suhrkamp: Frankfurt/M., 110-124

Krutzenbichler, H.S. (1991): Die Übertragungsliebe. Recherchen und Bemerkungen zu einem „obszönen" Thema der Psychoanalyse. In: Forum der Psychoanalyse, Band 7

Lorenzer, A. (1973): Sprachzerstörung und Rekonstruktion. Vorarbeiten zu einer Metatheorie der Psychoanalyse. Suhrkamp: Frankfurt/M.

Lotz, W. (1987): Vom interagierenden zum handelnden Erzieher. Überlegungen zur Tiefenhermeneutik pädagogischer Interaktion. In: Reiser, H. und Trescher, H.-G. (Hrsg.): Wer braucht Erziehung? Impulse der Psychoanalytischen Pädagogik. Matthias-Grünewald-Verlag: Mainz, 161-180

Mauthe-Schonig D. (1995): „Die kleine weiße Ente hat einen Traum ..." Psychoanalytische Anmerkungen zu einem Grundschulunterricht, in dem regelmäßig Geschichten erzählt werden. In: Datler, W., Finger-Trescher, U. und Büttner, C. (Hrsg.): Jahrbuch für Psychoanalytische Pädagogik 7. Matthias-Grünewald-Verlag: Mainz, 13-32

Racker, H. (1959): Estudios sobre tecnica psicoanalitica. Übersetzung in deutsch: Racker, H. (1988[3]): Übertragung und Gegenübertragung. Studien zur psychoanalytischen Technik. Ernst Reinhardt Verlag: München, Basel

Reich-Büttner, U. (1987): Du bist schuld. Einblicke in schulische Gruppenprozesse. In: Büttner, Ch. und Trescher, H.-G. (Hrsg.): Chancen der Gruppe. Erfahrungen aus dem pädagogischen Alltag. Matthias-Grünewald-Verlag: Mainz, 22-35

Reik, T. (1948): Listening with the Third Ear. Farrar Straus and Giroux Inc., New York. Deutsche Übersetzung (1983): Hören mit dem dritten Ohr. Fischer: Frankfurt/M.

Schneider, E. (1926): Über sachliche und unsachliche Erziehung. In: Zeitschrift für Psychoanalytische Pädagogik. I. Jahrgang (Oktober 1926 - September 1927), 172-175

Salzberger-Wittenberg, I. (1993): Die emotionale Bedeutung des Lehrens und Lernens. In: Trescher, H.-G., Büttner, C. und Datler, W. (Hrsg.): Jahrbuch für Psychoanalytische Pädagogik 5. Matthias-Grünewald-Verlag: Mainz, 43-53

Sandler, J. (1976): Gegenübertragung und die Bereitschaft zur Rollenübernahme. In: Psyche 30.Jg. 297-305

Schwarz, L. (1927): Der Trotzkopf. In: Zeitschrift für Psychoanalytische Pädagogik. I. Jahrgang (Oktober 1926 - September 1927), 376-377

Stern, A. (1924): On the Counter-Transference in Psychoanalysis. In: Psychoanalytic Review 11, 166-174

Trescher, H.-G. (1993): Handlungstheoretische Aspekte der Psychoanalytischen Pädagogik. In: Muck, M. und Trescher, H.-G. (Hrsg.): Grundlagen der Psychoanalytischen Pädagogik. Psychoanalytische Pädagogik Band 12. Matthias-Grünewald-Verlag: Mainz, 167-201

Zulliger, H. (1936): Über eine Lücke in der psychoanalytischen Pädagogik. In: Zeitschrift für psychoanalytische Pädagogik, X. Jahrgang, 337-359

Helmut Wehr

Lehrer-Sein – ein unmöglicher Beruf[1] zwischen Leiden und Lust?

1. Belastungen im Lehrerberuf

Neuere Forschungsarbeiten zur Belastungsproblematik haben hinter den äußeren, messbaren und empirisch erhebbaren Belastungsfaktoren den strukturellen Konflikt der Lehrertätigkeit aufgezeigt, der sich als „Sisyphos-Charakter"(Bernfeld 1925) beschreiben lässt, d. h. dass der Lehrer-Arbeit eine „sisyphus-artige, nicht stillstellbare, sich kreislaufartig wiederholende Bewährungsdynamik innewohnt" (Combe 1997, 10). Unterricht realisiert sich in einer Beziehungspraxis, im Feld einer Gesicht-zu-Gesicht-Vermittlung. Daher ist die Lehrerarbeit weder vollständig reglementierbar und planbar noch standardisierbar. Im Gegenteil: Ihr Erfolg ist immer nur tendenziell erreichbar, weil ihre sachlichen Ziele sich nur in immer neu herzustellenden Beziehungen realisieren. Freud sprach deshalb von einem „unmöglichen Beruf", Combe von einer „alltäglichen Dauerspannung", die unsichtbar und doch allen vertraut ist und von einer permanenten Erfahrungskrise des pädagogischen Handelns. Horstkemper (1998, 4) verweist auf die „unabschließbare Aufgabe", die normativen Standards der eigenen Berufsethik, des eigenen Berufsverständnisses zu bestimmen. Dieser strukturelle Kernkonflikt, mit den anstehenden Aufgaben nie „richtig fertig" zu werden und den Erfolg des eigenen Tuns – wenn überhaupt genau feststellbar – immer nur um den Preis der Vernachlässigung anderer Möglichkeiten zu erreichen, macht „fertig" und stellt damit das Zentrum der berufstypischen Lehrer-Belastung dar.

Die Frustration basaler Bedürfnisse von Lehrer/-innen lässt den alltäglichen Stress[2] durch Unkonzentriertheit der Schüler, Ungenauigkeit, Faulheit, motorische Unruhe, Desinteresse, Aggression und Disziplinprobleme, bürokratische Verkrustungen, Statusprobleme der Lehrerschaft durch mangelnde gesellschaftliche Anerkennung, schlechte Arbeitsbedingungen und Konflikte mit Eltern und Kollegen/-innen, allzu oft in Schulmüdigkeit und Burnout umschlagen.

Pädagogisches Handeln in der Schule, das permanente Bemühen Leistungsmotivation, Zusammenarbeit und Disziplin aufrechtzuerhalten, führt zu enormem Handlungszwang: 200 Entscheidungen und 15 pädagogische Konflikte sind im Durchschnitt pro Stunde zu bewältigen[3]. Dies bedeutet oft eine erhebliche „psychomentale Beanspruchung"[4]. Nicht ohne Grund

---

[1] „Ich hatte mir frühzeitig das Scherzwort von den drei unmöglichen Berufen – als da sind: Erziehen, Kurieren, Regieren – zu eigen gemacht, war auch von der mittleren dieser Aufgaben hinreichend in Anspruch genommen" (Freud 1925, 565).

[2] Eine GEW-Umfrage ermittelte 1993 vier „Spitzenreiter" (vgl. Bachteler 1993, 10.): Zu komplizierte, problembeladene, verhaltensauffällige Kinder; Destruktives, unsoziales Schülerverhalten; Lärm und Unruhe in der Klasse oder der Lerngruppe und schwer zu motivierende, desinteressierte Schüler.

[3] vgl.: Kretschmann, R. (Hrsg.): Stressmanagement für Lehrerinnen und Lehrer. Ein Trainingsbuch mit Kopiervorlagen, Beltz Praxis, Weinheim und Basel 2001

[4] Wunder sieht die Problematik der Lehrerbelastung in folgender Weise: „Der Beruf des Lehrers ist schwierig, nicht weil die an ihn gestellten Anforderungen im Prinzip nicht zu bewältigen wären, sondern weil eine außerordentliche geistige, emotionale, ja auch physische Spannkraft dazu gehört, ein ganzes Berufsleben lang

kursiert in Lehrerzimmern die Rede von der „Dompteursituation", die ständige Aufmerksamkeit und Konzentration erfordere. Dies vermittelt das Gefühl hoher Anspannung, begleitet von einer ständigen Unsicherheit, hervorgerufen durch die Diskrepanz zwischen dem Bildungsideal und den Zwängen des gesellschaftlichen Leistungs- und Konsum-Umfeldes. Das Scheitern in pädagogischen Situationen wird als individuelle Autonomieeinbuße interpretiert. Denn den pluralistischen und auch widersprüchlichen gesellschaftlichen Erwartungen kann der Lehrer nicht gerecht werden (vgl. Rudow 1999, 48ff.). Damit ist der Lehrer seiner eigenen Ideal-Produktion ausgeliefert. Problematisch erscheint dies, da ein Lehrer „nie gut genug" vorbereitet sein kann. Deshalb bleibt am Ende immer genügend Anlass für Selbstvorwürfe und Zweifel. In der beruflichen Sozialisation wird dies durch die Vermittlung entsprechender Ich-Ideale gefördert.

Diese Situation evoziert Burnout. Der Begriff bezeichnet einen Prozess des Erlahmens und Erlöschens des Enthusiasmus' und des Elans an eine Aufgabe heranzugehen. Enttäuschte Erwartungen, eine widerspenstige Realität und unerwartete Schwierigkeiten führen zum Ausbrennen, wobei Burisch (1989, 25) offensives „Selbstverbrennen" mit *Burnout* bezeichnet und defensives Stressbewältigen mit *Worn-out*. Beide Begriffe verbindet das Merkmmal des *psychischen Rückzugs* als *Reaktion* auf übermäßigen Stress und Unzufriedenheit. Burisch (ebd., 15ff.) differenziert die Anfangsphasen, was es leichter macht, den „Anfängen wehren zu können". Er beschreibt den *Burnout-Prozess* folgendermaßen:

1. *Warnsymptome* der Anfangsphase sind Hyperaktivität und Müdigkeit.
2. Aufmerksamkeitstörungen gegenüber den Schülern, verstärkte Verwendung von Strafen, emotionale Distanz und *reduziertes Engagement* gegenüber Schülern, Fluchtphantasien.
3. *Schuldgefühle* werden aggressiv oder depressiv abreagiert, Nervosität und Unruhe.
4. Der *Abbau* beginnt: kognitive, emotionale, motivationale, Reduktion und
5. soziale *Verflachung* der individuellen Lebensäußerung, verminderte Kreativität, Denken in Vorurteilen.
6. *Psychosomatische Reaktionen:* Herz-Kreislaufbeschwerden, Atemprobleme, Verspannungen, Ticks, Magen-Darm-Geschwüre, Schlaf- und Sexualprobleme.
7. *Verzweiflung,* Depression, Hoffnungslosigkeit und Sinnlosigkeitsgefühl werden übermächtig. Es kommt zu Depersonalisierung, Isolations- und Distanzierungsgefühlen und zu Dehumanisierung, schließlich zu einem zynischer Negativismus, der die ausgebrannte Person sich ins „Schneckenhaus" zurückziehen lässt (vgl. Barth 1992, 158f.).

Die Endphase des *Blockierten* oder *Gefangenen* (Burisch 1994, 23f) ist dadurch gekennzeichnet, dass „individuelles Versagen" mit einer Vielzahl von Kompensationsvarianten verschleiert wird. Fluchtmechanismen lassen die insgeheim selbstzerstörerischen Tendenzen des Burnout der Endphase erkennen. Hier beginnt der Traum von der vorzeitigen Pensionierung, der allerdings, weil der Beruf ein wichtiges Element der Persönlichkeit ist, auch eine Bankrotterklärung im Hinblick auf die Verwirklichung eigener Identität im beruflichen Alltag darstellt (Leuschner/Schirmer 1993, 7f.). Geradezu erschreckend erscheint dann die Schlagzeile in Pädagogik (6/89, 23), dass von dieser Endphase des Burnout 55000 Kolle-

---

den Ansprüchen, die jeder an ihn stellt, gerecht zu werden" (Wunder 1982, 16)

gen/innen betroffen seien, d.h. 10 Prozent[5] der gesamten Lehrerschaft. Für die anderen 90 Prozent gilt damit diese Endstufe jedoch (noch?) nicht. Der nur noch „stundenhaltende, störende" Lehrer vermag kein Interesse mehr bei seinen Schülern zu wecken und erzeugt im Gegenteil Schulunlust, Schulmüdigkeit und Resignation.
So lassen sich jedenfalls Schlüsselqualifikationen (Interaktionskompetenz, Kreativität, personale, soziale und motorische Kompetenzen, lebenslanges Lernen usw.) durch fächerübergreifenden, entdeckenden Unterricht in einem „Haus des Lernens" nicht erzielen.

1. 1. Ursachen des Burnout

Die veränderten Sozialisationsbedingungen gründen im schnellen sozialen Wandel der Risikogesellschaft. Die „latenten Nebenwirkungen" dieser Wandlungsprozesse führen zu unstetigen, rollenunscharfen Lebensformen, in denen sich das moderne Berufsmenschentum durchsetzt, das in seiner Individualisierung und Enttraditionalisierung tendenziell kinderlos (Beck 1986, 169 ff) bleibt. Die „Kinder der Freiheit" (Beck 1997) sind Spiegel ihrer Zeit und ihrer Eltern (Hentig 1987, 73), die im Prozess der Individuation erfahren, dass „der einzelne bei Strafe seiner permanenten Benachteiligung lernen (muss), sich selbst als Handlungszentrum, als Planungsbüro in bezug auf Möglichkeiten und Zwänge seines Lebenslaufes zu sehen" (Beck/Beck-Gernsheim 1990, 58f). Als Folge ist mit einer generellen Labilisierung Jugendlicher zu rechnen. Das belastende Empfinden, das eigene Leben letztlich nicht bewältigen zu können, zumindest nicht auf Dauer, erzeugt Bedrohungsängste, die aggressiv oder depressiv ausagiert werden (vgl. Heitmeyer/Jacobi 1991). Das gehäufte Auftreten von gewalttätigen, verhaltensauffälligen, demotivierten, sozial defizienten, lernschwachen etc. „Problem-Schüler/-innen" begünstigt die Angst der Lehrer/-innen vor ihren Schülern(innen) (vgl. Barth 1992, 98ff). „Während früher Schüler ihre Lehrer fürchteten, scheint das heute umgekehrt zu sein. Nichts mache Lehrern so viel Angst, wie Schüler, die keine Angst mehr vor ihnen haben" (Die Zeit 1. 5. 1992, 45). Die Ereignisse vom 26.4.02 in Erfurt erhöhen den realen emotionalen Druck noch einmal.

1.1.1 Eltern und ihre Erwartungen

Die Eltern sind immer noch eine der wichtigsten rolleninduzierenden Institutionen, damit auch „Agentur der Gesellschaft" (vgl. Stierlin 1978, 13f). Der gesellschaftliche Wandel bedingt den Abbau patriarchaler Machtpotentiale und führt zur Veränderung der familialen Rollenverteilung und zur Entväterlichung des Erziehungsprozesses. Stierlins Delegationskonzept macht deutlich, dass Kinder von ihren Eltern mit Delegationen, Aufträgen in einer Vertrauens-, Loyalitäts-, Verpflichtungs-, Treue-, und Sinnbeziehung, konfrontiert werden. Zentral ist die In-Besitznahme durch die Eltern, die dem Bedürfnis des Kindes, jemandem zu gehören, entgegenkommt, dieses aber mit dem Ziel der Stabilisierung elterlicher Charakterstrukturen instrumentalisiert. Angst vor der Bindung an das Kind sowie davor, dieses dann loszulassen, evoziert überstarke Bindungs- und Ent-Bindungskräfte. Diese überfordern nicht

---

[5] Barth 1992, 25f. spricht von 21%-30% „ausgebrannten" Lehrer/-innen.

nur die kindliche Psyche, sondern auch die schulische Übertragungssituation[6]. In dieser ambivalenten emotionalen Treibhausatmosphäre[7] wird die kindliche Beziehung zur Lehrkraft leicht als Rivalität empfunden (Münch 1984, 81), die durchs Vorurteil (Adorno 1979, 70ff) stabilisiert wird. Da alle Eltern auch Schüler gewesen sind, projizieren sie allzu schnell negative Schulerfahrungen aus der eigenen Vergangenheit in das Jetzt ihrer Kinder und in deren Lehrer.

„Sie beurteilen uns, kritisieren uns, erinnern uns an unsere Unvollkommenheit und relative Machtlosigkeit. Wir alle sind von Lehrern tief gekränkt worden. Und unsere Wut- und Rachegefühle haben sich kaum entladen können. Wir haben einen stillen Haß auf manche Lehrer entwickelt und unsere Rache auf später verschoben" (Die Zeit 1. 5. 1992, 45).

So stellt die Achillesferse von Lehrern, die Statusunsicherheit (vgl. Barth 1992, 113.), im Zusammenhang mit überfordernden pädagogischen Rollenerwartungen eine ständig drohende Verletzungsgefahr dar, aus der sich destruktive Lehrer-Ängste entwickeln können.

1.1.2 Die „lieben" Kollegen und Kolleginnen

Die „gestörte Schule" erzwingt eine kollektive Stressbewältigung, doch der einzelne ist Individuum *in* und *vor* der Klasse, so erliegt er zu leicht der Vorstellung „Einzelkämpfer" zu sein. Emotional unterfüttert wird die Einzelkämpfermentalität durch die Notwendigkeit, dass der Lehrende die Aufmerksamkeit der Klasse für seinen Unterricht benötigt, da er als Person mit seinem Lehrgegenstand weitgehend amalgiert ist. Deshalb benötigt er die Wertschätzung seiner Schüler/-innen, um den Unterricht effektiv gestalten zu können (Münch 1984, 85). Die Messlatte „guter Unterricht, beliebte(r) Lehrer/-in" segmentiert das Kollegium in „Erfolgreiche" und „Fußkranke" und evoziert entsprechende Isolations- und Versagensängste in der Konkurrenzsituation.

1.1.3 Schulleitung und Schulverwaltung

Die Institution Schule ist durch Beamtenstatus und Kompetenzverteilung charakterisiert. Dies schränkt als Autorität bei den Mitgliedern der Institution (pädagogische) Freiheitsspielräume ein. Die Verschulung der Schule schafft institutionstypische Komplementaritäts- und

---

[6] In der Schule sind „*Mutterübertragung*" ein wichtiger Aspekt bei Beziehungen zu Lehrerinnen (vgl. Muck 1980). Genauso wirken sich „*Vaterübertragungen*" in Beziehungen zu Lehrern aus. Rivalität, Eifersucht, Neid und die Solidarität der Elternfigur gegenüber spielen eine entscheidende Rolle bei der *Geschwisterübertragung*. Das bedeutet, dass die unbewusste Bedeutung eines (durch *Wiederholungszwänge*) problematischen Interaktionsverlaufes über das *Verstehen* einer Interaktion in der Gegenwart erörtert wird. Eine Belastung der Lehrer/-in bis in die Tiefe eigenen Übertragungsgeschehens hinein. (vgl. hierzu: Hirblinger 2001, 58ff.)

[7] Die *narzisstische* Besetzung der Kinder führt dazu, dass die Eltern unbewusst auch eigene Anteile an ihr Kind weitergeben. Das Wohlergehen des Kindes hat somit großen Einfluss auf das Befinden der Eltern. Hiervon sind die Lehrer betroffen: Sie bekommen die narzisstische erhöhte Bedeutung der Kinder bei jeder Begegnung mit deren Eltern zu spüren, z.B. durch *widersprüchlichen Erwartungshaltungen* seitens der Eltern an die Schule und an den Lehrer. Auf der einen Seite fordern sie Leistung und Strenge, auf der anderen Seite aber auch Freiheit und Umgänglichkeit. Jeder Fehler wird sofort angekreidet, Anerkennung findet oft nicht statt. Mitunter dienen Lehrer auch der „psychischen Müllentsorgung' der Eltern.

Abhängigkeitsverhältnisse. Die damit einhergehenden fehlenden Gestaltungsfreiheiten werden weitgehend als „Gängelung" empfunden, die per se Stress produzieren (Schönwälder 1993, 9f). Übertragungsprozesse zeigen die Anpassung an patriarchale, obrigkeitsstaatliche Mechanismen (Münch 1984, 25f). Der Vorgesetzte wird zum Vatersubstitut (Singer 1991, 47f). Reaktives Verhalten kennzeichnet dann die Beziehung zum Vorgesetzten, der leicht zum „Übervater" wird. Durch falsche Vereindeutigungen und verdrängte, d.h. unbearbeitete Impulse und Bedürfnisse regrediert das Lehrer-Ich zwischen den abstrakten Über-Ich-Forderungen (Skylla) und den unsublimiert-unbewussten Triebimpulse (Charybdis).

Statt des aufrechter Gang eines Erwachsen wird damit tendenziell eine partiell infantilisierte Lehrperson produziert, die aufgrund der inneren Widersprüche in Gefahr ist, auszubrennen (vgl. Scarbath, 1992, 36f). Dies führt leicht zu einer rigiden, formalistischen Über-Ich-Orientierung des Schulklimas und zur Ich-Schwächung der Lehrerpersonen.

1. 2 Selbstverursachung des Burnout?

Das Unterrichten, Erziehen und Fördern von Schüler/-innen angesichts wachsender schulischer Probleme lässt den pädagogischen Auftrag für Lehrer/-innen nach oben hin offen erscheinen (Schönwälder 1993, 12). Für Lehrer, die ihre Aufgabe ernst nehmen, bedeutet dies eine „unfaire" ethisch-pädagogische Zwangslage. Da in pädagogischen Beziehungen Arbeit und Freizeit grundsätzlich nicht trennbar sind, okkupiert der Beruf das Privatleben und lässt zumindest eine subjektive Überlastung, ein „Entflammen' und „Verbrennen" plausibel erscheinen. Gestiegene emotionale und kommunikative Herausforderungen lassen die Gefahr „unter Volllast" zu arbeiten, zum Normalfall werden.

Illusionäre pädagogische Zielvorstellungen bilden sich schon in der beruflichen Sozialisation heraus, die durch starke unbewusste Impulse aufrechterhalten werden, da sich die berufliche Identität von Lehrern nicht zuletzt auf pädagogischen Leitbildern aufbaut. Die Chimäre vom „idealen Lehrer" jedoch schafft neben der ständigen Über-Ich-Belastung professionelle und emotionale Blockaden (Fölsch 1993, 20) Der nach oben hin unbegrenzte Arbeitsauftrag bewirkt einen psychischen „Zwang", „ständig arbeiten zu müssen". Da es jedoch unmöglich ist, den eigenen Ansprüchen und Erwartungen gerecht werden zu können, muss Arbeitsquantität und -intensität gesteigert werden. Pädagogischer Aktionismus soll das Insuffizienzgefühl kompensieren (vgl. Schönwälder 1993, 10).

Berufliche Selbstüberforderung wird oft auch durch den „Lehrertraum" unbewusst motiviert, den Traum des Lehrers, von seinen Schülern geliebt zu werden[8]. Diese paradoxen, da infantilen Zuwendungsbedürfnisse, sind strukturell nicht erfüllbar (Bernfeld 1925, 134f). Sie weisen auf das (unerledigte) „Kind im Erwachsenen" hin.

---

[8] Die Aufmerksamkeits- bzw. Disziplinproblematik ist somit der Punkt, der den Lehrer empfindlich in seinem Selbstbild, Selbstvertrauen und in seiner Persönlichkeit trifft. Es zeigt sich, dass gerade der souveräne Umgang mit Unterrichtsstörungen und problematischen Schülern für das Wohlfühlen im Beruf von entscheidender Bedeutung ist. Die Schüler, als überwiegender Kommunikationspartner des Lehrers, sind für dessen Selbstbild und dessen Selbstzweifel von entscheidender Bedeutung. Burisch führt an, dass die wichtigste Belohnung in den Sozialberufen die Anerkennung der Interaktionspartner ist (1994, 158.).

Die „Versuchungssituation" im Umgang mit Kindern reaktiviert die verdrängten eigenen Alternativen des Fühlens, Denkens und Handelns, die tabuisierten Nähebedürfnisse und Aggressionsimpulse, infantile Beziehungsmuster und -probleme (vgl. Scarbath 1992, 36f). Das szenische Arrangement der Schule erleichtert es Lehrern, regressiv eigene Kindheitserfahrungen in der Elternrolle zu wiederholen. Der Lehrer hat oft als Kind die Dispositionen ausgebildet, die ihn zum Lehrerberuf motivieren, und er versucht sein Ich zu stabilisieren, indem er die Rolle des „guten Lehrers" in der Schule verwirklicht. Miller (1981, 109f.) weist darauf hin, dass diese Unfähigkeit des Lehrers, sich von seinen Fixierungen, Übertragungen und Gegenübertragungen[9] zu lösen, in einer Störung der Mutter-Kind-Beziehung begründet liegt, die zu Grandiosität und/oder Depressionen führt. Damit wird ein Teufelskreis von Verachtung und Demütigung in Gang gesetzt, der verhindert, dass Wiederholungszwänge erkannt und überwunden werden. Die mangelnde Trauerarbeit führt zur Wiederbelebung des Introjekts, und der Lehrer handelt *wie* der *Vater* oder *wie* die *Mutter*.

Zurück bleibt jedoch die unbewusste Lehrerangst, die Angst, zum Feind zu werden, die Angst vor der Ohnmacht im Beruf, die zu erneuten verkrampften Anstrengungen zwingt, die aber allein durch Trauerarbeit und Reflexion vermieden werden könnte. Das mit der Regression einhergehende labile Selbstwertgefühl (Burisch 1989, 104f) wird durch die Begegnung mit kindlichen Verhaltensweisen in der konkreten Interaktion ständig in Übertragungs-Dauerstress versetzt.

Hinzu kommt die Angst vor Inkompetenz als Beurteiler, Informator, Berater, Prognostiker, Unterrichtsfachmann oder Helfer (vgl. Barth 1992). Damit ist eine Störung durch Schüler/-innen immer auch eine Verhinderung ungestörter Selbstrepräsentation der Lehrkraft. Selbstverwirklichung wird zum Ziel, das *außerhalb* der Schule anvisiert wird. Psychische Erschöpfung und psychosomatische Erkrankung tritt dann relativ schnell ein, wenn zusätzlich Versagensängste und Ohnmachterfahrungen zeigen, dass sich eine unüberbrückbare Diskrepanz zwischen der pädagogischen Anstrengung und dem subjektivem Erfolg auftut. Furcht vor Misserfolg wird chronisch im Sinne selbsterfüllender Misserfolgserwartung. Die phantasierte Katastrophe wird durch „Flucht" vermieden (vgl. Burisch 1989, 38f). Damit tendiert das Ich zur Abdankung vor den rigiden Über-Ich-Ansprüchen. In dieser, durch Übertragungen nach „unten" – zum eigenen Unbewussten hin – und durch pädagogische Ideale und gesellschaftliche Erwartungen nach „oben" – „zum Idealberg" hin – offenen Situation, sind eigene Bedürfnisse, wie das nach Selbstverwirklichung, nicht ohne Probleme zu befriedigen (Maslow 1981, 62ff). Das Problem des „Selbst" hingegen weist den Weg in die Richtung nach der (Selbst-)Konstruktion von gesellschaftlicher, professioneller und individueller Identität und Subjektivität[10].

---

[9] Erleichtert wird diese Übertragungs- und Gegenübertragungssituation durch die systemischen Bedingungen, die eine institutionelle Abwehr libidinöser und aggressiver Impulse bedeuten: So bekämpft der Lehrer in den Schülern die Gefahr, der er selber ausgesetzt ist. Er unterdrückt die reaktualisierten eigenen kindlichen Wünsche, Affekte und Bedürfnisse und verzichtet, indem er teilweise kapituliert, auf seinen pädagogischen Anspruch und versteht sich nur noch als „Wissensvermittler".

[10] Vgl. Fromm GA I, 231ff.; GA IX, 96ff.; McAdams 1996, 287ff.

2. Mythen und Metaphern

Die Ursachenerklärungen des Burnout kann auf die Analyse des Unbewussten nicht verzichten, wie die Überlegungen zur (Gegen-)Übertragung und zum „unmöglichen" und oft regressiven erzieherischen Handeln deutlich machten. Für die Psychologie des Unbewussten seit Freud ist die Symbolsprache, die „Märchen, Mythen und Träume"[11] konsistent verbindet, die „einzige universelle Sprache" (Schultz 1983, 77). Sie öffnet die Verbindung zwischen den Tiefenschichten der Persönlichkeit, dem Unbewussten und dem (rationalen) Ich. Die Universalität metaphorischen Sprechens beinhaltet eine intersubjektive, ja, „anthropologische" Verständlichkeit, die in der prälogischen, dialektisch-ambivalenten Expressivität bildhafter „Sprache" des Unbewussten fußt. Symbole, d. h., metaphorische Sprache ist, trotz ihrer je kulturspezifischen „Dialektfärbung" universell nachvollziehbar. Für die symbolische, „primärprozesshafte" Assoziationslogik gelten Intensität, Identität und die Kategorie des Selbsterlebens stärker als logische, „sekundärprozesshafte" Kausalbezüge. Nur subjektiv-akzidentelle Symbole bedürfen der „Kunst der Traumdeutung", der psychoanalytischen „Via regia zur Kenntnis des Unbewussten" (vgl. Freud 1961, 494; Fromm GA IX, 185f.). Im sinnhaften Traumsymbol repräsentiert „die Welt der Dinge" die „Welt der Seele", also Gefühle, Gedanken, Werte. Das heißt die Dinge der Außenwelt werden als Symbole intrapsychischer Vorgänge interpretierbar. Aus diesem Grund folgt die latente Erzählung der Symbolgeschichte nicht der zweckhaften, „rationalen" Logik des bewussten, realitätszugewandten Wachzustandes, sondern dem Ariadnefaden eines tiefsubjektiv-latenten Labyrinths.

Fromm weitet die Freudsche Traumdeutung von der sexualistischen auf die Selbst-Symbol-Interpretation aus (Fromm GA VIII, 259ff.). Wichtig in unserem Zusammenhang ist, dass die Traum- und Mythensymbole dem gesellschaftlichen Unbewussten entstammen, durch die das Gewissen, der Wächter der „wahren Identität", sich Ausdruck verschafft. Das Individuum erhält so die Möglichkeit, die Impulse des Sozial- bzw. Gesellschaftscharakters selbstbewusst und selbst-tätig zu analysieren, um sie durchzuarbeitend und zu korrigieren (Fromm GA IX, 165).

Interindividuelle Möglichkeiten symbolischer Sprache sind der Mythos, das Märchen, die Literatur, das Ritual und die Religion (Fromm GA IX, 138f.). So zeigt sich z. B. im Ödipus-Mythos die Entscheidung zwischen den Mutter-Gottheit(en) und den neuen patriarchalen olympischen Göttern (Freud 1961, 494; Fromm GA IX, 273ff.). Die Antwort auf die Frage der Sphinx ist demnach für Fromm eine Antwort auf das Problem der existentiellen Dichotomie, das der individuellen Selbstverwirklichung. Es geht ihm im Mythos um eine grundsätzliche Seins-Orientierung, um eine Grundeinstellung oder -haltung, nicht primär um (verdrängte) libidinöse Strebungen oder idealgetönte Über-Ich-Forderungen.

Durch die je subjektive Beantwortung der existentiellen Frage nach der eigenen Identität: *Wer bin ich?*, bildet sich der „persönliche Mythos" in einem Akt der imaginativen Versinnbildlichung, der Selbst und Leben zu einem konsistenten und glaubwürdigen Ganzen zusammenfügt, in dem erinnerte Vergangenheit, wahrgenommene Gegenwart und antizipierte Zukunft eine kohärente und sinnhafte Struktur mit einer persönlichen Wahrheit finden (vgl.

---

[11] Vgl. Freud 1956, 71-85; 1961, 144ff.; 1971, 85f.; 1973, 87ff.; Fromm zu „Märchen, Mythen und Träumen": 1949a; 1951a; 1972a; zur Auseinandersetzung mit dem Ödipuskomplex bzw - Mythos 1930d; 1948a; 1966k; vgl. auch die Diskussion um die Rolle Jungs in der Psychoanalyse: 1935e; 1963e, vgl. auch Brumlik 1993.

McAdams 1996, 8f). Der persönliche Mythos gibt Antwort auf die existenzielle(n) Frage(n) der Individuen und strukturiert psychische Bedürfnisse im Sinne von Instrumentalität/Wirkung bzw. Partizipation/Bezogenheit (McAdams 1996, 34f; Fromm GA IX, 293f). In frühen Beziehungen inkorporierte Metaphern „bild"en sinnhaft-kohärente Linien und Perspektiven im Lebenslauf.

Dass persönlich-biographische und gesellschaftlich-historische Mythen sich dialektisch zueinander verhalten, zeigt Freud anhand des Ödipus-Mythos[12]. Die (klassisch)-historischen Inhalte der Mythen lassen unbewusste Problemstellungen, Fragen und (Grund-) Bedürfnisse anklingen. Verdrängte und vergessene Konflikt-Grundmuster, Basisverhaltensweisen und Selbstaspekte kehren wieder und erneuern und festigen sich so im Zeitlauf. Auf die pädagogisch-therapeutische Potenz von mythisch-paradigmatischen Bild-Geschichten und dem „In-Spuren-Gehen" verweist die Märcheninterpretation Bettelheims (1977, 43ff.) und das Mythodrama bei Guggenbühl (1995). Hier wird therapeutisch gespiegelt, was sich im Alltag des Individuums hinter dessen Rücken vollzieht. Das Subjekt mag zwar seinen individuellen Lebenslauf wählen, diese Wahl erfolgt jedoch stets in den gespurten Linien der Vorgänger/-innen. Dadurch wird jede Spur als Mythos im Individuum reaktiviert und ausgelebt. Dies gilt auch für Lehrer/-innen und deren Sinn- und Idealorientierung. Der persönliche Mythos von Lehrer/-innen folgt den Spuren der Antworten, die auf die Frage im Laufe der Geschichte gegeben wurden: Wer bin ich – als Lehrer/-in? Mythische Welt- und Menschen-„Bilder' stellen eine weltweite Fundgrube für die psychohistorische Entwicklung von Menschen dar, sie repräsentieren deren ganze Komplexität zusammengefasst in einer symbolisch-metaphorischen Form (vgl. Sandvoss 1998, Wulf 2001) und bieten Wege, Hinweise und Möglichkeiten für Sinngebungen an. Hier klingt Winkels (1991, 30f.) Suche nach menschlichen „Urtätigkeiten" an, damit auch die anthropologisch-differenzierte Betrachtung pädagogischen Handelns. Die idealisierten und personifizierten Imagines der mythischen Vor-Bilder können den Individuen als veranschaulichende Orientierungsschemata und Standardentwürfe von Charakteren bei der Identitätsbildung dienen (vgl. McAdams 1996, 136f.). Ähnlich verfährt auch Gebauer (2000), der auf die (inneren) Lehrer-Bilder des „Konstrukteurs", des „Pfadfinders", des „Einzelkämpfers", des „Alleinunterhalters", des „Tänzers" und des „Piloten" hinweist. Antike Geschichten jedoch können das „Rohmaterial" für die persönliche Mythenbildung in exemplarisch verdichteter Form liefern, da sie die Bedürfnisse nach „Spuren hinterlassen" und Intimität in die Imagines z.B. des „Machers" Hephaistos, der „Fürsorgerin" Demeter/Gaia und des „Humanisten" Prometheus gießen (ebd.). Diese wirken quasi als eingelagerte poetisch-bildhaft Identitätssplitter in den Tiefensedimenten der Psyche mit Ausstrahlungspotenz in die Gegenwart des (lehrenden) Individuums. Damit eröffnet sich im differenzierten Betrachten des Mythos die Chance, verdrängte oder überhöht-idealisierte Identifikationsangebote reflektiert zu analysieren und das Leiden im pädagogischen Handeln zu reduzieren.

Wenn auch McAdams im pädagogischen Bereich die Imago des „Lehrers", „Heilers", „Beraters" und „Schiedsrichters" andenkt, geht er doch im Sinne unserer Fragestellung nicht tief genug, so dass hier auf andere Autoren zurückgegriffen werden muss. Mit Bernfeld (1973),

---

[12] vgl. Freud 1912, 144ff. Literarisch zeigt sich das „In-Spuren-Gehen", die Imitatio des Mythos am Beispiel der „Gradiva" (Freud 1907), bei Thomas Mann am Beispiel des Josephromans u.a. , bei Max Frischs „Homo Faber" und Sten Nadolnys „Gott der Frechheit" [Hermes].

Winkel (1991), Schönwälder (1993), Combe (1997) und Horstkemper (1998) möchte ich mich auf Sisyphos als „Leidbild" pädagogischen Handelns konzentrieren sowie auf Prometheus, der ein eher optimistisch getöntes, visionäres Leitbild darzustellen vermag. Beide verkörpern traditionell Aspekte des Lehrens: Prometheus dadurch, dass er, gegen den Willen von Zeus, den von ihm und Athene geschaffenen unwissenden Menschen das Feuer bringt und damit gewissermaßen das technische Know-How vermittelt, Menschen also im doppelten Sinn „bildet". Sisyphos wegen der Unendlichkeit der Mühe, den Felsen den Berg hinaufzurollen – ein Sinnbild für die Beschwerlichkeit und die Unabschließbarkeit des Bildungsprozesses selbst.

2.1 Zwischen Skylla und Charybdis – ein unmöglicher" Umgang mit sich selbst: Sisyphos

Eine Veränderung des „Leidens an der Schule" (Münch 1984) kann in Zeiten, in denen Bildung nur eine rein verbale aber keine fiskalisch-ökonomische Konjunktur hat, primär am „subjektiven Faktor", d.h. bei den Lehrkräften ansetzen. Hier gilt es, Veränderungen bei der eigenen Person durch Selbstanalyse oder Supervision[14] beginnen zu lassen.

Denn wie gezeigt werden sollte, führen schulische Belastungen angesichts der Grenzen von Erziehung durch die Institution Schule auch in Fluchtstrategien. Diese verdichten sich in illusionären Zielvorstellungen und Leitbildern. Sie lassen sich im Hinblick auf den pädagogischen Narzissmus beleuchten, um dem eigenen Vermeidungsverhalten auf die Spur zu kommen. Desillusionierung im Sinne eines „Du sollst merken" (vgl. Miller 1988, 130f.), erkennt die Folgekosten der eigenen pädagogischen Lebenslüge: Der Überhöhung eigener Ideale bei gleichzeitiger fatalistischer Akzeptanz, dass der Misserfolg eintritt. Das hierin sich manifestierende tiefe Unbefriedigtsein des Ausgebrannten und Erschöpften, hat seine Wurzeln in der eigenen Verdrängung frühkindlicher Konflikte und Traumata. Doch mit der Repression wird das Kind *im* Erzieher Motor des Wiederholungszwanges, das „verdrängte Kind" rächt sich in der aktuellen pädagogischen Situation und wird damit zur Ursache des Leidens in der Schule (vgl. Bernfeld 1925, 138ff.). Im Erzieher verknüpft sich das Scheitern mit der absurden Arroganz, im Scheitern autonom zu sein (vgl. ebd., 39). Die zwanghafte Wiederkehr des pädagogischen Scheiterns findet seine Analogie im Mythos des Sisyphos, bei dem der Stein immer wieder nach unten rollt, kurz bevor er den (Erkenntnis-) Gipfel, das Ende der (pädagogischen) Mühen, erreicht. Somit stellt Sisyphos das Negativsymbol pädagogischen Handelns dar. Seine Vergeblichkeit, Mühsal und Erfolgslosigkeit, auf den „Gipfel des Idealbergs" zu gelangen, zeigt auch seine sisyphische Überheblichkeit an, mit der er die „boshaften Götter" versuchte (ebd., 114f).

Die Aufgabe, Bildung zu vermitteln, impliziert, dass der Lehrende sich im Vermittlungsprozess den Adressaten imaginativ vergegenwärtigt. Doch diese Aufgabe erweist sich unter dem

---

[14] In der *Supervision* wirkt das Alter-Ego durch das feedback als Spiegel der „blinde Flecken' im Selbstbild des Fallvortragenden fokussiert. Die Einschränkung durch Projektionen wird tendenziell der je eigenen Wahrnehmung (wieder) verfügbar und schafft eine ich-gerechtere Balance zwischen unbewussten und bewussten Persönlichkeitsanteilen, zwischen Ich und Wir, zwischen Lehrer-Ich und Schüler, zwischen Lehrerindividuum und Institution Schule. (vgl. Miller 1989, 26f.). Auf die analytische Betrachtung des persönlichen Mythos bezogen heißt dies, dass durch die (passagere) Identifikation mit dem (leidenden) Urbild des Berufes die Katharsis den Weg zur Überwindung unbewusster Leidensanteile anzubahnen vermag.

Zwang des Machbarkeitsmythos der Moderne häufig als eine Opferung der Kindheit, der Zeit und des Lustprinzips. Aus dem Subjekt aktiver Bildungsprozesse wird all zu schnell ein Objekt der Weitergabe von Lehrinhalten. So frisst Chronos seine eigenen Kinder – das reale Kind im Schüler des Hier und Jetzt und das biographisch – imaginierte Kind *im* Lehrer. So wird die Beziehungsarbeit des Lehrer zur Sisyphosarbeit verdammt (Ziehe/Stubenrauch 1982, 199f).

So zeigt Sisyphos' Leiden die Absurdität und Instabilität pädagogischen Handelns angesichts von nicht-authentischen, d.h. infantil-regressiven Verhaltensmustern, die das Unterrichten und Erziehen im Hier und Jetzt überlagern, gespeist aus Omnipotenzphantasie bzw. deren Reaktionsbildung.

2.2 Entlastung für Sisyphos?

Aufgrund des regressiven Idealverlust benötigte Sisyphos szenisches Verstehen und die Möglichkeit, sich in die eigene Biographie einzuklinken. Hieraus könnte korrigierende emotionale Erfahrung im Gespräch erwachsen. Dann kann es gelingen, die „eigene Schattenexistenz im Schüler einzuholen" (Hirblinger,1986, 837). Dabei sind die verdrängten Aggressionen und Ambivalenzen zu ertragen und zuzulassen (Hirblinger 1989, 15).

Damit kann die Reaktionsbildung sisyphischer Omnipotenzphantasie, die zum Scheitern verurteilte Opferhaltung vieler Lehrer/-innen, die sich als „einzige" der „Barbarei" und dem „Kulturzerfall" als „Fels in der Brandung" entgegenstemmen, realistisch eingeholt werden.

Damit wird ein wesentlicher Punkt des Leidens an der Schule, die idealistische Selbstaufopferung, der eigenen Reflexion zugänglich. Die eigenen Grenzen werden erkennbar, damit die gesellschaftlichen und sozialen transparenter, womit Gelassenheit pädagogisch Raum gewinnen kann. Die Erkenntnis, dass es anderen genauso so gehen kann, löst die Isolation im Klassenzimmers auf. Die Konfrontation mit den eigenen Fluchten vor „väterlich-fordernder" oder „mütterlich-fördernder" Verantwortung provoziert durch das Zulassen des Konfliktmaterials Entwicklungsschritte in Richtung von mehr subjektiver Autonomie, auch gegenüber oktroyierten und ichfremden pädagogischen Idealen.

2.3 Prometheus und das Leiden am „Menschen-Bilden"

Neben der Gestalt des Sisyphos versinnbildlicht eine weitere mythologische Figur das „Leiden an der Schule": Der Titan Prometheus (vgl. Winkel 1991, 32f). Dieser bringt den Menschen *Feuer* und das *Kunst-Handwerk*; gleichzeitig aber auch ein patriarchalisch geprägtes instrumentelles Denken, das Gaia (die innere und äußere Natur), als zu Formende und Beherrschende interpretiert. Die Moderne verdankt ihm, dem „Helden des Leistungsprinzips", Produktivität und Fortschritt (Marcuse 1971, 158).

Mit Prometheus setzt sich apollinisch-zielbewußte Ratio und patriarchale Autorität im „homo faber" durch (Marcuse 1971). Übertragen wir diese Metapher auf die Schule, zeigt sich, dass ein Lehrerbild durchscheint, dass durch technizistisches „Machen" (methodische Werkzeugintelligenz) charakterisiert werden kann.

Mit der Abspaltung und der Fesselung des Eros (Marcuse 1971, 160f), beginnt die fatale „Dialektik der Aufklärung" (Horkheimer, Adorno 1973; Brunkhorst/Koch 1987): Die mimetische Identifikation mit der Natur-Beherrschung – damit auch der des Kindes (Marcuse 1972, 30f.). Aufklärung und Freiheitsversprechen schlagen um in dreifache Unfreiheit: in (verdinglichte) Herrschaft sich selbst gegenüber und gegenüber innerer und äußerer Natur (vgl. Marcuse 1968, 35ff.). Es beginnt menschliche (Selbst-)Entfremdung und Destruktion (Marcuse 1975, 43.). Tantalusqualen entstehen in einer Welt ständig wachsender Nachfrage, denn „ge-machte Erwartungen sind ent-täuschte Erwartungen", weil sie nicht eigentlich die „eigenen", sondern oktroyierte sind (vgl. Hentig 1992, 73).

Signalisiert jedoch nicht die weite Verbreitung von Burnout, Schulunlust und Gewalt auch die tiefe Sinn-Krise des Menschenbildens und damit auch das *Ende von Prometheus*, dem mythologischen Urheber des technizistischen Verständnisses von Bildung (vgl. Landes 1969; Herrmann 1977)?

Offensichtlich ist, dass Marcuse Prometheus als *das* Symbol eines (einseitigen) Leistungsprinzips, der Mühsal, der Produktivität, des Fortschrittes durch eine eindimensionale manipulativ-technologische Unterdrückung, der Quantifizierung und damit der Ausbeutung der äußeren Natur, ablehnt (Marcuse 1972c, 160f). In einer „Wette mit Freud" (vgl. Görlich 1989) betont Marcuse die *progressiven* Elemente der Befreiung der Triebstruktur. Weil aber Prometheus' bestrafter Ungehorsam gegenüber den Olympiern und die Vertrauensseligkeit seines Zwillingsbruders Epimetheus, der für das die menschlichen Leiden hervorrufende Öffnen der Büchse der Pandora verantwortlich ist, oft als Antagonismen[15] gegenübergestellt werden, ist dieser in die Reflexion mit einzubeziehen. Verschärft wird diese antinomische Spannung durch Pandora (Marcuse 1971, 160). Sie verkörpert das weibliche Prinzip, Lust und Sexualität, ähnlich wie die Sirenen, wie Kirke und die Lotophagen in der Odyssee (Horkheimer/Adorno 1973, 42ff.). Sie ist verführerisch-regressive „Natur". Diese wird von der männlich sich identifizierender Subjektivität abgewehrt, womit sich das (patriarchale) „Urbild des bürgerlichen Individuums" (Horkheimer/Adorno 1973, 42.) als *Selbst in Abwehr* konstituiert. Abwehrmechanismen rationalisieren und ideologisieren den angsteinflößenden und zugleich begehrten und aufgrund dieser Ambivalenz abgewehrten natürlichen Impuls eigener und äußerer „Natur". Das Bild der *alles*-gebenden „Natur" kippt um und erscheint nun als zerstörerischer Fluch, wie dies in der Metapher der „Büchse der Pandora" deutlich wird. Die positiven Aspekte der „Natur", wie Muße, Rezeptivität und „Weiblichkeit" werden abgespalten. Als Pandora wesensgleich wird der *nach*-sinnende, spontane Epimetheus angesehen. Er wird, obgleich er für eine nachhaltige Balance (vgl. Flego/Schmied-Kowarzik 1989, 278) zwischen Mensch und Leben steht, zu Unrecht als „dumpf und stumpf" abgewertet.

Deutlich jedoch wird, dass in dieser Sichtweise Pandora/Gaia eher Symbole der Befreiung sind als Prometheus, der für eine technizistisch-halbierte Rationalität steht. Dies bedeutet in der Konsequenz die Notwendigkeit der Wiederkehr des kreatürlich-naturhaften „*epimetheischen Menschen*", soll das Leiden am „Menschenbilden" überwunden werden. (vgl. Illich 1971, 144ff; vgl. auch Flego/Schmied-Kowarzik 1989, 277f.). Seine Bestrafung und sein Leiden lassen Prometheus zum (pädagogischen) Negativbild werden. Doch auch der spon-

---

[15] vgl. Pauly 1964-75, 1174f; Schwab 1858, 15f, 79; Bellinger 1999, 140f.; Kerenyi 1951, 164ff.

tane Epimetheus allein ist defizitär, wie der Fortgang des Mythos zeigt. Die Synthese beider ist erforderlich, um das Überleben der Menschheit zu gewährleisten (Schwab 1858, 22f.).

2. 4 Der rebellische Prometheus

In der Interpretation des Prometheus setzt Fromm andere Schwerpunkte: für ihn durchbricht der *„rebellische Prometheus"* (Fromm GA VI, 100) das Monopol der Olympier auf Produktivität und Schöpferkraft, indem er den Menschen das Feuer als Symbol der Stärke, der Freiheit und des Glückes bringt (Fromm GA II, 96). Mit dieser Interpretation folgt Fromm teilweise Marxens „arbeitsmethaphysischer" Einschätzung (Fromm GA V, 300f.), doch erweitert er sie tiefenpsychologisch. Demnach durchbricht Prometheus die sadomasochistische Triebstruktur autoritärer Charaktere (Fromm GA I, 177) und den Kreislauf des Autoritätsgehorsams: *Ungehorsam, Schuldgefühl (eines autoritären Gewissen)s, Bestrafung, Unterwerfung, erneuter Ungehorsam, Schuldgefühl, erneute Unterwerfung und letztlich Internalisierung des autoritären Gebotes* (vgl. Fromm GA II, 356f.). Doch ist der prometheische Ungehorsam nicht nur gegen den autoritären „Vater" Zeus gerichtet. Wichtiger noch: Prometheus hat sich aus der kindlichen Abhängigkeit von der „Mutter Erde" gelöst. Er hat die ursprüngliche fötal-harmonische Symbiose transzendiert, um den ersten Schritt in *selbst*bestimmte Freiheit zu tun (vgl. Fromm GA IX, 367ff.). Hierin gleicht Prometheus' revolutionäres *Nein* dem Ungehorsam von Adam und Eva in der biblischen Schöpfunggeschichte (vgl. Fromm GA IX, 146, 350ff.). Beide Mythen signalisieren den Beginn menschlicher Geschichte, in der sich individuelle Entfaltung humaner Kräfte vollziehen kann: Vernunft, Liebe und *neue* Harmonie mit Mitmensch und Natur. Prometheus nun doch ein Vor-Bild für Lehrer? Ein Leitbild für aufklärendes und selbstbestimmtes Lehren?

Auf den ersten Blick scheint sich der Prometheusmythos als pädagogische Utopie anzubieten: Menschenbilden als Erkenntnis vermitteln, Qualifikation ausformen, als Aufklärung autoritärer Strukturen. Dies jedoch trifft für Fromms Interpretation nur partiell zu. Die Chance auf eine humane autonome Entwicklung verkehrt sich aus *Furcht vor der Freiheit* individueller Verantwortlichkeit und aufgrund ökonomischer und gesellschaftlicher Systemzwänge (vgl. Fromm GA I, 217ff; Fritzsche/Knepper 1993, 13ff.) ins Gegenteil.

Das Individuum regrediert im Konformismus zum Organisations-Menschen (Fromm GA V, 299). „Prometheus brachte den Menschen das Feuer, um sie von der Herrschaft der Natur zu befreien. In unserer Zeit hat sich der Mensch zum Sklaven eben dieses Feuers gemacht, das ihn befreien sollte.(...) Der moderne Mensch hat viele Dinge und gebraucht viele Gegenstände, aber er ist sehr wenig. Seine Gefühle, seine Denkvorgänge sind zurückgebildet wie untrainierte Muskeln. Er hat vor allen sozialen Veränderungen Angst, weil jede Störung des gesellschaftlichen Gleichgewichts ihm Chaos oder Tod bedeuten vielleicht nicht im physischen Sinn, aber doch als das Ende seiner Identität" (Fromm 1989a, 126). Fromm postuliert deshalb die *„Renaissance der humanistischen Erfahrung"* (vgl. Fromm GA IX, 147.), in der der messianische Gedanke der humanen Selbst-Verwirklichung in einer demokratischen Gesellschaft inmitten einer harmonischen Einheit mit der Natur zur Realisierung kommt (vgl. Fromm GA V, 381f.). Da „Natur" für Fromm weitgehend als „menschliche" Natur begriffen wird (Hunger 1995, 70ff.), unterscheidet er sich hier von Albert Schweitzer und dessen Lebens-These: „Wir sind das Leben, das leben will inmitten von Leben, das leben will" (vgl.

Zimmer 1997, 18.). Ein erneutes prometheisches *Nein* führt für Fromm zur Vermenschlichung der Natur, in der sich Menschen zu Hause fühlen können. Der Mensch muss demnach wieder im „Sattel sitzen" und die (pädagogische) „Technik reiten", nicht umgekehrt (vgl. Fromm GA V, 270f.). „Prometheus" muss sich von seinen eigenen äußeren und inneren „technologischen Fesseln" befreien. Dies heißt, instrumentell-funktionales Denken, „Fortschrittsglaube" und modernistischer Konformismus, Elemente, die *in* Prometheus selbst wirken und damit Teil seiner Identität wurden, müssen überwunden werden. Dann kann sich kreatives Wahrnehmen und Verantwortung *gegenüber* der Umwelt durchsetzen, in der eine „Rose eine Rose" ist (Fromm GA IX, 364) und kein gleichgültiges, bedrohliches, zu verbrauchendes oder zu zerstörendes Objekt (vgl. Funk 1997, 102ff.). „Liebe zum Leben" kann sich entwickeln und damit die Dominanz humanen Seins über konsumistisches oder nekrophiles Haben. Hier erinnert Fromm an den Midas-Mythos. Denn wenn sich alles Lebendige durchs „Haben" in materielle Objekte verwandelt, wirkt dies nekrophil.

Im veränderten Bild des Prometheus wird ein Menschen„bild" erkennbar, in dem sich eine nicht-technische, nicht-habgierige Haltung ausdrückt. Biophile Liebe zum Lebendigen beinhaltet Integration und strukturgemäßes Wachstum. Eine biophile Ethik der „Kunst des Lebens" wird deutlich, die sich Schweitzers „Ehrfurcht vor dem Leben" annähert. Diese produktive, kreative Form der Beziehung mit der kindlichen und „natürlichen" Natur ist „ein Prozeß des Gebärens und Hervorbringens, wobei die Beziehung zu meinem Produkt aufrechterhalten bleibt. Dies bedeutet auch, dass meine Aktivität eine Manifestation meiner Kräfte und Fähigkeiten ist, dass ich und mein Tätigsein und das Ergebnis meines Tätigseins eins sind. ... Sich in seinen Eigenkräften selbst zu erleben, ist gleichbedeutend mit der Orientierung am Sein" (Fromm GA III, 311; GA IX, 418). Dies wäre der Tod erzieherischer Kommunikation. Biophile Kreativität ist dem diametral entgegengesetzt.

Wenn aufgrund dieser Überlegungen deutlich wurde, dass Prometheus' Ungehorsam und Produktivität für die Entwicklung wissenschaftlich-technischer Zivilisation unverzichtbar erscheinen, so darf doch nicht seine (männlich) übervorteilende List außer acht gelassen werden. Die Krisis der Moderne und des Leidens im Erziehungsprozess zeigen, dass das Leitbild Prometheus am Ende ist – zumindest ohne die Hilfe seines ungleichen Bruders Epimetheus und dessen spontane Unvoreingenommenheit. Epimetheus' größere Affinität zu (weiblicher) Kreativität (Pandora/Gaia) ist unverzichtbar als kritisches Spiegelbild und solidarisches Korrektiv des „Menschenbildners" Prometheus. Das Monopol des Prometheus auf alleinige Belehrung und Führung ist obsolet geworden. Nur in der Synthese beider und der scheinbaren Widersprüche lässt sich ein neuer menschlicher, d.h. nach-haltiger Umgang in schulischer Um-Welt denken.

Neben dem Leiden an der technischen Reduktion verkörpert Prometheus das Rebellische: Der Menschenbildner Prometheus hat durch den zivilisationsproduzierenden, aufklärenden Akt der Weitergaben von technischem Know-How den Zorn der Mächtigen hervorgerufen, denn diese verlieren wie im Mythos durch Wissen an Einfluss und Privilegien. Lehrer müssen daher realistischerweise mit Widerstand des sozialen Umfeldes rechnen, denn es wäre naiv zu glauben, jede Innovation finde den Beifall des schulischen Publikums oder der sozialen Umgebung. Nur hilflose, konformistische (Halb-)Bildung, die nicht der Selbstverwirklichung dient, könnte mit dieser Narrenfreiheit rechnen.

3. Chancen für Erziehung – Balance zwischen Scylla und Carybdis

Zeitgemäße Erziehung kann nicht den traditionellen Pfaden einseitiger wissenschaftlich-technischer Ratio folgen. Die Konsequenz heißt *„Erziehung zum Lebendigsein"* (Fromm GA IX, 419). Da nach Adorno (1979, 82.) „erziehender Unterricht' die Funktion von *Hege* und *Formung* hat, muss *„Erziehung zum Lebendigsein"* diesem Impuls Rechnung tragen. Die Funktion des *Hegens* kann sich am sinnvollsten vollziehen analog der Gestalt des spontan-empathischen Epimetheus (vgl. Illich 1971, 11) bzw. in der Frommschen Terminologie, dem Element des Weiblichen: Pandora/Gaia. Hier wird dem Schüler Eigenverantwortung und selbstbestimmtes Lernen zuerkannt. Doch fehlte hier noch die dialektische Komplettierung durch den Aspekt des *Formens*, die Metapher des handwerklichen Prometheus. Fehlte dieser Aspekt, wäre konkretes, systematisches „Know-How" nicht gezielt tradierbar, dabei ist dieses in einer komplexer werdenden Welt immer nötiger. Gilt es doch „Überleben durch Bildung" (Bernhard/Rothermel 1995) zu sichern. Im prometheischen homo faber wird der patriarchalische gesellschaftlicher Zweck in der formenden Ausbildung realisiert, während der epimetheische Aspekt sich der individuellen Selbst-Verwirklichung widmet. Die „Wiedergeburt des epimetheischen Menschen", wie Illich (1971, 144ff.) sie postuliert, erfordert die dialektische Einheit, das Ausbalancieren von Phantasie und Rationalität (vgl. Wehr 1991, 232f.) in der Solidarität von Prometheus und Epimetheus. Den hoffnungsvollen Aufforderungscharakter der solidarisch agierenden Brüder gälte es für das imagegebeutelte Berufsbild und das Selbstverständnis von Lehrer/-innen zu entwickeln. Wäre es nicht sinnvoll, Prometheus/Epimetheus als Leitbilder zu diskutieren, anstelle der Fixierung auf den *scheiternden* Sisyphos (Bernfeld 1925)? Es wäre dann möglich, die Aspekte von fördern und fordern, sozialisieren und selegieren, Individualität und Sozialität, Schüler- und Lehrerzentrierung, entdeckendem und rezipierendem Lernen, Nähe und Distanz, Kooperation und Autorität wieder in einer humanisierenden Balance zusammenzudenken. Hier kann auf von Hentig (1972, 134.) zurückgegriffen werden, der Epimetheus, den Darüber-Nachdenker, als eine Leitfigur bewertet, die sich durch Nachhaltigkeit, Ausgewogenheit und mußevolles Leben im Hier und Jetzt auszeichnet.

Die Einbeziehung der Muße in das schulische Geschehen geht davon aus, dass für einen selbstverantworteten, selbsttätigen Lernprozess sowohl die vita aktiva als auch die vita kontemplativa vonnöten sind, dass Lehrer/-innen und Schüler/-innen sowohl den kognitiv-„technische" Prometheus als auch den selbstvergessen-mußevollen Epimetheus als Potentialität in sich bergen. Der kreative Lehrer bzw. Schüler vermag beide Lebens- und Lernmöglichkeiten reflektiert zu nutzen. Hierzu sind natürlich (auch, aber nicht nur) offene Unterrichts-, Sozial-, Lehr- und Lernformen vonnöten.

Nur so ist die Überwindung der prometheischen Machbarkeitszwanges, der davon ausgeht, die Schüler für eigene Zwecke „haben" zu können, sie immer etwas machen zu lassen, sie zu etwas zu bewegen, ständig das Zentrum von Aktivität und Leben zu sein, möglich und damit auch die Überwindung des sisyphischen Scheiterns.

Die Balance dialektischer Antinomie finden wir in Scarbaths „Träumen vom guten Lehrer". Scarbath imaginiert den „guten Lehrer'als ein Individuum, dem es gelingt, die Antinomien in eine „je persönliche Balance" zu bringen und diese in sozialen Kontexten dialogisch-ich-stark durchhalten zu können:

- Erwachsensein und Kindsein (d.h. sich an Kindheit, Schülerdasein erinnern und entsprechende Lernfähigkeit bewahren)
- Norm und Situation (zwischen Gesetz/Gesellschaft und individueller Klassen-/Schülersituation)
- Immanenz und Transzendenz
- männlich-väterliche und weiblich-mütterliche Elemente
- Nähe und Distanz (Hier besteht die Gefahr idealistischer Überforderung durch den Anspruch, ständig „pädagogisches Verständnis" zu zeigen. Dies kann durchaus zur „Ich-Stärkung" des Schülers führen, aber auch zum Ausbrennen des Lehrers. Hier ist professionelle Distanz hilfreich.)
- Kontinuität der Person – Sich-Einlassen auf die Situation
- Selbstentfaltung – Mitmenschlichkeit
- förderndes Verstehen – politisch-solidarisches Engagement (vgl. Scarbath 1992, 14f.)

Die Möglichkeit von bewusster Distanz schafft gleichzeitig die Chance befriedigenderer Interaktionen, da die persönliche Nähe-Distanz-Balance ein intensiveres „Sich-Einbringen" ermöglicht. Damit wird die soziale Vereinsamung von Lehrer/-innen durch ein Übermaß an (professionellen) sozialen Kontakten kommunikativ auflösbar. Nur so kann ein „junge Menschen förderlich herausfordernder und ergänzender Lehrer" angemessen verstehen und Entwicklung evozieren (Kretschmann 1993, 21).

Fassen wir zusammen, so wird deutlich, dass (gute) Lehrer/-innen der Kompetenz bedürfen, zwischen Scylla *und* Charybdis, zwischen Versagen *und* Gewährenlassen, zwischen Über-Ich-Verboten *und* Es-Impulsen, zwischen Väterlichkeit *und* Mütterlichkeit, zwischen realistischen Forderungen *und* wertschätzender Förderung, zwischen Autorität *und* Liebe, eine Balance zu finden und Antinomien[16] auszuhalten (vgl. Münch 1984, 238f.). Damit ist die realitätsangepasste Balance intendiert zwischen triebhaften Impulsen, Körperbedürfnissen und sozialen Erwartungen bzw., deren psychischen Repräsentanzen im Über-Ich. Möglich ist auch die Versöhnung von Nähe *und* Distanz, Freiheit *und* Autorität in der Reflexion auf den persönlichen Mythos, der Prometheus und Epimetheus vereinigt. Pädagogische Klugheit wird sichtbar, eine Eigenschaft, die auch *Odysseus* zugesprochen wird (vgl. Horkheimer/Adorno 1973, 42ff.), die Fähigkeit, zwischen Scylla *und* Charybdis einen überlebenssichernden Weg gefunden zu haben.

Um diese Überlegungen fruchtbar zu machen, ist es nötig, diese mythischen Gestalten in sich selbst wiederzuerkennen: die prometheische technizistische Reduktion, die epimetheische Spontaneität und die sisypische Hybris. Gesunder Narzissmus, der eigene Wünsche und Interessen anerkennt, muss in produktiver Selbsterfahrung deutlich werden (Fromm 1989a, 47f). Gelingt dies nicht, so bricht der Basiswiderspruch des Lehrerseins auf, der Widerspruch zwischen dem realen (aber verdrängten) Kind *im* Lehrer und dem Gipfel des Ideal-

---

[16] Hier sei an Winkels Lehrertypen erinnert: der Anspruchslehrer, der Kumpellehrer, der Ordnungslehrer und der Freiheitslehrer. Ein guter Lehrer entsteht jedoch aus dem Lehrertyp dadurch, dass „keines der divergenten Bedürfnisse vernachlässigt oder verabsolutiert wird" (Winkel 1988, 25f, 153) Die je eigenen Charakteristika müssen bejaht werden und doch zum Zentrum hin orientiert bleiben. Diesen Lehrer, der die verschiedenen widersprüchlichen Dominanzen (Nähe-Distanz, Kontinuität - Veränderung) ausgleichend in sich zu verbinden vermag, die Widersprüche in sich ertragen vermag, nennt Winkel den „Antinomielehrer'.

berges, auf dem die alltägliche Anstrengung pädagogischer Liebe sich abarbeitet (Bernfeld 1973, 39.) Dies wird von der Schule mit Misserfolg bestraft, denn die Bestimmung hehrer Erziehungsideale und -ziele nimmt oft gerade die Werte zur pädagogischen Maximen, die faktisch oft am wenigsten gelebt werden. In diesem unbewussten Selbstbetrug kristallisiert sich der Abwehrmechanismus der *Reaktionsbildung* heraus. Das bedeutet, Impulse zu Intoleranz, Aggressivität usw. Diese schleichen sich unbewusst in die schulischen Handlungsweisen ein, durch die Übersteigerung gegensätzlicher Werte, die vom Bewusstsein ferngehalten werden sollen. Pädagogische Widerstände und Übertragungskonflikte werden durch die Abwehrmechanismen nicht gelöst, sondern machen sie für das bewusste Handeln unzugänglich (vgl. Muck 1980). Hierzu müssen (pädagogische) Tabus aufgedeckt und idealisierende (pädagogische) Lebenslügen in einem schmerzhaften Prozess desillusioniert werden. Dies erfordert einen produktiven Umgang mit den eigenen belastenden Gefühlen (vgl. Meyer 1991, 68f). Zugestehen eigener und fremder Affekte ist hier der erste Schritt zur Selbstaufklärung z.B. in einem Supervisionsprozess. Dem Be-arbeiten folgt das Be-greifen eigener Defizite auf der Folie (persönlicher) Mythen. Selbsterfahrung, Selbstanalyse, Entspannung und kreatives Gestalten sind Möglichkeiten, auf die in diesem Bereich schwer zu verzichten ist.

So kann der/die Lehrer/-in den guten Vater/die gute Mutter den Schülern/-innen gegenüber verkörpern. Wohlfühlen im Erziehungsprozess impliziert, dass die eigenen Bedürfnisse nicht mehr umgebogen werden im Sinne repressiver Abwehrmechanismen und dass Konflikte nicht mehr strukturell zuungunsten des Lehrer-Ich entschieden werden, sondern dass durch ich-nahe Sublimierungen eine Balance erarbeitet wird zwischen den unbewussten Triebabkömmlingen und konkret-utopischen Idealen. Das heißt, die eigenen Interessen, Bedürfnisse und Schwerpunkte sind *in* die Schule einzubringen. Damit wird hinter der Frage nach der eigenen beruflichen Rolle die Thematik der eigenen Identität, Authentizität und Konsistenz sichtbar (vgl. Münch 1984, 170ff.).

Die schulischen Realität zeigt weitgehend ritualisierte Unterrichtsformen, die dem Ausbrennen eher zuträglich sind, als dem Wohlfühlen in der Schule. So zeigen Untersuchungen zum Theorie-Praxis-Problem, dass Unterricht häufig ein zu geringes Methodenrepertoir aufweist. Die seit Jahren kritisierte Vorherrschaft des Frontalunterrichts ist kaum verändert. Als methodische Grundstruktur findet sich überwiegend ein Wechsel zwischen Gespräch und Stillarbeit. Der Lehrer wird damit oft zum einzigen aktiven Subjekt des Unterrichtes, der Schüler zum zuhörenden, wiedergebenden und abschreibenden Objekt. Sinn lässt sich für viele Schüler/-innen kaum einsichtig vermitteln. Unterricht verkommt dann allzu leicht zum ent-sinnlichten Lehrplanvollzug. Mit dem entdeckenden Unterricht verwandte Lernformen gehen von der Subjektivität des Schülers aus und versuchen diese durch didaktisch-methodische Hilfestellungen mit dem Lerngegenstand zu „bilden". Offene, selbstbestimmte Lernprozesse innerhalb eines Rahmenthemas münden in eine erfahrungsgestützte Handlungsorientierung, die eine kommunikative Ausweitung der didaktischen Rollen ermöglicht. Die Orientierung der Lernprozesse am *„selbsttätigen, handelnden Schüler"* hat jedoch nicht nur didaktisch-methodische Konsequenzen, sondern auch organisatorische Folgen.

„Passendes Lehrerverhalten", das immer wieder in der pädagogischen Reflexion zu sichern ist, verknüpft Disziplin und Einfühlung miteinander, Konzentration und sozialpädagogisches Verhalten. Realistisches Lehrerhandeln entwächst analytischer Reflexion, die sowohl falschen Idealen eine Abfuhr erteilt, als auch vorschneller Resignation (Winkel 1988, 106f). Die Überidentifikation mit Schülern und der Traum unbedingter Liebe werden durch die

Anerkennung eigenen Erwachsenseins und der Berufsrolle abgearbeitet (Münch 1984, 18). Hierzu ist eine conditio sine qua non angemessenes und empathisches Zuhören. Gleichzeitig muss auf der *Echtheit* des Lehrers im Umgang mit seinem Schülern bestanden werden. Damit wird das Recht des Lehrers betont, seine Emotionen und Einstellungen für den Schüler transparent zu machen. Der Schüler kann so den Lehrer als eine authentische Person erleben, ihn nicht nur als Stoffvermittler wahrnehmen. Eine unverfälschte(re) Beziehung kann so angebahnt werden. Wertschätzung ist für die positiv geprägte pädagogische Beziehung notwendig, da hier von der Akzeptanz des Schülers auszugehen ist, um ihm angemessene emotionale, kognitive und pragmatische Entwicklungschancen zu ermöglichen. So kann sich die kreative Identität des Schülers entfalten. Im Sinne unserer Überlegungen hieße das, das Scheitern des Sisyphos durch die Suche des Odysseus nach seinen Wurzeln zu ersetzen, um Prometheus mit Epimetheus in Einklang zu bringen.

Literatur:

Adorno, Th.W. (1970): Tabus über den Lehrerberuf. In: Erziehung zur Mündigkeit, Suhrkamp: Frankfurt/M.

Adorno, Th.W. (1970): Erziehung zur Mündigkeit. Suhrkamp: Frankfurt/M. 1979, 6. Aufl.

Adorno, Th.W. u. a. (1973): Studien zum autoritären Charakter. Suhrkamp: Frankfurt/M.

Barth, A.-R. (1992): Burnout bei Lehrern. Hogrefe: Göttingen u.a.

Beck, U. (1986), Risikogesellschaft. Suhrkamp: Frankfurt/M.

Beck, U. (1990): Von der Industriegesellschaft zur Risikogesellschaft. In: Bundeszentrale für politische Bildung (Hrsg) Umbrüche in der Industriegesellschaft. Schriftenreihe: Bonn

Beck, U. (Hrsg.) (1997): Kinder der Freiheit. Suhrkamp: Frankfurt/M.

Beck, U./Beck-Gernsheim, E. (1990): Das ganz normale Chaos der Liebe. Suhrkamp: Frankfurt/M.

Bernfeld, S. (1925): Sisyphos oder die Grenzen der Erziehung. Suhrkamp: Frankfurt/M. 1973

Bernhard, A./Rothermel, L.(Hrsg.) (1995): Überleben durch Bildung. Vorarbeiten zu einer ökologischen Fundamentaldidaktik. Deutscher Studienverlag: Weinheim 1995

Bettelheim, B. (1977): Kinder brauchen Märchen, Deutsche Verlagsanstalt: Stuttgart

Brumlik, M. (1993): C.G. Jung. Zur Einführung. Junius: Hamburg

Brunkhorst, H./Koch, G. (1987): Marcuse. Zur Einführung. Junius: Hamburg

Burisch, M. (1994): Ausgebrannt, verschlissen, durchgerostet. In: Psychologie heute 9/94, 22-26

Burisch, M. (1989): Das Burnout-Syndrom, Theorie der inneren Erschöpfung. Springer: Berlin u.a.

Combe, A. (1997): Der Lehrer als Sisyphus, In: Pädagogik 1/1997, 10-14.

Flego, G./Schmied-Kowarzik, W. (Hrsg) (1989): Herbert Marcuse - Eros und Emanzipation. Marcuse-Symposium 1988 in Dubrovnik. Germinal Verlag: Giessen

Fölsch, G. (1993): Sind „Berufskrankheiten" der Lehrerpersönlichkeit unausweichlich? In: Pädagogik 1/93, 18-22

Freud, S. (1907): Der Wahn und die Träume in W. Jensens „Gradiva", mit dem Text der Erzählung von Wilhelm Jensen, Fischer Verlag: Frankfurt/M. 1973

Freud, S. (1912): Totem und Tabu. Fischer Verlag: Frankfurt/M. 1956

Freud, S. (1925): Geleitwort zu „Verwahrloste Jugend" von August Aichhorn, GW Bd. XIV. Fischer: Frankfurt/M 1976, 4.Aufl.

Fritzsche, P.K./Knepper, H. (1993): Die neue Furcht vor der Freiheit. In: Aus Politik und Zeitgeschichte Bd. 34, 13-24

Fromm, E. (1967): Die Faszination der Gewalt und die Liebe zum Leben. In: Fromm, E.: Liebe, Sexualität und Matriarchat. Beiträge zur Geschlechterfrage, herausgegeben von R. Funk. Deutscher Taschenbuch Verlag: München 1994

Fromm, Erich (1989a): Vom Haben zum Sein. Wege und Irrwege der Selbsterfahrung. Schriften aus dem Nachlaß, herausgegeben von R. Funk, Band 1. Beltz: Weinheim u. Basel 1989

Fromm, E. (1989b): Gesamtausgabe in 10 Bänden, herausgegeben von R. Funk. Deutscher Taschenbuch Verlag: München

Gebauer, K. (2000): Stress bei Lehrern. Probleme im Schulalltag bewältigen. Klett-Cotta: Stuttgart 2000

Görlich, B. (1988): Im Streit um das Freudsche Erbe. Marcuse, Fromm und die Aktualität der psychoanalytischen Kulturismusdebatte. In: Text und Kritik 2/88, 44-61

Görlich, B. (1989a): Die Aktualität psychoanalytischer Sozialisationstheorie in der gegenwärtigen Debatte um Freud. In: KulturAnalysen 1/1989, 6-31

Görlich, B. (1991): Die Wette mit Freud, Drei Studien zu Herbert Marcuse. Nexus Verlag: Frankfurt/M. 1991

Gudjons, H. (Hrsg.) (1993): Entlastungsstrategien im Lehrerberuf. Bergmann & Helbig: Hamburg

Gudjons, H. (1993), Pädagogisches Grundwissen. Klinkhardt: Bad Heilbrunn

Guggenbühl, A. (1995): Die unheimliche Faszination der Gewalt. Denkanstöße zum Umgang mit Aggression und Brutalität unter Kindern. Deutscher Taschenbuch Verlag: München

Hentig, H. v. (1972): Cuernavaca oder: Alternativen zur Schule? Klett: Stuttgart 1972, 2.Aufl.

Hentig, H. v. (1987): Was ist eine humane Schule? Hanser: München

Herrmann, J. (1977): Spuren des Prometheus. Urania: Leipzig, Jena, Berlin

Hirblinger, H. (2001): Einführung in die psychoanalytische Pädagogik der Schule. Königshausen & Neumann: Würzburg 2001

Horkheimer, M./Adorno, Th. W. (1973): Dialektik der Aufklärung. Fischer: Frankfurt/M.

Horstkemper, M. (1998): Sisyphus. Oder die unabschließbare Aufgabe, das eigene Berufsverständnis zu bestimmen. In: Friedrich Jahresheft 1998, 4-5

Illich, I. (1971): Entschulung der Gesellschaft. Kösel: München

Kerenyi, K. (1951): Die Mythologie der Griechen. Die Götter- und Menschengeschichten. Deutscher Taschenbuch Verlag München 2000, 16.Aufl.

Kretschmann, R. (1993): Wenn der Stress aus dem Ruder zu laufen droht. Stressprävention – Bausteine und Erfahrungen von Workshops. In: Pädextra 10/93, 14-24

Landes, D. (1969): The unbound Prometheus: Technological Change and Industrial Development in Western Europe from 1750 to the Present. Univ. Press: Cambridge

Landesinstitut für Lehrerfortbildung, Lehrerweiterbildung und Unterrichtsforschung (LISA) (1999): Prometheus heute. Eine Materialsammlung für den Unterricht. Halle/Saale

Leuschner, G./Schirmer, F. (1993): Lehrergesundheit aus medizinischer Sicht. In: Pädagogik 1/93, 6-8

Marcuse, H. (1968): Psychoanalyse und Politik. Europäische Verlagsanstalt: Frankfurt/M. 1980, 6.Aufl.

Marcuse, H. (1971): Triebstruktur und Gesellschaft. Suhrkamp: Frankfurt/M. 1971, 3.Aufl.

Marcuse, H. (1972a): Trieblehre und Freiheit. In: H.-P. Gente (Hrsg.): Marxismus – Psychoanalyse – Sexpol, Bd. 2. Fischer: Frankfurt/M. 178-200

Marcuse, H. u.a. (1972b): Aggression und Anpassung in der Industriegesellschaft. Suhrkamp: Frankfurt/M. 1992

Marcuse, H. (1972c): Der eindimensionale Mensch. Neuwied, Berlin, 1972, 5.Aufl.

Marcuse, H. (1975): Zeit-Messungen, Suhrkamp: Frankfurt/M.

Maslow, A.H. (1981): Motivation und Persönlichkeit. Rowohlt: Reinbek

McAdams, D. P. (1996): Das bin ich. Wie persönliche Mythen unser Selbstbild formen. Kabel: Hamburg

Meyer, E. (Hrsg.) (1991): Burnout und Streß. Praxismodelle zur Bewältigung. Schneider Verlag Hohengehren: Baltmannsweiler

Miller, A. (1981): Das Drama des begabten Kindes und die Suche nach dem wahren Selbst: Suhrkamp: Frankfurt/M.

Miller, A (1988): Das verbannte Wissen, Suhrkamp: Frankfurt/M. 1988, 2.Aufl.

Miller, R. (1989): Sich in der Schule wohlfühlen. Wege für Lehrer/-innen und Lehrer zur Entlastung im Schulalltag. Beltz: Weinheim, Basel

Miller, R. (1994): Umgang mit Belastungen. In: Pädagogik 6/94, 15-20

Muck, M. (1980): Psychoanalyse und Schule. Grundlagen, Situationen, Lösungen. Klett: Stuttgart

Münch, W. (1984): Leiden und Lust an der Schule. Psychoanalytische Selbsterfahrung und Supervision in Lehrergruppen. FH Frankfurt/M. - Materialien zur Sozialarbeit und Sozialpolitik: Frankfurt/M.

Nadolny, S. (1999): Ein Gott der Frechheit. Piper: München u.a. 1999, 7.Aufl.

Pauly, A./Ziegler, K. (Hrsg.) (1964-75): Lexikon der Antike in fünf Bänden. Deutscher Taschenbuch Verlag: München 1979

Rudow, B. (1994): Die Arbeit des Lehrers – Zur Psychologie der Lehrertätigkeit, Lehrerbelastung und Lehrergesundheit. Huber Verlag: Bern

Rutter, M., Mortimer, O. u.a. (1980): Fünfzehntausend Stunden. Schulen und ihre Wirkung auf die Kinder. Beltz: Weinheim, Basel

Sandvoss, E. R. (1998): Sternstunden des Prometheus. Vom Weltbild zum Weltmodell. Insel-Verlag: Frankfurt/M. u. Leipzig

Scarbath, H. (1992): Träume vom guten Lehrer. Sozialisationsprobleme und dialogisch-förderndes Verstehen. Auer Verlag: Donauwörth

Schönwälder, H.-G. (1993): Der gestresste Sisyphos, In: Pädextra 10/93, 6-13

Schultz, H.-J. (Hrsg.) (1983): Über die Liebe zum Leben. Rundfunksendungen. Deutsche Verlags-Anstalt: Stuttgart

Schwab, G. (1858): Die schönsten Sagen des klassischen Altertums. Wilhelm Goldman Verlag: München 1980, 14.Aufl.

Singer, K. (1981): Maßstäbe für eine humane Schule. Mitmenschliche Beziehung und angstfreies Lernen durch partnerschaftlichen Unterricht. Fischer: Frankfurt/M.

Stierlin, H. (1978): Delegation und Familie. Beiträge zum Heidelberger familiendynamischen Konzept. Suhrkamp: Frankfurt/M.

Wehr, H. (1991): Produktiver Mensch oder orphischer Narziß – Anthropologische Reflexionen bei Fromm und Marcuse. In: M. Keßler/R. Funk (Hrsg.): Erich Fromm und die Frankfurter Schule. Francke Verlag: Tübingen

Winkel, R. (1991): Prometheus, Sisyphos oder Penthesilea? Pädagogische Berufe und ihre verborgenen Probleme. In: E. Meyer (Hrsg): Burnout und Streß, Praxismodele zur Bewältigung. Schneider Verlag Hohengehren: Baltmannsweiler

Winkel, R. (1988): Antinomische Pädagogik und Kommunikative Didaktik. Schwann: Düsseldorf

Wulf, Ch. (2001): Einführung in die Anthropologie der Erziehung. Beltz: Weinheim und Basel

V. Lösungsperspektiven

Annedore Hirblinger

Die Fallbesprechungsgruppe zwischen Unterrichtswirklichkeit und pädagogischem Ich-Ideal

1. Einleitende Bemerkungen: Professionalisierung und Supervision in der Schule

Professionalisierung und Supervision im sozialen Feld der Schule haben die Reflexion der Alltagspraxis und die Erweiterung der Handlungskompetenz des Lehrers am Arbeitsplatz Schule zum Ziel. Die Schule versucht seit Jahrzehnten ihrem Bildungsauftrag gerecht zu werden, jedoch bleiben Reformbemühungen hinsichtlich innovativer Entwicklungen aufgrund der Langatmigkeit administrativer Umstrukturierungen immer wieder zyklisch in einem Zustand resignativer Erstarrung stecken. Was im Bereich der Wirtschaft und des freien Arbeitsmarktes längst Konsens ist, nämlich die Notwendigkeit von Organisationsentwicklung und Professionalisierung *aller* Mitarbeiter im Sinne der *Aufgabe*, ist im Bereich der Schul- und Unterrichtsentwicklung noch weitgehend Zukunftsmusik.
Organisatorische Innovationen und Modellinitiativen der Wirtschaft lassen sich jedoch sicher nicht nahtlos auf das soziale Feld Schule übertragen. Kritisch ist zu hinterfragen, ob beispielsweise die Anwendung eines Begriffs wie dem der *corporate identity* als unverwechselbarer Organisationsidentität überhaupt für die Schule sinnvoll und angemessen sein kann. Entwicklungsziele und Problemlösungsstrategien müssen vom jeweiligen sozialen Feld angemessen adaptiert werden können, genauso wie die theoretischen Konzeptualisierungen der Psychoanalyse nicht ungefiltert in den Bereich der Pädagogik mit hineingenommen werden dürfen.
Die Schule als hierarchisch gegliedertes Organisationssystem ist keine Unternehmerorganisation auf dem freien Markt. Fragen nach dem Stellenwert von Veränderungsbereitschaft und Selbstreflexivität lassen sich im sozialen Feld Schule zunächst sicherlich nur punktuell lösen. Die Schule muss ihrer historischen Entwicklung und ihrem gesellschaftlich-öffentlichen Auftrag gemäss in ihrer *institutionellen Eigendynamik* verstanden werden. Dementsprechend sollten Supervisionsmodelle spezifisch auf diese Institution hin ausgerichtet sein. Die Qualifizierung von speziell ausgebildeten Supervisoren für Schule und Unterricht - vor allem im Rahmen externer Weiterbildung – erscheint angesichts wachsender gesellschaftlicher Besorgnis über den Zustand des Bildungswesens allerdings vordringlich.

2. Pädagogischer Positionsbezug und Erkenntnisinteresse

Supervisionsmodelle brauchen nach Petermann einen *pädagogischen Positionsbezug*, oder anders ausgedrückt einen wissenschaftstheoretischen Rahmen, um im Einklang mit pädagogischen Zielorientierungen, Idealen und wissenschaftlichen Erkenntnissen der Schulpädagogik neue fundierte Such- und Erkenntnisprozesse in Gang zu setzen. Die psychoanalytische Pädagogik der Schule bietet nach jahrzehntelanger wissenschaftlicher Forschung eine komplexe Sichtweise professionellen Handelns und Verhaltens im schulisch-unterrichtlichen Feld an. Der grundlegend integrierte Ansatz unterscheidet sich von anderen Konzeptualisierungen durch die Betonung der psychoanalytischen Methode für das Verstehen pädagogischer Prozesse.

Der *Einbezug des Unbewussten* erschließt sich durch tiefenhermeneutisches Verstehen von Handlungsorientierungen, Einstellungen und Übertragungen. Dabei entspricht die Mehrperspektivenanalyse der Vielschichtigkeit der pädagogischen Berufsrolle bzw. der Aufgabe und der Handlungskomplexität des Lehrers. Hierzu ein Beispiel: Externe Supervision und Teamsupervision in der Schule leisten bei zumeist verhaltensorientierter Methodik eine gute Hilfestellung zur Verflüssigung und Glättung des pädagogischen Handelns. Ziel ist die verbesserte Effizienz professionellen Tuns. Bildlich gesprochen: Jeder Supervisor als Röntgenassistent macht sich im Mitarbeitergespräch oder in der Supervisionsgruppe eine Aufnahme vom Ist-Zustand des Lehr-Körpers (des Lehrers), erkennt Verzerrungen, Bruchstellen, Schieflagen, aber das Unbewusste im psychoanalytischen Sinne – obwohl in allen Gefühls- und Handlungsprozessen zugegen – wird übergangen und quasi ignoriert, bleibt unsichtbar. Angesprochen sind die unbewussten Quellen des Handelns, die verborgenen Wurzeln der Wertorientierungen, der Affekte und des Agierens, also die *unbewusste Psychodynamik* des Einzelnen sowie die *Prozessdynamik* des sozialen Beziehungsgefüges. Diese dynamischen Prozesse lassen sich als Unterströmungen bewussten Tuns begreifen und sind letztendlich nur durch eine Tiefenanalyse des interaktionellen Prozessgeschehens zu verstehen. Mittels Heranziehung spezifischer Erkenntnis- und Verstehensmethoden kann das unbewusste Material, der „Tiefengrund" sozialen Handelns durch spezifische Formen des *Durcharbeitens* bewusst gemacht werden. Auf diese Weise können Hintergründe für alltägliche Interaktionen aufgedeckt und verstanden werden, was folglich neue Handlungsspielräume eröffnet.

3. Die Schule als Fall

3.1 Zur Rollenidentität des Lehrers

Nach Petermann (1995) erfordert *Professionalisierung* im umfassenden Sinne *Kompetenz*, *Commitment* – als berufsethische Forderung nach professioneller Selbstverantwortlichkeit – und *Autonomie*. Meines Erachtens ist dieses im Rahmen der Institution Schule bisher nur eingeschränkt erreichbar. Konfliktbesprechungen im Rahmen von Team-Supervision im Kollegium sind bereichernd und erhellend, unterliegen aber aufgrund von *Widerstand und Abwehrverhalten* der Teilnehmer durch unbewusste Interrollenkonflikte oftmals einer einseitigen Analyse. Zentrale Spannungsinhalte wie z.B. Rivalität und Konkurrenz, Machtgebaren der Schulleitung, generell gesagt, systemische Konflikte werden meistens verdrängt und verleugnet, regressive Tendenzen abgewehrt.

In Anlehnung an die obigen Schlüsselbegriffe von Petermann kann eine Weiterbildung und entlastende Supervision dann gewinnbringend sein, wenn einerseits das System als solches dem Lehrer Commitment und Autonomie gewährt oder sie fördert. Andererseits muss sich der Lehrer selbst der Notwendigkeit und den Anstrengungen wachsender Professionalisierung stellen, wie dieses auch andere Berufsgruppen tun.

Die Schul- und Unterrichtswirklichkeit sieht jedoch zum großen Teil noch anders aus: Der *administrativ-hierarchisch gegliederte Organisationsapparat* der Schule reduziert aufgrund seiner strukturellen Rahmenvorgaben interaktive Beziehungen oft auf normativ sanktionierte Umgangsformen und ritualisiertes Lehrerhandeln. Richtlinien und curriculare Ziele kanalisieren gleichsam die Handlungsentwürfe von Lehrern bei Überbetonung der pädagogischen Macht des Lehrers, die der Rolle immanent ist. Selbstreflexivität und kritische Introspektion sind – da oft als zu kompliziert empfunden – nicht opportun. Über die problematischen Aspekte der bürokratischen Identität auf der Folie der traditionellen Lehrerrolle ist an anderer Stelle wiederholt berichtet worden (vgl. Hirblinger 2001, 87).

Aufgrund von Systemvorgaben findet der fragende, kritisch denkende oder überforderte Lehrer im Spannungsfeld zwischen Öffentlichkeit und Privatheit oft nur außerhalb der Schule einen Ort der Entlastung für didaktische Reflexion und das Aufspüren neuer Handlungsalternativen. Weiterbildung außerhalb der Schule eröffnet dann einen *Übergangsraum* für neue Erfahrungsbildungen, die Fallbesprechungsgruppe wird nach Winnicott als „Übergangsobjekt" erlebt. Die externe Weiterbildung im Kollegenkreis entspricht zugleich den Bedürfnissen des Einzelnen nach triadischer Erfahrung, d.h. nach hilfreicher Unterstützung und Bereicherung durch „das Dritte", welches dem Teilnehmer in Form der Begegnung mit anderen Gruppenteilnehmern aus anderen Kollegien, in Person der Leiter oder auch in Gestalt eines literarischen Mediums entgegentritt. Für alle Formen des Gewinnens einer reiferen pädagogischen Identität sollte man daher das ständige Nebeneinander von dyadischen und triadischen Objektbeziehungsmodalitäten im pädagogischen Bezug nutzen (Hirblinger 2001, 96).

3.2 Störung oder Konflikt?

Sind Störungen oder Konflikte Gegenstand der Fallanalyse? Der generalisierte *Über-Ich Charakter der Schule* verengt aufgrund der *Überwertigkeit zweckrationalen Tuns* die Handlungsspielräume des Lehrers. Oftmals sind mangelnde Ich-Autonomie, diffuse Selbstabgrenzung und eine kontinuierliche Einschränkung der Ich-Kräfte und Ich-Regression die Folge, das Burn-out Syndrom ist bekannt. Unter psychoanalytischer Perspektive entwickelt der Lehrer aufgrund systemisch-struktureller Begrenzungen *professionelle Deformierungen*, die sich oft unbewusst in seinem Verhalten niederschlagen. Scheinbar unlösbare pädagogische Konflikte im Unterricht sind Spiegel unaufgelöster institutionell induzierter Spannungen, die zu malignen Formen des Lehrerverhaltens führen können, „Störungen" sozusagen produzieren.

Aufgrund des systembedingten Veränderungswiderstands bleibt der einzelne Lehrer mit den andrängenden Konflikten allein. Seine Konflikte werden jedoch von Dritten oftmals als „Störung" abgewertet. „Der ist ja gestört", ist eine gängige sprachliche Etikettierung von Lehrern und Schülern.

Im Gebrauch des Begriffes der „Störung", der vorschnell individualisiert und personifiziert wird, zeigt sich die einseitige Sichtweise zweckrationaler und erfolgsorientierter Bemühungen, Konflikte effizient „in den Griff" zu bekommen, ihre Entstehungsgeschichte zu verleugnen. Hinter derartigen Vorstellungen der Eliminierung von Konflikten – auch mit Hilfe von Konfliktlösungsprogrammen – steckt ein erheblicher Anteil unbewusster Größenphantasien. Zugleich widersprechen solche Lösungskonzepte der konstruktiven psychoanalytischen Auffassung von der Dynamik und immanenten Ambivalenz von Konfliktprozessen.

In der psychoanalytisch orientierten Fallbesprechung werden hingegen szenisch dargestellte Konfliktsituationen vielfältiger Art zum „Fall", zum Fokus themenzentrierter Fallrekonstruktion und des Fallverstehens. Für die Supervisionsarbeit im Rahmen psychoanalytischer Pädagogik sind Konflikte als Gegenstand der Analyse permanente Herausforderungen, um bei *Einbezug bewusster und unbewusster Prozesse* – in einer Metapher ausgedrückt – die Wurzeln der Konfliktentstehung aufzudecken, neu zu wässern und umzusetzen. Erneutes Wachstum und Blühen lohnen die Mühe. Diese Sichtweise impliziert eine umfassende *Neudefinition der Lehrerrolle* auf der Folie professionell ausgewiesener pädagogischer Identität.

4. Paradigmatische Leitsätze der psychoanalytischen Pädagogik der Schule

4.1 Gedanken zu einem Leitparadigma und zum Ich-Ideal des Lehrers

Gibt es ein verbindliches pädagogisches Ich-Ideal des Lehrers, das die professionelle Identität prägen kann? Jedes pädagogische Tun des Lehrers wird durch seine Rolle, seine soziale Position in der Schule und seine Selbst- und Ich-Entwicklung beeinflusst. Professionelles Handeln ist in diesem Sinne an eine Vielzahl psychodynamischer und soziodynamischer Wirkfaktoren geknüpft.

In diesem Zusammenhang einige Vorüberlegungen zu einem leitenden Paradigma der psychoanalytischen Pädagogik in Anlehnung an das *emanzipative Paradigma*, auf das die gesellschaftskritische Psychoanalyse verweist.

Der Diskurs um den emanzipatorischen Gehalt der neuen Lehrerrolle schließt parallel zur Psychoanalyse das Bild eines autonomen und frei sich gestaltenden Individuums im Sinne der Entfaltung *„unverzerrter Subjektivität"* ein, die in ihrer Identitätsbildung natürlich in gesellschaftliche Strukturen eingebunden bleibt. „Erst wenn die *gesellschaftliche Vermittlung der Deformation* individueller Strukturen ins Blickfeld gerückt wird, könnte die Psychoanalyse ihr adäquates metatheoretisches Bewusstsein finden. Dann könnte sie ihre theoretischen und praktischen Aufgaben nicht mehr unpolitisch wahrnehmen" (Reimann 1991, 89).

Im ähnlichen Sinn äußert sich Bauriedl, die betont, dass eine befreiende Veränderung dann Chancen hat, wenn bestehende *Unbewusstheit aufgehoben* und nicht zu einer weiteren Regression verwendet wird. Auf der Folie des „manipulativen Prinzips von Veränderung" dagegen kann im Sinne der Aufrechterhaltung der Normen die Verdrängung von Gefühlen und Bedürfnissen gleichsam systemerhaltend befürwortet oder sogar gefördert werden. „Es handelt sich bei der hier gemeinten Aufhebung von Unbewusstheit also immer um relative und partielle Befreiungsschritte, die aber doch in ihrer Qualität jeweils von großer Bedeutung sind" (Bauriedl 1998, 143). Die Autorin leitet als Psychoanalytikerin aus diesem Postulat weitere Überlegungen für die Arbeit in berufsfeldbezogenen Supervisionsgruppen wie folgt ab:

So schließt die Rekonstruktion des Bedeutungsgehaltes *konfliktdynamischer Szenen* das Verstehen *soziodynamischer* Prozesse der an der Krise beteiligten Institution selbstverständlich mit ein, um auf diese Weise „Vermenschlichung der oft in bürokratischen Formalitäten abgesicherten Gesellschaft" zu fördern (Bauriedl 1998, 147). Das Bewusstwerden der bisher nach außen projizierten und bekämpften Problematik in der eigenen Person ermöglicht zudem eine qualitative Veränderung von Beziehungen. Ein *Training eines formal „richtigen" Umgangs* mit den Interaktionspartnern im Rahmen bewusster Strategiebildung steht hingegen nach Bauriedl vor allem im Dienst der Abwehr individueller und kollektiver Ängste und dürfte von zweifelhaftem Wert sein.

In Einklang mit obigen psychoanalytischen und gesellschaftkritischen Betrachtungen zu einer berufsfeldbezogenen Konfliktdynamik, somit auch der Schule, lassen sich grundsätzliche Überlegungen für eine supervisorische Tätigkeit bzw. Weiterbildung ableiten:

1. Form und Inhalte von Supervision müssen – sollen sie nicht bloße Alibifunktion haben – an ausgewiesene professionelle Zielvorstellungen, Standards und Handlungsorientierungen und an ein explizit formuliertes *berufliches Selbstverständnis* des Pädagogen geknüpft sein.

2. Aus Sicht der psychoanalytischen Pädagogik darf Supervision daher nicht als ausschließliches Ratgeberinstrument für die Optimierung von zweckrationalen Vermittlungsprozessen praktiziert werden, sondern muss der Tiefe und Komplexität zwischenmenschlichen Beziehungsgeschehens im unterrichtlichen Raum bei Einbezug des Unbewussten Rechnung tragen. Unterricht findet zwischen Subjekten statt, die in rationale und emotionale Beziehungen zueinander treten. In diesem Sinne fördert Supervision auf der Folie der psychoanalytischen Pädagogik der Schule größere Offenheit und Transparenz am Arbeitsplatz Schule ohne Verleugnung des realen Beziehungsgeschehens zwischen Lehrer und Schüler und der Effekte von Systemstrukturen.

4.2 Der Theorie-Praxis-Bezug und der Stellenwert praxeologischer Erfahrung

Im Rahmen der Projektforschung des Arbeitskreises für psychoanalytische Pädagogik (ApPS e.V.) in München wurde in den letzten Jahren (ab Frühjahr 2000) ein Supervisionsmodell für Lehrer aller Schularten mit dem Ziel des Aufbaus einer dreijährigen curricularen Weiterbildung zum *Supervisor für Schule und Unterricht* erprobt.

Im folgenden einige Vorbemerkungen zur wissenschaftstheoretischen Einbettung und zum Hintergrund der in diesem Rahmen angebotenen Weiterbildungsaktivitäten.

Die Bestimmung von *Rahmen und Setting* der Fallbesprechung oder der Fallsupervision bricht sich am *professionellen Handeln* „vor Ort" oder anders formuliert, beide orientieren sich an dem unterrichtlichen Prozessgeschehen. Konzepte, Ideen, Modelle der Supervision aus anderen sozialen Feldern werden dem nachfragenden Lehrer nicht übergestülpt, sondern bei engstem *Theorie-Praxisbezug* (als paradigmatischem Baustein) aus der Praxis heraus entwickelt, erprobt und evaluiert. *Praxeologisches Wissen* oder präziser ausgedrückt, die Zentrierung auf die Aneignung von Reflexionswissen wird zur unabdingbaren Maxime pädagogischer Weiterbildung und Supervision. Konkret bedeutet dies, dass neben dem Rückgriff auf überliefertes theoretisches Wissen und Konzepte, ohne die kein pädagogisch sinnvolles und verantwortliches Handeln denkbar ist, die Reflexion der alltäglichen Handlungserfahrungen im Unterricht eine unabdingbare Forderung ist, soll der Lehrer die Störanfälligkeit und den Prozessverlauf seines pädagogischen Tuns verstehen.

Hierzu ein kurzer *Exkurs:* Das praxeologische Denken betrifft im herkömmlichen Sinne „die Ordnung des Tuns" unter theoretischen Perspektiven und unter dem Primat theoriegeleiteter Denkformen. Das Postulat eines engen Theorie-Praxis-Bezuges betrifft jedoch zusätzlich – nach Hirblinger – das Sicheinlasssen auf den *Schmerz der Begegnung* in einer irritierenden Praxis, oft zerstört durch Routine. „Theoretische Voreingenommenheit muss sich immer wieder aus einer magischen Verfasstheit lösen und unter dem Druck der Negation auch realitätsbezogen wandeln können" (Hirblinger 2001, 39). Dies impliziert die ständige Überprüfung pädagogisch festgeschriebener Erkenntnisse in der Praxis, wobei sich das Denken nach Bion seiner selbst bewusst werden muss.

Bei der Bildung von Konzepten zur psychoanalytischen Pädagogik wiederholt sich nach Hirblinger das Drama der „depressiven Position". Eine irritierende pädagogische Erfahrung kann nur dann ins Erleben integriert werden, „wenn die sich polarisierenden Erfahrungs-splitter durch Wiederbelebung von Erlebnisformen aus der depressiven Position eine neue ganzheitliche Gestalt annehmen können (Hirblinger 2001, 41).

Für die Alltagspraxis übersetzt heißt dies, dass nur aus der *Betroffenheit des Lehrers* kon-fliktuöses Erleben auf das Zusammenspiel bewusster und unbewusster Wirkfaktoren im un-terrichtlichen Feld hin abgetastet werden sollte. Eine kritische Auseinandersetzung und Überprüfung bisheriger Denkformen und Wissensinhalte ist dabei selbstverständlich. Auf diese Art und Weise können Wege für neue Konzeptualisierungen grundlegender Zusam-menhänge für die psychoanalytische Pädagogik erschlossen werden. Erst die Auseinander-setzung mit dem quasi verdeckten beruflichen Selbst, die Akzeptanz professioneller Ohn-machtsgefühle und persönlichen Leidensdruckes ermöglichen Trauerarbeit und neues Sehen, aus dem Handlungsalternativen herauswachsen.

5. Fallbesprechungsgruppe und Fallmethodik

5.1 Fallverstehen und analytische Kompetenz des Pädagogen

Analytisches Deutungsverstehen und das Durcharbeiten der Konfliktfelder haben primär das Ziel der *Bewältigung pädagogischer Aufgaben.* Das Aufrollen der Konfliktdynamik bleibt zweifellos an zweckrationale Vorstellungen und Unterrichtsziele, also das Bewusste, gebun-den. Hier gibt es keinen Unterschied zu anderweitigen methodischen Supervisionsansätzen. Unter beziehungsanalytischer Perspektive wird jedoch zudem das *Unbewusste im unterrichtlichen Kontaktgeschehen* berücksichtigt.

Dem Nebeneinander emotionaler Erfahrungen und persongebundener Einschätzungen päda-gogischer Handlungsmuster in der Fallbesprechungsgruppe fällt *spielerischer* Charakter im ursprünglichen Sinne zu. Das „Spielen", das Sichherantasten an die Komplexität des in Szene gesetzten Konfliktes, impliziert eine theoriegeleitete Reflexionsbereitschaft und ein Sichaneignen metakommunikativer Kompetenzen. Gruppenteilnehmer einer Supervisions-gruppe sollten persönliche *Introspektionsbereitschaft, Flexibilität* und auch *Regressionsfä-higkeit im Sinne von Leidensfähigkeit* besitzen, um sich dem analytischen Erkenntnisprozess im pädagogischen Feld – als beteiligtes oder teilhabendes Objekt in der Rolle des Beobach-ters – zu stellen. Hierzu nachfolgende Bemerkungen:

Die psychoanalytische Pädagogik ist auf eine *Modifikation der analytischen Methode* angewiesen, um sie für das soziale Feld Schule gewinnbringend und aufgabenzentriert anzuwenden. Statt der freien Assoziation der Teilnehmer erscheint die *thematische Fokussierung* erfolgversprechend; die pädagogische Aufgabe oder der Fall als Konfliktereignis bestimmt den analytischen Prozess. Das Entfalten des Fokus durch szenisches Verstehen nach außen und innen, im sozialen Handlungsraum und im intrapsychischen Erleben ist sozusagen lösungsweisend.

Das szenische Verstehen gehört zur Haltung des psychoanalytischen Pädagogen und damit nach Trescher zu den Basisqualifikationen. Hiermit verbindet sich eine spezifisch gerichtete Wahrnehmungseinstellung im Sinne teilnehmender Beobachtung, welche gleichschwebende Aufmerksamkeit und selbstreflexive Ich-Spaltung zur Erhellung von interpersonellen Interaktionen und Übertragungsreaktionen ermöglicht. Professionalität im Sinne der psychoanalytischen Pädagogik bedarf „ gleichzeitig der Fähigkeit zur optimalen Distanz von den Konflikt- und Belastungspotentialen des Beziehungsfeldes mittels kontinuierlicher Reflexion der Teilhabe" (Trescher 1993, 172). Die Erfassung unbewusster Prozesse impliziert demzufolge einen ständigen Wechsel zwischen *sekundärprozesshaftem und primärprozesshaftem Denken* der Gruppenmitglieder und der Gesamtgruppe.

Auf einer Metaebene erfolgt der Zugang zum primärprozesshaften Denken jedes Einzelnen beispielsweise mittels *Imagination* und ermöglicht die Erfassung und Analyse von Übertragungs- und Gegenübertragungsgeschehen durch Analyse des Fallmaterials. Im Mittelpunkt der Analyse stehen häufig „Übertragungsidentifizierungen", die mit der szenischen Reproduktion unverarbeiteter Erfahrungen ... im Hier und Jetzt des pädagogischen Dialogs einhergehen (Trescher 1993, 176).

Das Übertragungsgeschehen zweiter Ordnung betrifft die Analyse von Übertragungs- und Identifizierungsphänomenen in der Gruppe *in Reaktion auf den dargestellten Fall.* Hier wird die unbewusste Beziehungs- und Konfliktdynamik zwischen Lehrern und Schülern in den Erfahrungsraum der Fallbesprechungsgruppe transponiert und durch Analyse des gruppendynamischen Geschehens sichtbar. Wir sprechen hier von Spiegelphänomenen oder auch von psychischen Resonanzeffekten aufgrund stattfindender Reinszenierung. Das Durcharbeiten von Übertragungs- und Gegenübertragungsgeschehen ermöglicht die schichtweise Aufdeckung und das Verstehen dieser Reinszenierungen in Abhängigkeit von der metareflexiven Kompetenz der Gruppe. Spiegelphänomene in der Gruppe gemeinsam zu erfassen erfordert eine gute Gruppenkohäsion und ein reifes Strukturniveau, zugleich die Verfügbarkeit von Reflexionswissen über gruppendynamische Prozesse. Wichtig ist festzuhalten, dass es in erster Linie darum geht, berufsspezifische habituelle Anpassungs- und Übertragungsvorgänge zu verstehen. Der Dynamik des habituell Unbewussten fällt nach Becker ein zentraler Stellenwert im Verstehensprozess zu (Becker 1965, 60).

5. 2 Zum Rahmen und Setting der Fallbesprechungsgruppe

Die bisherigen Pilotprojekterfahrungen lassen sich wie folgt zusammenfassen:
1. Schulische Supervision erfordert die Festlegung eines wissenschaftlich ausgewiesenen Rahmens und eines klaren *Settings* hinsichtlich einer verbindlichen organisatorischen und inhaltlichen Struktur, um den notwendigen professionellen Standard zu garantieren.

Der *Rahmen* für die Fallbesprechungsgruppe ergibt sich auf der Folie pädagogischer Positionsbestimmung durch die Leitgedanken der psychoanalytischen Pädagogik. Psychoanalytisches und pädagogisches Wissen werden *aufgabenbezogen* miteinander verknüpft. Dabei leitet *die pädagogische Aufgabe* vorrangig die Konzeptualisierungen und Modellvorstellungen für Supervision und bestimmt darüber hinausgreifend die Forschungsrichtung. Dieser Punkt erscheint bedeutsam in Abhebung von anderen Weiterbildungsvorstellungen für den Bereich der Schule, die oft klinischen Denkmodellen der angewandten Psychoanalyse verhaftet bleiben.

2. Die Klärung unterrichtlicher Konflikte bei Verwendung psychoanalytischer Modelle und kategorialer Begriffe (wie Übertragung, Gegenübertragung, Formen des Abwehrverhaltens, Fixierung etc.) verbindet sich in erster Linie mit dem *Ziel des pädagogischen Handlungsverstehens.* Die Instrumente der psychoanalytischen Kur lassen sich bekannterweise nicht unmittelbar auf die Arbeit mit pädagogischen Institutionen übertragen (Gaertner 1993, 249). Das Aufrollen der Konfliktdynamik hat das vorrangige Ziel, die verdeckten Wurzeln des pädagogischen Handelns im Unbewussten zu explorieren, um dann konstruktive Veränderung zu ermöglichen.

3. Die externe Supervision außerhalb des schulischen Feldes scheint verstärkt durch die Freisetzung von institutionellen Zwängen positive und gewinnbringende Erfahrungsbildungen zu ermöglichen. Das nachfolgend beschriebene Setting der Fallbesprechungsgruppe hat sich weitgehend bewährt, um dem Über-Ich-Charakter der internalisierten Lehrerrolle durch *neue Identifizierungsmöglichkeiten* zu begegnen. Ein dynamischer Wechsel – jetzt schulisch gesprochen – zwischen Frontal- und Gruppenunterricht, also von Arbeitsformen auch in der Supervisionsgruppe bei wechselnden Rollen der Leiter, die sich als Moderatoren, als Lehrer, als Zuhörer in die Gruppe einbringen, erweist sich als äußerst effektiv. Der Moderationstechnik fällt unter didaktischem Aspekt Aufforderungscharakter zu, orale regressive Neigungen zu überwinden. Durch die Abkehr von der Abstinenzregel durch die Leiter wird die Wiederholung des professionellen Abhängigkeits- und Unterordnungsschemas als innerer Repräsentanz einer rigiden Autoritätsbeziehung zwischen Lehrer und Schüler vermieden.

4. Unverzichtbar erweist sich die *Besetzung des Leitungteams* mit je einem Pädagogen und einem Psychoanalytiker, die beide in interdisziplinärer Ergänzung die gestellte Aufgabe – Supervision im unterrichtlichen Feld – zusammen mit den Gruppenteilnehmern lösen. Gleichzeitig wird das Team latent und manifest zum Übertragungsobjekt innerer unverarbeiteter professioneller oder individueller Konflikte in der Gruppe, die sich vor allem in den Reinszenierungen abzeichnen.

5.3 Gruppenverlauf und Entwicklungsprozesse

In der Fallbesprechungsgruppe – bei ausgewiesenem Rahmen und festem Setting – fließen viele Erfahrungs- und Handlungsebenen zusammen, die ein entsprechend kompetentes Verhalten der Leiter erfordern. Die Eingliederung in die Gruppe, das Zulassen von Hilflosigkeit, die Suche nach Konfliktlösung und Verstehen, die Freiheit in der Entwicklung von Neugierinteresse ermöglichen dem Teilnehmer eine neue Form professioneller Selbstentwicklung und Selbststabilisierung, die den zentralen Stellenwert *objektbeziehungstheoretischer An-*

nahmen, psychoanalytischer Entwicklungsperspektiven und *gruppendynamischer Erfahrungen* bestätigen.

Wie bereits erwähnt, ist die latente oder auch manifeste depressiv anmutende Symptomatik des Lehrers am Arbeitsplatz zweifelsohne als *déformation professionelle* zu bezeichnen, erzeugt durch die zu rigide *Überich-Struktur* des hierarchischen Systems bei Einschluss offener und verdeckter Kontrollmechanismen.

Erinnert sei in einem *Exkurs* an die schon älteren Beobachtungen von Gaertner (1993) in seinem Beitrag zur Supervision und Institutionsanalyse: Der Autor analysiert den spezifischen Kommunikationsstil *„depressiver Institutionen"*, in denen Anklagen, indirekte Vorwürfe und Leidensäußerung dominieren und die professionelle Tätigkeit nur geringfügig positiv besetzt wird. „Typisch für eine solche Institution ist es, dass Abgrenzungen zwischen professioneller und privater Atmosphäre nicht eingehalten werden. Das Alltagselend vermischt sich mit dem beruflichen und umgekehrt" (254).

Andere Forscher schließen sich dem an: Authentischer Erfahrungsaustausch wird in der Schule durch spezifisches kommunikatives Abwehrverhalten ersetzt, z. B. durch die Ausweitung pseudo-interaktiver Gepflogenheiten durch Harmonisierungsrituale wie bei Geburtstagsfeiern, oder Formen unechter Kommunikation bei Bevorzugung ironischer Anspielungen oder satirischer Kommentare (vgl. hierzu Hirblinger 2001, 87 ff).

Diese Umstände führen leicht zu vorschnellen *Ich-Regressionen*, zur Perpetuierung des nicht lösbaren strukturell bedingten Autonomie-Abhängigkeits-Konfliktes, zur Verfestigung spezifischer *Abwehrmechanismen* wie Identifizierung mit dem Aggressor, Isolierung, Verdrängung und Verleugnung bei starker Idealisierungsneigung und letztendlich zur Wendung gegen das eigene Selbst, sichtbar im Burn-out Syndrom. Teilnehmer der Fallbesprechungsgruppe bestätigen obige Analysen.

Auch nach unseren Erfahrungen in der Fallbesprechungsgruppe werden institutionell bedingte unverarbeitete Konflikte von dem Lehrer zumeist als persönliche Schwächen, als Versagen empfunden und introjiziert, wenn ein bestimmter Belastungspegel überschritten wird. Die Leiter – als Elternpaar idealisiert – werden relativ schnell zu Identifikationsobjekten. Ich-regressive Tendenzen bilden sich beispielsweise in einer übermäßigen *oralen* Sehnsucht nach Gehalten- und narzisstischem Bestärktwerden heraus. Das Abhängigkeitsverhalten der Gruppe lässt sich durchaus als Reaktionsbildung zur internalisierten Überich-Rolle des Lehrers als Lehrperson verstehen. *Ödipale* Auseinandersetzungen werden weitgehendst vermieden zugunsten eines anhaltenden „Containings" der Gesamtgruppe und latenter gruppaler Verschmelzungswünsche. Das freundliche Deutungsverstehen der Leiter wird aufgesogen, konfrontative Hinweise und Arbeitsaufträge werden gerne überhört.

Interessante Beobachtungen zum Oszillieren der Fallgruppe zwischen progressiven und regressiven Tendenzen, wobei die letzteren durchaus als strukturbildende Vorbedingung reifer Differenzierung eine Rolle spielen können, beschreibt Graf-Deserno in seinen Ausführungen zum Ablauf unbewusster Gruppenprozesse in der Supervision (Graf-Deserno/Deserno 1998, 57).

Aus diesen Beobachtungen ergeben sich methodische Schlussfolgerungen für die Steuerung und Leitung von Fallbesprechungsgruppen mit Lehrern:

Der Entfaltung von Gruppenbeziehungen und dem Prozessverlauf in der Arbeitsgruppe fällt quasi Modellcharakter im Sinne sozialen Lernens zu. Durch übergreifende Reflexion des Gruppengeschehens werden neue Erfahrungen wahrgenommen und diese bewusst dem

Handlungsspeicher für neues Rollenverhalten zugeordnet. *Erfahrungslernen und die Aneignung von Reflexionswissen* werden somit zu didaktischen Achsen des Supervisionsprozesses. Bions Ausführungen zum Entstehen von „Grundannahmekulturen" und den verschiedenen Entwicklungsphasen des Gruppenerlebens sind als wertvoller Beitrag immer wieder hervorzuheben. Seine grundlegenden Modellvorstellungen sollten sozusagen die Leiteraktivitäten lenken, um die Supervisionsgruppe in ihrer Entwicklung auf ein reiferes Strukturniveau hin anzuheben.

5.4 Zur didaktischen Struktur der Fallbesprechung

Fallbesprechungsgruppen im Rahmen der psychoanalytischen Pädagogik basieren – wie mehrfach erwähnt – auf einem methodenintegrierten Ansatz, legen jedoch schwerpunktmäßig Gewicht auf die psychoanalytische Erkenntnismethode zur Erfassung unbewusst-dynamischer Prozesse in Schule und Unterricht. In Ergänzung zu den vorangegangenen Betrachtungen einige Erläuterungen zu dem „didaktischen Leitfaden" für die methodische Strukturierung des Gruppenprozesses in der Supervision:

1. Das analytische gruppendynamische Vorgehen fördert die notwendige Gruppenkohäsion, ermöglicht den Aufbau einer grundlegend positiven Übertragung und eines soliden Arbeitsbündnisses vor dem Hintergrund professionellen Leidensdruckes. Deutlich ist hierbei die Affinität *zu Bions Phasenkonzept* der Gruppenentwicklung bei der Konstituierung einer Grundannahmekultur, die in ihrer Spezifität von Gruppe zu Gruppe schwankt. Wichtig erscheint, dass die Leiter anfänglich in der Blitzlichtrunde gruppenzentriert wie auch persönlichkeitsbezogen arbeiten, wobei der Widerstandsbearbeitung bei Erhellung der Abwehrmanifestationen (z.B. Rückzugsverhalten, zögerliche Bearbeitung spezifischer Themen, Tendenzen der Isolierung bei Vermeidung von Affekten und emotionalen Äußerungen) besonderes Gewicht zufällt.

2. *Fallbezogene* Supervision kann dabei auf *selbsterfahrungsbezogene Supervision und Beziehungsanalyse* nicht verzichten. Gerade Lehrer neigen, aufgrund ihrer belastenden und malignen Erfahrungen als negative Übertragungsobjekte und aufgrund widersprüchlichster Objektbeziehungserfahrungen mit Schülern, zu starken Insuffizienzgefühlen und professionell bedingten narzisstischen Empfindlichkeiten. Sie sind dadurch verstärkt auf einen freundlich-empathischen Resonanzboden in der Gruppe angewiesen. Die Bedürfnisse nach Akzeptanz und Selbstentwicklung im Gruppenprozess sind dabei von aufgesetzten Harmonie-Inszenierungen im Sinne eines Agierens von Verschmelzungswünschen abzugrenzen (vgl.Gaertner1993, 243).

3. Die anschließende *kognitive Rekapitulation* von bereits behandelten Themen und Wissen, z.B. als Rekurs auf theoretische Konzeptualisierungen zum Rollenkonflikt des Lehrers oder als Begriffsklärungen zum szenischen Handlungsverstehen, ist dem Lehrer vertraut. Genau wie im Verlauf einer Unterrichtsstunde die Lernzielkontrolle eingebaut wird, reagiert die Gruppe der Lehrer diesbezüglich durchaus motiviert bei verhaltenem Neugierinteresse. Gewohnte Arbeitstechniken (wie Stoffsammlung, Verteilung von Arbeitsblättern etc.) entsprechen dem methodisch-didaktischen Vorgehen. Diese Phase trägt Modellcharakter: Auf der Folie des Postulats des unabdingbaren Theorie-Praxisbezugs der psychoanalytischen Pädagogik wird theoriegeleitetes Wissen nicht übergestülpt,

sondern knüpft an die dargestellten Praxiserfahrungen, an die Fallrekonstruktion der vorherigen Sitzung, an. Diese werden nun auf einer Metaebene reflektiert, und es entsteht somit ein mit dem Fall assoziiertes Reflexionswissen. Auf diese Weise wird Erfahrungsbildung in der Supervision möglich und wirksam.

4. Die anschließende Phase des Erstellens der Mindmap zu einem vorher gemeinschaftlich ausgewählten Cluster wie „Lehrer" oder „Schulhierarchie" spielt unter didaktischen Gesichtspunkten eine entscheidende Rolle. Das Anreißen und die Erörterung von schriftlich festgehaltenen, szenischen Konstellationen dient der Einbindung aller Teilnehmer in das Thema. Technisch gesehen erweist sich eine differenzierte Handhabung von *Moderationsmethoden* förderlich, welche motivationsverstärkend im Prozess des *learning by doing* eingesetzt werden. Zusätzlich prägt der Führungsstil der Teamleiter, angesiedelt zwischen freundlicher Überich-Haltung und sozialintegrativer Impulsgebung, das Arbeitsklima. Erfahrungen der psychoanalytischen Pädagogik hinsichtlich des Haltens der Aufmerksamkeitsspannung im Unterricht können leicht modifiziert auch in einer Arbeitsgruppe von Erwachsenen ihren Niederschlag finden (vgl. Hirblinger 2001, 121).

5. In der nachfolgenden zentralen Phase steht das Erzählen der Fallgeschichte und die Fallrekonstruktion im Rahmen szenischen Verstehens im Mittelpunkt: Die themenzentrierte fokussierte Aufwärmphase dient zunächst der Verdichtung der ineinandergreifenden Problemkreise. Aus dem Unbewussten der Gruppe bilden sich – aufgrund des Leidensdrukkes der Betroffenen und durch die *themenspezifische Zentrierung* auf bestimmte Konfliktkonstellationen – eine oder mehrere Fallvignetten heraus, die von den Teilnehmern im gemeinsamen Gespräch hinsichtlich ihrer Bedeutsamkeit und emotionalen Wertigkeit als vorrangig oder nebensächlich eingestuft werden. Nach dem dann ausgewählten Fallbericht erfolgt die Fallanalyse in Anlehnung an den von Hirblinger erarbeiteten „Leitfaden für die themenzentrierte Fallbesprechung" (Hirblinger u.a. 2001, 76). Tragende Elemente sind die *Imagination, das Containing, das komplexe Übertragungsgeschehen im Spiegel der Gruppe* sowie die Auseinandersetzung mit der habituellen Autoritätsfunktion des Lehrers, die Beurteilung und Selektion beinhaltet.

Zusammenfassend kann festgehalten werden: Die psychoanalytisch-pädagogische Fallbesprechung unterscheidet sich in obigen Punkten, also durch das themen- und methodenzentrierte Vorgehen und in der am Unbewussten orientierten Fallrekonstruktion, grundlegend von methodisch anders konzipierten Supervisionsmodellen. Tragendes Gewicht fällt der Nutzbarmachung praxeologischer Erfahrungen als Baustein pädagogischen Handelns sowie darüber hinaus der Exploration von Forschungsfragen zur eigenen Alltagspraxis zu. Forschung als Attribut von Professionalisierung im Sinne sensibler Reflexion unterrichtlichen Geschehens und pädagogischer Wirklichkeit, steht jedem suchenden Lehrer offen.

6. Die Imagination und das Unbewusste

6.1 Methodenbaustein Imagination – psychoanalytische Betrachtungen

Die Methode der themenzentrierten Fokussierung impliziert eine inhaltliche Vorstrukturierung durch die Leiter, ermöglicht jedoch andererseits die Anwendung der Methode der freien Assoziation, die modifiziert zum Tragen kommt. Dem entspricht die spontane Aneinanderreihung von szenischen Konstellationen als Gedankeneinfälle zu vorher bestimmten Clustern beim Erstellen der Mindmap. Auf diese Weise wird ein enormes Material als möglichem Gegenstand der inhaltlichen Arbeit freigesetzt.

Eine Sonderstellung nimmt die freie Imagination der Teilnehmer ein, zu der die Teilnehmer nach dem Fallbericht aufgefordert werden. In der Imagination begegnen uns Bilder des primärprozesshaften Denkens, die als Abkömmlinge unbewussten Erlebens in den Vordergrund der inneren Wahrnehmung drängen. Diese stellen in ihrer Klarheit und in ihrem Symbolgehalt in Form von Metaphern sozusagen eine Brücke dar, die Lösungsmöglichkeiten aus dem Unbewussten ins Bewusstsein transportiert.

Die Wirkkraft der Imagination fällt vor allem hinsichtlich der *Freisetzung kreativer Potentiale* ins Auge. Wie lassen sich diese intrapsychischen Vorgänge verstehen? Das Ich besitzt die Möglichkeit – im Rahmen flexibler Regression – zwischen bewussten und unbewussten Zuständen bei ständigem Wechsel zwischen primär- und sekundärprozesshaftem Denken zu alternieren. Die bildsprachliche Metapher ermöglicht, abgelöst von den Tiefenschichten unbewusster Sinneswahrnehmung und Denkvorgänge, mittels tiefenhermeneutischen Verstehens die Freilegung latent vorhandener kreativer Lösungen.

Leuner sprach als einer der Ersten, im Rahmen seiner differenzierten Ausführungen zur Methodik des katathymen Bilderlebens, bereits vor Jahren den Zusammenhang von Bildimagination als Destillat des Unbewussten und dem innewohnenden kreativen Potential des Individuums an. „Die Vergegenständlichung von Konflikten durch Symbolbildung führt also zur angstfreien Verarbeitung, vermeidet impulsgetriebene Handlungen und Selbstgefährdung. Es ist ein Probehandeln besonderer Art. Das 'kreative Werk' (katathyme Bild) tritt mit einer äußeren Realität in Verbindung und trägt zur Objektivierung bei. Dieser Prozess ist mehr als ein Spiegel, denn die Eigengesetzlichkeit seines Ablaufs und seiner Produkte ruft ständig neue Antworten in der Auseinandersetzung mit seinem Material hervor" (Leuner1985, 298).

Auch in der neueren Literatur zur Imagination werden diese Zusammenhänge wieder aufgegriffen. Imaginationen umfassen nach Kotje-Birnbacher (1997) zunächst nur latente kreative Lösungsangebote, die dem Bewusstsein zugeleitet werden müssen. Die Imagination wird zu einem Medium der Kommunikation von emotionalen Inhalten, die als psychische Wirkbestände bei bewusster Bearbeitung den ihnen anhaftenden potentiellen destruktiven Gehalt verlieren.

Krucker (1995) betont die Kraft der imaginierten Bilder als Produkt des Unbewussten *und* als *Ausdruck der psychischen inneren Struktur* des Individuums, wobei vor allem die affektive Befindlichkeit widergespiegelt wird. Bei massiver Abwehr emotionales Erlebens sinken die Affekte und Emotionen, die sich immer situativ mit spezifischen Alltagserfahrungen verbinden, mittels Verdrängung ins Unbewusste zurück. Im Verdrängungsprozess verflechten sich diese oftmals zu Widerständen und fördern späteres Agieren. Anders formuliert: In den Bildern begegnen uns verdrängte Gefühle, Emotionen, Ängste verschiedenster Art, Triebwünsche in libidinöser und aggressiver Form, die unzensiert als Bildgedanken den Überich-Filter durchströmen und sich entfalten. Die Bildmanifestationen tragen nicht nur kreative Lösungen, sondern ermöglichen weiterhin durch inhaltsbezogene Sinndeutung die *Offenlegung von Übertragungs- und Gegenübertragungsgeschehen*, von projektiven und introjektiven Identifizierungen.

Zunächst rücken also die Interaktionsprozesse zwischen dem Supervisanden und den imaginierten Interaktionsfiguren in den Mittelpunkt der Betrachtung (Krucker 1995, 55). Werden die Inhalte nach sprachlicher Manifestation im Gruppengespräch mit dem subjektiven Erleben im Hier und Jetzt verbunden – im Sinne einer „Flutung" des Prozesserlebens – bilden diese durch den spielerischen Entwurf alternativer Handlungsorientierungen den Boden für mögliche konstruktive Lösungen.

6.2 Szenisches Verstehen und Bildimagination in der themenzentrierten Fallbesprechung

Assoziative Bildimaginationen in der dritten Phase der Fallbesprechung verdeutlichen – wie bereits dargelegt – das affektive Spannungserleben und die innere emotionale Betroffenheit des Zuhörers bei unterschiedlichster Identifizierung mit den beteiligten Konfliktpartnern. Das gesamte Bildmaterial aller Teilnehmer, induziert durch den Fall, spiegelt die Verschränkung und Weite der intrapsychischen und interpsychischen Wahrnehmungen, Einstellungen sowie die latenten Handlungsentwürfe, die sich in einem *Prisma von Metaphern* abbilden Der Fallberichtende lässt diese Bilder auf sich wirken und eignet sich in der darauffolgenden Arbeitsphase *die* Teilinhalte der Bildimaginationen an, die für ihn von subjektiver Bedeutung sind und die mit seinem Erleben in Resonanz treten.

Die kommunikative Verarbeitung von „Fallgeschichten" unter Zuhilfenahme der Imaginationstechnik unterläuft Abwehr und Widerstandsformationen, die sich unbewusst beispielsweise in Ängsten, in der Einschränkung von Ich-Funktionen, Selbstwertzweifeln oder auch in somatischen Reaktionen zeigen können. Die artikulierte Bildbotschaft der Einzelnen wird zum Kommunikationsbogen zwischen Unbewusstheit und Bewusstheit, wobei verdrängte Gefühle im geschützten Beziehungsraum der Gruppe belebt werden und sich entfalten können. Zugleich erhält der Vortragende die Möglichkeit, die Wahrnehmungseinfälle der Teilnehmer mit dem Fokus der Fallgeschichte und seinem persönlichen Erleben und Gefühlsreaktionen zu verbinden. In der anschließenden Verarbeitungsphase nach Klärung vorheriger Rückfragen, konzentriert sich die Gruppe ausschließlich auf das Durcharbeiten der im Raum stehenden pädagogischen Problemkreise.

Aus psychoanalytischer Sicht noch einige Vertiefungen: In den imaginierten Bilderfolgen spiegelt sich die Komplexität des Übertragungs- und Gegenübertragungsgeschehen des professionellen Kontextes auf höchst prägnante Weise. Wie bei der Traumarbeit verdecken die assoziierten Bilder zunächst *Abwehr und Widerstand* der Betreffenden, führen ihn dann aber bei nachträglicher Analyse zu bisher unbekannten Verkettungen von Ängsten, Projektionen und Fixierungen. In einer konfrontativen Auseinandersetzung mit den Imaginationsfiguren können diese Abwehrmanifestationen aufgedeckt und durchgearbeitet werden.

Imaginative Bilder sind Zeugen subjektiver innerer Teilhabe und aufgrund ihrer Wesensart kein Nährboden für Rationalisierungen oder affektiv überlastete Streitdiskussionen über Wahrheitsgehalte. Bei der sprachlichen Illustration der Bilder werden durch die *Ausklammerung von Beurteilungen* Reaktionsbildungen und narzisstische Kränkungen umgangen. Anders ausgedrückt: Die Darstellung der inneren Assoziationen mittels metaphorischer Versprachlichung erfolgt jenseits von urteilsbildenden Kommentaren. Diese werden – vor allem bei zu normativer Kritik oder überzogener Schärfe – zumeist nur als rigide Überich-Botschaften vernommen und führen zur erneuten Verunsicherung des Berichtenden, drängen ihn möglicherweise zum inneren Rückzug. Um destruktive Wiederholungserfahrungen in der

Supervision zu vermeiden, sollte den rollenspezifischen Fixierungen Rechnung getragen werden.

Im Folgenden einige methodische Anmerkungen zur Arbeit mit *Rollen- und Übertragungs-identifizierungen* im gruppendynamischen Prozesserleben: In den Bilderfolgen werden unbewusste Identifizierungen der Gruppenteilnehmer unterschiedlichster Art deutlich. So schlüpfen die Zuhörer stellvertretend wie im Psychodrama – in Teilidentifikation mit dem Protagonisten – in verschiedene Mitspieler- oder Gegenspielerrollen. Erinnerungserleben, geknüpft an *szenische Auslösereize,* führt zu unbewusst konkordanten oder komplementären Identifizierungen, die nunmehr Gegenstand des analytischen Verstehensprozesses in der Gruppe werden. Durch anschließendes Rollenfeedback und Sharing gelingt es, bisher übersehene Verhaltensfacetten und interaktive Verwicklungen im professionellen Kontext offenzulegen und durchzuarbeiten.

Abschließend ein kurzer Rückblick auf die Imaginationsmethodik von Drees, dessen zentrale Ideen für die psychoanalytisch-pädagogische Fallbesprechung gewinnbringend weiterentwickelt werden können. Drees arbeitet verstärkt mit der von ihm so genannten Methode der „prismatischen Bildimagination" - mit dem Ziel des Wiedergewinnens sinnlichen Erlebens und emotionaler Beziehungsfähigkeit - in Institutionen mit hierarchischer Struktur. Die dortigen institutionellen Spannungen prädestinieren seiner Beobachtung nach emotionalen Stress und infolgedessen Gefühlsblockaden, die dann aufgrund der Unklärbarkeit der Konflikte privatisiert werden, also dem eigenen Ich als zugehörig erlebt und durchlitten werden (Drees 1996, 169 ff). Nach Drees werden durch sinnlich-metaphorische Erlebnisprozesse im Gruppenerleben *institutionelle und rollendynamische Blockaden* im Dienste der Aufarbeitung von verdrängten Konfliktfeldern beleuchtet und aufgelöst (Drees 1996, 174).

In der Arbeit mit Imaginationen erweist sich nach dem Erzählen der Fallgeschichte die Transformation subjektiven Erlebens in freie bildsprachlich gefasste Imaginationen als unerlässlich, um das Unbewusste zu beleben. Der nächste Schritt beinhaltet – bei hermeneutischer Sinninterpretation und Metaphernanalyse – eine differenzierte Herausarbeitung der Kernkonflikte des Falls bei deutlichem Rückgewinn von emotional-sinnlicher Wahrnehmung, von Beziehungsgerichtetheit und Handlungsfähigkeit.

6.3 Eine Fallgeschichte - Material und Fallrekonstruktion

Zum Fallmaterial gehören jeweils ausführliche „Forschungsnotizen" und Beobachtungen der Teamleitung, die persönlich geschriebene Falldarstellung des Lehrers und das Sitzungsprotokoll einschließlich der Beschreibung der Bildimaginationen.

Die Fallgeschichte zum Cluster „Hierarchie Leitung" – Protokollnotizen der Teamleiterin:

Es geht um die Verteilung der Klassenführung für die 3./4. Klasse an der Grundschule. Bisher haben Frau F. und eine befreundete Kollegin immer parallel zueinander die Klassenführung der 3. Klassen übernommen – über zwei Jahre. Jetzt wird eine neue Kollegin an die Schule versetzt, der von der Rektorin eine Klassenführung der 3. Klasse zugesprochen wurde. Frau F. soll auf Grund dessen – als doch erfahrene Lehrerin – nur für ein Jahr die 4. Klasse übernehmen. Frau F. betont in einem Gespräch mit der Rektorin jedoch ihr gleichbleibendes und festes Interesse an der Übernahme einer 3.

Klasse. Die Rektorin antwortet ausweichend nur mit „ja, ja, mal sehen". Dann wird nicht mehr davon gesprochen. Bei einem Folgegespräch beharrt die Rektorin ziemlich barsch auf ihrem Standpunkt, dass auf jeden Fall nur eine der Kolleginnen eine Führung der 3. Klasse bekäme, die andere womöglich dann nur Stunden in mehreren Klassen übernehmen müsse.

Die Berichtende fasst ihr Problem wie folgt zusammen: „Die Situation der Aufteilung der Klassenführung ist selbst noch Anfang Juli völlig unklar. Meine Kollegin und ich wollen beide eine dritte Klasse, die Schulleitung äußert sich nicht. Wenn *ich* aber nur die 3. Klasse kriege, habe ich ein schlechtes Gewissen der anderen Kollegin gegenüber. Bekomme ich die 3. Klasse nicht, fühle ich mich degradiert, da ich den intensiven Bezug zu den Schülern der 3. Klasse verlieren werde und in der 4. Klasse nichts mehr aufbauen kann".

Imaginationsrunde:

Petra: Ich sehe zwei kleine Mädchen und eine Mutter, dazu einen süßen Apfel und einen kleinen schrumpeligen sauren. Beide Mädchen schielen auf den großen Apfel, jede von den beiden ist wohlerzogen. Die Entscheidung liegt bei der Mutter, eines von den Mädchen wird in den "sauren Apfel" beißen müssen ...

Annegret: Erst sah ich eine Frau mit Pfeil und Bogen, dann die böse Stiefmutter wie im Märchen Schneewittchen, die Äpfel anbietet. Vielleicht sind sie vergiftet, es bleibt ein bitterer Nachgeschmack. ..

Jörg: Erst sah ich Nebel, dann war ich unter Wasser, im Schwimmbecken unten, an der Seite Bullaugen, draußen sah ich durch die Bullaugen die Schulleiterin und noch jemanden. Man sah aber nicht, was sich außerhalb wirklich abspielte ...

Franz: Ich sehe zwei Menschen auf einem untergehenden Schiff, der Kapitän geht daran, ein Rettungsboot zu besteigen. Jeder versucht, den Weg dorthin zu finden, um in dem Boot das Steuer an sich zu nehmen, um schönere Gefilde anzufahren ...

Edelgard: ...Wasser, Schwimmbecken, drei Frauen, die sich an der Hand nehmen, wie beim Wasserballett und sich hin und her bewegen. Es sind die Rektorin und die zwei Kolleginnen. Eine von den Frauen muss aus dem Becken raus. Sie überlegen erst mal, wie sie das „Weggehenmüssen" verhindern könnten ...

Sarah: Ich sehe eine Balkenwaage, wie für Kartoffeln, es herrscht Gleichgewicht zwischen den Frauen, die dort darauf sitzen. Die Schulleiterin kommt und legt ein Gewicht auf einer Seite dazu. Die Folge ist, dass sie nicht mehr miteinander sprechen können, und es ist nicht klar, wem es besser geht, der da oben oder der da unten ...

Jochen: Ich sehe auch eine Waage mit zwei Schalen, die im Gleichgewicht sind. Dann sehe ich eine leere Schale und eine Hand, die ins Leere greift ...

Paul: ... Gitter wie vor den Fenstern im Erdgeschoss. Da schaut sie hinter dem Gitter hervor, und später sehe ich H. (die Fallberichtende), die in der Schule auf einem Sandteller sitzt, mitten in der Sandkiste ...

Anne: Bergwelt, ich sehe einen Grat vor mir, auf der einen Seite liegt talabwärts eine schöne Almwiese, links vom Grat öffnet sich eine Geröllhalde, mit Schneeresten und Steinen. H. versucht nur auf der Seite der Almwiese den Grat entlang zugehen, es ist aber schwierig ...

Hanna: Ich sehe zwei Mädchen auf einer Blumenwiese, das Wetter ist wunderbar, sie spielen. Dann kommt plötzlich ein Gewitter, sie stehen im Regen und keiner sagt ihnen, was zu tun ist. Die können wirklich nichts machen, die Mädchen, sie stehen einfach im Regen und es gibt keinen Hinweis, was sie tun könnten ...

Kathi: Ich sehe ein Mädchen, das hing am langen Zweig von einem Baum, und der Zweig war überdimensional groß und künstlich schwer. Das Mädchen versucht den Zweig festzuhalten, da sind Früchte dran. Der Zweig ist aber voller Spannung und will nach oben schnellen. Blätter und Zweige sahen irgendwie unecht aus, waren auch überdimensional groß ...

Nach der Fallvorstellung durch die Lehrerin und nach Klärung von Rückfragen zum szenischen Umfeld eröffnen sich aus Sicht der psychoanalytischen Pädagogik folgende Konfliktprobleme:

a) Die Bewältigung unterrichtsorganisatorischer Aufgaben hinsichtlich der Festlegung des Stunden- und Klassenplans durch die Schulleitung.

b) Fragen der personalpolitischen Entscheidung bei der Einweisung neuer Kollegen im Bemühen um freundliches Entgegenkommen.

c) Die administrative Rigidität hinsichtlich äußerst knapper zeitlicher Planungsentscheidungen sowie die mangelnde sachorientierte Konfliktbereitschaft und Teamkompetenz der Schulleiterin, hier der Rektorin.

d) Die Angst vor kollegialer Rivalität und Neid bei Vermeidung sachlicher Auseinandersetzung und Kompetenzentscheidungen.

e) Die professionelle Scheu der Lehrerin vor unterrichtlichen Herausforderungen und pädagogischer Konfliktausweitung.

f) Die Bedeutung des Wunsches nach narzisstischer Bestätigung von allen Beteiligten, den die Schulleitung unbewusst dadurch „ausnutzt", dass sie mit den zwei Bällen „Belohnung" oder „Bestrafung"– mittels spezifischer Arbeitszuweisung – spielt. Diesem Jongleurspiel steht im Lehrerteam die Angst vor ungleicher Arbeitsverteilung gegenüber.

g) Die Bedeutung emotionaler Bindung zwischen Lehrern und Schülern.

Bei sinnverstehender Auswertung der Imaginationen entsteht ein differenziertes Spektrum neuer Wahrnehmungen und zunächst latenter „kreativer Lösungen" folgender Art:
Bestätigt wird durch die Bilder die Rivalität zwischen den Kolleginnen, die durch die Abhängigkeit zur Rektorin (als mütterlichem Objekt in der Übertragung) zunächst gebunden ist. Berufliche Positionsklärung wird aufgrund abhängiger Unterordnung vermieden, die Entwicklung autonomer Ich-Kräfte wird zugunsten von Gratifikationen und Anerkennung durch die Vorgesetzten zurückgestellt. Fremdbestätigung wird höher besetzt als die Entwicklung selbstgebundener Wertschätzung des eigenen beruflichen Könnens (vgl. Punkte e und f). Deutlich werden maligne Aspekte oraler Abhängigkeit, so die Gefühle der Ohnmacht und des Verlassenwerdens, wenn „der Kapitän geht" (Imagination Franz) und der Unsicherheit hinsichtlich konstruktiver Lösungen (Imagination Hanna ... „sie stehen im Regen").
Auffällig bei näherem Hinspüren das versteckte aggressiv getönte Führungsverhalten der Rektorin: „Pfeil und Bogen" sowie „vergiftete Äpfel" sind Instrumente indirekter Aggression. In diesem Punkt vermittelt die Imagination über die Thematisierung administrativer Rigidität hinaus (vgl. c) die aggressive Triebverdrängung der Rektorin, die sich dem Konflikt abwehrend entzieht – mittels Verdrängung, Verleugnung und Ungeschehenmachen.
In Ergänzung hierzu werden mittels konkordanter Identifizierungen mit der berichtenden Lehrerin die Verunsicherung, das Einnebeln der Betroffenen, die begrenzten Handlungsspielräume der Lehrerinnen deutlich, wobei sich die Gefühle der Entmündigung und Abhängigkeit immer wieder verdichten (vgl. das Verschwimmen im Nebel, die begrenzte Sicht durch die Bullaugen – Bild von Jörg).
In Ergänzung zu dem Fallbericht wird die Bedeutung harmonischen Zudeckens, der Aufrechterhaltung von scheinbar harmonischen „Bewegungsspielen im Wasser" hinsichtlich der

Unantastbarkeit von eingespieltem Rollenverhalten deutlich (Imagination von Edelgard). Hierzu passt die Metapher des Sandkastenspiels. Im Imaginationsbild sitzt die Lehrerin wie ein kleines Mädchen im Sandkasten. Hier fällt die latente Tendenz zur Realitätsverleugnung, vielleicht generell die mangelnde Realitätsbewältigung in der Schule – der Sog regressiven Stillhaltens – auch seitens der Lehrer auf. Vielleicht eröffnen professionelle Ziel- und Aufgabenorientierungen doch mehr Handlungsmöglichkeiten als nur kindliche Sandkastenspiele, Abhängigkeitserleben und ein Gefangensein hinter Gittern – im Sinne von Ich-Einschränkung. Die Gefährlichkeit der Gratwanderung in der Schule zwischen den emotionalen Spannungspolen Entspannungsfreude und Extrembelastung wird in der Bergweltmetapher (Anne) deutlich, klar herausgestellt im Gegensatzpaar von „gefährlichen Stein- und Geröllhalden" und „schönen einladenden Bergwiesen" ...

Zusätzlich zu dem problemzentrierten Lösungsverstehen der manifesten Fallgeschichte wird in den Metaphern das zumeist verdrängte emotionale Spannungserleben der Lehrer aufgrund des diffusen oder widersprüchlich anmutenden Schulklimas und der damit verbundenen Arbeitsatmosphäre deutlich. Unter Zuhilfenahme eines erprobten Belohnungssystems – die Lehrerin berichtet davon – in Form „süßer Früchte, die von den Zweigen hängen" (Bild Kathi), wird die Funktionalität des Systems gesichert. Dieser Zusammenhang sollte in der Phase des Durcharbeitens bewusst reflektiert werden, um institutionelle und rollenbezogene Herrschaftsformen der Schule aufzudecken. Den Metaphern zufolge wird das Beförderungs- und Beurteilungssystem der Schule in seiner Bedeutung von den Lehrern überdimensional und als zu bedeutsam eingeschätzt. Die Auflösung von Unbewusstheit könnte dazu beitragen, verwirrende Interaktionsspiele und emotionale Belastungen möglicherweise sogar aufzulösen. „Blätter und Zweige sehen irgendwie unecht aus, waren auch überdimensional groß"...

6.5 Fallsupervision und Erfahrungsbildung

Die berichtende Lehrerin wurde nach der Sitzung dazu angehalten, anhand eines vorformulierten Leitfadens ihren Fallbericht schriftlich darzustellen und zu reflektieren. Nachstehend einige ihrer Notizen zur Illustration des erworbenen Reflexionswissens.
- Nachdem ich in der Gruppe den Fall erzählt hatte, machten mich die Bilder, die meine Hilflosigkeit und meine „Kleinmädchenhaftigkeit" spiegelten, besonders betroffen. Sie zeigten mir, wie sehr ich in einem „undurchsichtigen Nebel" steckte, und wie sehr ich mich in meinen erwachsenen Funktionen beschnitten hatte. In den folgenden Wochen begleiteten mich immer wieder einzelne Bilder und bewirkten, dass ich mir meiner eingeschränkten Handlungsmöglichkeiten bewusst blieb.
- Besonders fruchtbar empfand ich in der darauffolgenden Gruppensitzung die Klärung der möglichen Übertragungsmuster. Sie machte mir neben dem Wunsch meiner Rektorin, ihre Großartigkeit von uns gespiegelt zu bekommen, auch meinen bzw. unseren Wunsch nach Anerkennung und „Geliebtwerden" durch „Bravsein" und Erspüren der Bedürfnisse unserer „Mutter" deutlich. Wir benahmen uns tatsächlich häufig wie eine Horde Töchter – für den Preis der Lähmung und Einschränkung der Ich-Funktionen.

Soweit die Ausschnitte aus dem Erfahrungsbericht der Fallerzählerin. Abschließend noch einige Bemerkungen zur Methodik der Metaphernarbeit. Deutlich im Rahmen der Imaginationsrunde die vor allem konkordanten Identifizierungen der Gruppenteilnehmer mit der Lehrerin, die empathische Einfühlung in die Konfliktdynamik bei Aufdeckung persönlicher Ängste und Übertragungsidentifizierungen, die Beobachtung kollusiv anmutender Interaktionsspiele zwischen Rektorin und Kolleginnen und die Bewusstwerdung systemischer Strukturen. Rollenbezogene und psychodynamische Abwehrmanifestationen beeinträchtigen jedoch die Authentizität des Lehrers und „verwässern" bei mangelnder Offenheit das Schulklima, um im Bild zu bleiben.

Folge tiefenhermeneutischen szenischen Verstehens von Imaginationen ist die Ausdifferenzierung individueller Wahrnehmung – bei zunehmender Introspektionsfähigkeit der Gesamtgruppe. Durch einen flexibleren Umgang mit Wahrnehmungsurteilen erweitern sich folglich die Analyseperspektiven bei der „Lösung" des Falls. Bildlich gesprochen: Der Scheinwerferkegel wird quasi aufgezogen, Radius und Beleuchtungsintensität vergrößern sich bei wachsender *Vertiefung* des Bedeutungsverstehens.

7. Ausblick – Professionelle Selbstverantwortung und pädagogische Identität

Fallerzählungen sind auf dem Hintergrund der Komplexität des sozialen Feldes Konfliktsegmente, oder besser formuliert, Segmente schulischer Konfliktdynamik. Jede Fallerzählung schneidet – bildhaft gesprochen – bei vertikaler und horizontaler Schnittführung mehrere Handlungsbögen und Erfahrungssequenzen in Form eines Segments aus den über- und nebeneinander liegenden Prozeßebenen schulisch-unterrichtlichen Geschehens heraus. Jedes Segment ist identisch mit dem konfliktuösen Problemfeld der jeweiligen Fallgeschichte bei unterschiedlicher Gewichtung und Verortung des Fokus im Handlungsfeld. Fallrekonstruktion und differenzierte Analyse ermöglichen unter pädagogisch-psychoanalytischen Rahmengesichtspunkten ein Durcharbeiten im Sinne der professionellen Aufgabe, wobei der Fall letztendlich wohl immer nur annäherungsweise in seinem objektiven Wahrheitsgehalt verstanden werden kann.

Aufgrund obiger Beobachtungen und praxeologischer Erfahrungen setzt die Analyse von Fallerzählungen realitätsbezogene Handlungsalternativen sowie kreative Lösungen frei. Diese führen zu einer Erweiterung pädagogischer Handlungskompetenzen im Bereich von pädagogischer Führung und Urteilsbildung und im methodisch-didaktischen Arbeitsfeld. Stellt sich der Lehrer in der Praxis supervisorischen Prozessen, gewinnt er im Rahmen wachsender professioneller Selbstverantwortung analog zu seiner gesellschaftlich definierten Rolle zunehmend ein sicheres Gefühl für seine subjektgebundene pädagogische Identität. Die spezifische Legierung zwischen Rolle und Person, die sich dabei herausbildet, charakterisiert dann einen neuen Typ von Ich-Idealbildung (Hirblinger 2001, 249), der einem kritisch-emanzipativen Leitparadigma einer psychoanalytischen Pädagogik der Schule entsprechen würde.

Literatur:

Bauriedl, Thea (1985): Psychoanalyse ohne Couch. Klett-Cotta: Stuttgart

Becker, Hansjörg (Hrsg.) (1995): Psychoanalytische Teamsupervision. Vandenhoeck & Rupprecht: Göttingen

Drees, Alfred (1996): „Folter: Opfer, Täter, Therapeuten". Psychosozial-Verlag: Giessen

Gaertner, Adrian (1993): Supervision und Institutionsanalyse. In: Muck, M., Trescher, H-G.: Grundlagen der Psychoanalytischen Pädagogik. Grünewald: Mainz, 237-258

Graf-Deserno, S., Deserno, H. (1998): Entwicklungschancen in der Institution. Fischer: Frankfurt/M.

Hirblinger, H. (1999): Erfahrungsbildung im Unterricht. Juventa: Weinheim

Hirblinger, H. (2001): Einführung in die psychoanalytische Pädagogik der Schule. Königshausen & Neumann: Würzburg

Hirblinger, H., Ertl, J., Freilinger, K.u.a.(2001): „Ins Wasser werfen genügt nicht". Über Angst und Abwehrmechanismen in der Referendarausbildung. In: Ztsch. Seminar Lehrerbildung und Schule 7. Jg. 3/2001, 75-83

Kottje-Birnbacher, L., Sachsse, U., Wilke, E. (Hrsg.) (1997): Imagination in der Psychotherapie. Huber: Bern

Krucker, W. (1995): Partner der Innenwelt. Analytische Imaginationstherapie. Walter-Verlag: Solothurn

Leuner, H. (1985): Lehrbuch des Katathymen Bilderlebens. Huber: Bern

Muck, Mario, Trescher, H.-G. (1993): Grundlagen der psychoanalytischen Pädagogik. Grünewald: Mainz

Petermann, F. (Hrsg.) (1995): Pädagogische Supervision. Otto Müller Verlag: Salzburg

Reimann, B. W. (1991): Der Gesellschaftsbezug der Psychoanalyse. Wissenschaftliche Buchgesellschaft: Darmstadt

Trescher, H-G. (1993): Handlungstheoretische Aspekte der Psychoanalytischen Pädagogik. In: Muck, M., Trescher, H-G. (1993): Grundlagen der psychoanalytischen Pädagogik. Grünewald: Mainz, 167 - 204

Ariane Garlichs

Schüler verstehen lernen
ein Projekt der Kasseler Lehrerausbildung

Der Schweizer Lehrer und Kinderanalytiker Zulliger hat einmal gesagt: Pädagogen müssten in der Lage sein, Kindern in ihrem Denken zu begegnen. Das heißt doch, den anderen Menschen, der eben anders ist als ich, wahrzunehmen, zu akzeptieren, seine Fremdheit zu ertragen und den Dialog mit ihm zu versuchen – eine anspruchsvolle pädagogische Forderung, die über alle Zeiten hinweg gilt, aber schwierig zu realisieren ist. Kann die universitäre Ausbildung dazu einen wirkungsvollen Beitrag leisten? Das Projekt, das ich im folgenden beschreiben werde, beabsichtigt dies. Es handelt sich um ein Ausbildungsprojekt im Rahmen des Grundschulstudiums. Studentinnen und Studenten, die sich in das Projekt einwählen, erhalten die Aufgabe, für ein schwieriges oder bedürftiges Kind entwicklungsförderliche Bedingungen herzustellen und es mindestens ein Jahr lang zu begleiten. Für diese komplexe Aufgabe erhalten sie von der Hochschule in mehrfacher Hinsicht Unterstützung.

Meine Ausführungen gliedere ich in fünf Abschnitte:

- Ich beginne mit Überlegungen, die mich bei der Initiierung des Projekts geleitet haben,
- sodann werde ich das Konzept und seine langjährige Praxis darstellen,
- an einem Beispiel möchte ich skizzenhaft Einblick in einen Betreuungsverlauf geben;
- die studentischen Erfahrungen werde ich unter dem Begriff des „Forschenden Lernens" zusammenfassen und
- mit einem Ausblick abschließen.

1. Vorüberlegungen

Das Schülerhilfeprojekt ist unter meiner Leitung 7 Jahre gelaufen. Es ist im Sommersemester 1993 als langfristiger Arbeits- und Kooperationszusammenhang initiiert worden, als lernendes System, das sich selbst erneuern sollte.[1] Bei der Projektkonzeption sind wir von drei Ansatzpunkten ausgegangen, die ich skizzieren werde, indem ich einige Passagen aus meiner Eröffnungsansprache zitiere.

1.*Das Schülerhilfe-Projekt reagiert auf aktuelle Notlagen in Schulen.* Es macht Schule in Identifikation mit einem Kind erfahrbar und zwingt so zur Auseinandersetzung mit Schulrealität und Schulkonzeptionen.

---

[1] An der Startphase waren außer mir in der Kleingruppenbetreuung Charlotte Röhner, Herbert Hagstedt und Gudrun Spitta beteiligt; für Supervision und Krisenberatung außerdem Hildegard Lahme Gronostaj, Marianne Leuzinger-Bohleber und Karola Ring. Seit dem Wintersemester 2000/2001 wird das Projekt in modifizierter Form weitergeführt, die leichter auf andere Hochschulen übertragbar ist.

Nach einer Mitteilung des Kinderschutzbundes von 1993 (im Jahr der Projekteröffnung) waren von 15 Millionen Kindern unter 14 Jahren mehr als eine Million in ihrer psychischen, sozialen und gesundheitlichen Entwicklung gefährdet. D.h.: Die Lebensprobleme vieler Kinder schieben sich über die Lernprobleme. Für manche Kinder ist die Schule der einzige Ort, an dem sie Kontinuität erfahren und in verlässlichen Beziehungen Halt finden können. Wie wir wissen, nimmt die Zahl der Kinder zu, für die es nicht als selbstverständlich vorausgesetzt werden kann, dass zu Hause ausreichend für sie gesorgt wird. Schulisches Lernen kann aber nur gelingen, wenn die elementaren Grundbedürfnisse nach Nahrung, Zuwendung und Geborgenheit erfüllt sind. Durch die Sorge um das persönliche Wohlergehen einzelner Kinder erwachsen der Schule Aufgaben, für die sie kaum gerüstet ist. Sie muss ihre Qualität als Lebensraum prüfen, damit sie ein wirkungsvoller Lernraum sein kann. In einer Gesellschaft mit verschiedenen Kulturen hat sie zudem die Aufgabe, Kinder aus unterschiedlichen sozialen und ethnischen Gruppierungen zusammenzuführen, dass sie miteinander leben lernen. Hierfür angemessene Konzeptionen zu entwickeln, ist heute vordringliche Aufgabe.

2. Das Schülerhilfe-Projekt reagiert auf Defizite der akademischen Ausbildung. Es versucht, die unterschiedlichen Dimensionen des Bildungsprozesses, die nach Mitscherlich Sachbildung, Sozialbildung und Affektbildung umfassen, zu integrieren. Es unterstreicht zudem die Ernsthaftigkeit personaler Beziehungen, wie sie besonders eindringlich durch die (längerfristige) Übernahme von Verantwortung erfahrbar ist.

Wenn Schule heute Kinder- und Jugendschule in einem erweiterten Verständnis zu sein hat, muss sich die Lehrerausbildung darauf einstellen. Es reicht also nicht, das Unterrichten zu lernen, wenngleich dies weiterhin eine zentrale Aufgabe bleibt. Eine weitere Ausbildungsaufgabe – beginnend mit der ersten Phase – ist es, Kinder verstehen zu lernen. Um das zu lernen, bedarf es nicht nur des gegenseitigen Respektes, sondern vor allem der Geduld mit sich selbst und den anderen – in erster Linie mit den Kindern.

Die Kindheits- und Jugendforschung der letzten ein bis zwei Jahrzehnte hat eine Fülle interessanter Ergebnisse hervorgebracht, deren Studium den Blick schärft. Dennoch ist das Studium wissenschaftlicher Texte offenbar zu wenig, um sich auf die Praxis vorzubereiten. Wissenschaft kann Erfahrung nicht vorwegnehmen. Sie kann allenfalls Erfahrungen transparent machen, ordnen und aufklären. Nur das Allgemeine kann man wissen, das Besondere muss man erfahren, wie bereits Aristoteles lehrte. Es bedarf also des Hineingehens in Praxiszusammenhänge, des Wechsels von Aktion und Reflexion. Theorie und Praxis sind aufeinander angewiesen.

Der Wechselbezug von Tun und Reflektieren ist eines der zentralen Kriterien unseres Projektes. Zwei weitere Kriterien sind in diesem Zusammenhang unverzichtbar: Kontinuität und Verbindlichkeit der Beziehungen. Es ist etwas anderes, ob ich eine Unterrichtsstunde halte und dann nach Hause gehe, oder ob ich für ein Jahr ein Kind begleite. Ich kann mich nicht einfach vertreten lassen, weil ich eine Beziehung eingegangen bin, in der beide Partner ein unverwechselbares Verhältnis zueinander aufbauen. An der Verlässlichkeit und Glaubwürdigkeit der Beziehungen finden gerade diejenigen Kinder Halt, die diese Erfahrung bisher in ihrem Leben zu wenig gemacht haben. Unterbrechungen und Unregelmäßigkeiten müssen offen erklärt werden und zu einem geregelten, für beide Seiten akzeptablen und durchschaubaren Vorgehen führen. Nirgends wird im Studium – außer in Examenszeiten – Beziehungskontinuität so hart abverlangt; in großen universitären Lehrverantaltungen kann man auf-

tauchen und wieder untertauchen, wie einem dies behagt, ohne dass jemand daran Anstoß nehmen würde.
Verlässlichkeit und Beziehungskontinuität zu lernen, scheint indes nicht nur eine schwierige Frage im Studium geworden zu sein, sondern ein generelles gesellschaftliches Problem. Während sich die Bildungstheoretiker seit der Aufklärung um die Frage der Befreiung des Menschen aus selbstverschuldeter Unmündigkeit zu bemühen hatten, tritt heute neben dies weiterhin gültige Motiv ein neues Problem, das in seiner allgemeinen gesellschaftlichen Bedeutung großes Gewicht hat. Es ist die Frage nach den Bedingungen der Möglichkeit von Bindung. In der schultheoretischen und didaktischen Forschung ist dieses Thema bisher kaum angemessen gewürdigt worden. In der Praxis dagegen sind Lehrer mit diesbezüglichen Problemen fast täglich konfrontiert. Ihnen wird eine durch ihren professionellen Auftrag definierte Bereitschaft zu Offenheit und Beziehungsfähigkeit abverlangt. Lehrerausbildung kann sich daher nicht nur auf der Ebene der Sachbildung vollziehen (durch Beteiligung der traditionellen Wissenschaften), sondern muss im Sinne Alexander Mitscherlichs Sozialbildung und Selbstbildung einschließen. Das Schülerhilfe-Projekt versucht diese drei Ebenen zu integrieren.

3. Das Schülerhilfe-Projekt versucht, den Dialog zwischen Theorie und Praxis zu intensivieren. Dies geschieht in einer Weise, in der jede Seite auf die andere zum Erkenntnisgewinn angewiesen ist, also in einem vom Grundsatz her symmetrischen Dialog.
Devereux hat den sozialwissenschaftlichen Forschern vorgeworfen, dass sie Objektivität nur aus dem distanzierenden Blickwinkel eines Mondbewohners oder in der sezierenden Art eines Leichenbeschauers kennen. Beide Male gibt es kein wirkliches Einlassen auf das Leben. Das eine Mal wird es aus großer Entfernung betrachtet; das andere Mal wie tote Substanz behandelt, die man einem sezierenden Zugriff aussetzt. Devereux setzt dagegen ein Erkenntnismodell, bei dem sich der einzelne Forscher auf sein Erkenntnisobjekt einlässt, während er gleichzeitig seinen subjektiven Zugang und die Kontextabhängigkeit seines Forschens reflektiert und dokumentiert. In ähnlicher Weise sollen die Fallberichte, wie sie in dem Schülerhilfe-Projekt entstehen, uns als beteiligte WissenschaftlerInnen gemeinsam mit den Praktikern in einen Dialog führen, bei dem beide Seiten versuchen, am Fall weiterzulernen. Sowohl die handlungsleitenden Konzepte der Praxis als auch die erkenntnisleitenden Konzepte der Wissenschaft müssen sich nach ihrem spezifischen Beitrag zur Erhellung einer Problemsituation und ihrer Bewältigung befragen lassen. Die Interdisziplinarität des Vorgehens wird sich dabei fast von selbst herstellen, denn keines der beteiligten Fachgebiete könnte sich anheischig machen, den alleinigen Weg zu wissen.

2. Versuch einer Projektbeschreibung

2.1 Die Konzeption des Projekts

Wie bereits erwähnt, stehen StudentInnen, die sich in das Projekt einschreiben wollen, vor der Aufgabe, für ein bedürftiges oder schwieriges Kind entwicklungsförderliche Bedingungen herzustellen. An diese Aufgabe sind sie mindestens ein Jahr lang gebunden. Dann kann überlegt werden, ob dieses Kind weiter begleitet werden sollte bzw. in welcher Weise mit ihm gemeinsam die Abschlussphase gestaltet werden kann. Die Kinder werden uns von LehrerInnen genannt, möglichst zwei aus einer Klasse. Die StudentInnen lernen sie bei einer Hospitation kennen, versuchen zu ermitteln, ob sie einen positiven Kontakt zu dem Kind herstellen können und ob sich die Aufgabe auch praktisch realisieren lässt. Da ist nicht nur das Einverständnis von Kind und Eltern einzuholen, sondern vielerlei Weiteres zu bedenken. Lassen sich die Wege in angemessener Zeit überbrücken? An welchem Ort sollen die Treffen stattfinden? Wie groß ist der zeitliche Aufwand? Welches sind die Erwartungen der Eltern, der Lehrerin und die eigenen Motive? Erscheinen sie realistisch oder sind sie von optimistischem Überschwang geprägt?

Die Abklärungsphase kann sich ein halbes Jahr hinziehen und ist nicht immer von Erfolg gekrönt. In ihr entwickelt sich auch ein basales Gefühl dafür, ob sich vertrauensvolle Beziehungen herstellen lassen, die eine Voraussetzung für gedeihliche Zusammenarbeit sind. Wenn die Vorklärungen zu einem positiven Ergebnis führen, erklären Eltern, Lehrerin und Student bzw. Studentin schriftlich ihr Einverständnis. Von den Lehrerinnen und Lehrern wird dabei auch eine Zustimmung zur Projektkonzeption verlangt, die sie vorher erhalten haben und von der es in einem Elternbrief heißt, dass den Kindern dabei geholfen werden soll, *selbständiger zu werden und mehr Selbstvertrauen zu entwickeln.* Das würde letztlich auch dem schulischen Lernen zugute kommen. Die Studenten verpflichten sich zu Regelmäßigkeit, Pünktlichkeit und Verschwiegenheit in ihrer Arbeit mit dem Kind.

Ich weiß nicht, inwieweit sich jetzt schon ahnen lässt, dass mit dieser Aufgabe ein ungewohntes Maß an Verantwortung und zeitlicher Belastung auf die StudentInnen zukommt. Sie müssen für ihr Betreuungskind einen Förderplan entwickeln, der sich auf vorläufige Hypothesen gründet, Offenheit beinhalten sollte und jederzeit revidierbar sein muss. Die Aufgabe fordert ein waches Interesse an dem Kind, seinen Vorlieben und Abneigungen. Die StudentInnen begeben sich auf die Entdeckungsreise zu einem fremden Kind, machen dabei oft überraschende Erfahrungen und müssen mitgebrachte Vorstellungen revidieren. Zu Beginn ihrer Mitarbeit im Schülerhilfeprojekt ahnen sie meist nicht, dass die langfristig wirksamen Erfahrungen auch etwas mit ihnen selbst zu tun haben, mit ihren Erfolgswünschen und Ohnmachtserfahrungen, ihrem vom kindlichen Gegenüber durchaus verschiedenen Normen- und Wertehorizont, ihrer Bestätigungsbedürftigkeit und Kränkbarkeit und dergleichen mehr. In der Helferbeziehung kommt die ganze Persönlichkeit ins Spiel und dies nicht nur von einer Seite.

Die den Studenten zugemutete und zugetraute Aufgabe verlangt ein hohes Maß an Verlässlichkeit und das Durchstehen schwieriger Phasen, die bei diesen Kindern fast zwangsläufig auftreten und nicht vorauszusehen sind. Sie fühlen sich dabei vielfach überfordert. Einer strukturellen Überforderungssituation kann man sie nur aussetzen, wenn gleichzeitig für ein solides Netz an Begleitung gesorgt wird. Dieses gliedert sich in drei Arbeitszusammenhänge (s. Anlage 1):

- eine Kleingruppe zur fallspezifischen Beratung, die der wichtigste Treffpunkt für die Projektstudenten ist,
- eine Supervisionsgruppe zur fortlaufenden Reflexion von Beziehungsproblemen und damit einhergehenden Gefühlen,
- Foren zu Schwerpunktthemen, die für alle Projektinteressenten und die mitarbeitenden LehrerInnen geöffnet sind und pro Semester zwei Nachmittagsveranstaltungen und ein Wochenendseminar beinhalten.

Falls notwendig, kann darüber hinaus eine Krisenintervention bei einer Kindertherapeutin und Psychoanalytikerin in Anspruch genommen werden. In den vergangenen sieben Jahren musste jedoch nur einmal darauf zurückgegriffen werden.

2.2 Welche Kinder kommen in das Projekt?

Zunächst hatte ich vornehmlich an Randgruppenkinder gedacht, also Kinder, die in Armut oder Verwahrlosung aufwachsen. Aber diese Vorstellung hat sich als zu eng erwiesen. Auch Kinder in relativ geordneten Verhältnissen haben bisweilen Schwierigkeiten mit sich selbst, ihrer sozialen Umwelt oder der Schule. Einmal haben wir sogar ein Mädchen gehabt, dessen beide Elternteile – übrigens Lehrer – übermäßig an dem Fortkommen ihrer einzigen Tochter interessiert waren. Die studentische Begleiterin, die sich diesem Kind widmen sollte und schließlich auch wollte, war zunächst überhaupt nicht einverstanden mit dem Vorschlag der Lehrerin. Sie hatte ein armes Kind aus seiner Not retten wollen, fand dieses Mädchen in keiner Weise bedürftig und hat relativ lange gebraucht, bis sie hinter der Fassade der Normalität erkennen konnte, dass auch ein Kind unter ökonomisch und sozial privilegierten Bedingungen mitunter zu kurz kommen kann. Ich erwähne das Beispiel deshalb, weil gerade das breite Spektrum an kulturellen, sozialen und ethnischen Bedingungen den Blick der Projektmitglieder dafür schärfen kann, wie unterschiedlich Kindheitsprobleme gelagert sein können. Während ihrer Projektzeit gewinnen die TeilnehmerInnen i.d.R. Einblick in mindestens 12 verschiedene Kindheitsmuster. Sechs davon innerhalb ihrer eigenen Kleingruppe und noch einmal weitere sechs in der Supervisionsgruppe. Aber nur mit einem Fall müssen sie sich eindringlich auseinandersetzen. Kein Fall gleicht dem anderen. Da war z.B.

- *Andrej*, ein 8jähriger Sohn russischer Aussiedler, der nach kurzer Zeit in einem Übergangsheim mit 7 Jahren in das 2. Schuljahr eingeschult wurde und auf die neuartige Umwelt mit fast völligem Verstummen, Passivität und extremer Unsicherheit reagierte;
- oder *Marcello*, ein Sintikind, der sich immer wieder in handgreifliche Auseinandersetzungen verwickeln ließ, weil er sich angegriffen fühlte und sich allein gegen den Rest der Welt verteidigen zu müssen glaubte;
- oder *Sadia*, das zierliche Mischlingskind einer weißen Krankenschwester und eines farbigen Armeeangehörigen, das vom Aufstehen bis zum Zubettgehen an manchen Tagen fünf verschiedene Betreuungsstationen durchlief, weil seine Mutter unregelmäßig Dienst hatte, über wenig Geld verfügte, und einem Flickenteppich gleich die Versorgung der Kinder bis abends halb zehn geregelt hatte;
- oder *Moussa*, ein temperamentvoller, in Deutschland geborener palästinensischer Junge, dessen Eltern um alles in der Welt Schulversagen vermeiden wollten und den weiteren Kontakt mit der studentischen Begleiterin untersagen wollten, nachdem er auf die Sonderschule wechseln musste. Das hat Moussa jedoch nicht zugelassen.

Ich könnte die Reihe beliebig fortsetzen. Bei fast allen diesen Kindern gab es ein Auf und Ab in der Betreuungsbeziehung und immer wieder auch Glücksgefühle, wenn sich unvermutet Erfolge zeigten.

2.3 Welche StudentInnen melden sich für das Projekt?

Auch die Zusammensetzung der StudentInnen ist nach ihren Projektinteressen, ihren Vorerfahrungen und der Persönlichkeitsstruktur sehr bunt. Überwiegend sind es – das lässt sich denken – sozial engagierte StudentInnen, die sich für eine solche Aufgabe interessieren. Aber auch das Betreuungsangebot der Hochschule und die Verbindung von Theorie und Praxis locken. Schließlich weiß man schon bei Eintritt in das Projekt, dass man einen sicheren Examensplatz hat, und wenn man will, eine Fallanalyse als Wissenschaftliche Hausarbeit einreichen kann. Das sind Pluspunkte, die die hohen Anforderungen des Projektes aufwiegen können. Aber nicht jeder Student bzw. jede Studentin kann und will diese Anforderungen auf sich nehmen (aus unterschiedlichsten Gründen: z.b. der Familiensituation, des auswärtigen Wohnsitzes, der Finanzierung des Studiums wegen und dergleichen). Insofern tritt hier eine starke Selektion ein, die nur hoch motivierte Studenten überwinden.

2.4 Welche LehrerInnen interessieren sich für eine Kooperation mit dem Projekt?

Auch hier ergibt sich eine bunte Palette, angefangen von LehrerInnen, die sich für die Zusammenarbeit mit der Hochschule interessieren bis hin zu LehrerInnen, die mit der Vielzahl schwieriger Kinder in Brennpunktschulen absolut überfordert sind und einen Teil ihrer Last abgeben möchten. Am liebsten sind uns LehrerInnen, die mit den StudentInnen in einen offenen Dialog eintreten, neugierig und erfreut an den Entwicklungen der Kinder teilnehmen und ihre Beobachtungen und Wahrnehmungen mit einem außenstehenden Beobachter austauschen möchten. Wir stellen jedoch fest, dass die Sichtweise von LehrerInnen auf Kinder schulbedingt sehr oft verengt ist. Dem entspricht der Wunsch, dass Verhaltensprobleme und Lernschwierigkeiten möglichst in kürzester Zeit verschwinden sollen. Wenn das die StudentInnen nicht zu Wege bringen, sind die LehrerInnen enttäuscht. Nur einmal habe ich in den Jahren eine Lehrerin erlebt, die von sich aus sagte: Ich glaube, die kleine Feven lassen wir am besten erst mal mit der Schule in Ruhe. Die braucht etwas anderes. Das war für die Studentin ein sehr entlastender Zuspruch und angesichts der sehr schwierigen und wechselvollen häuslichen Bedingungen von Feven eine große Hilfe.

2.5 Betreuungsbeziehungen

Die folgenden Punkte fasse ich knapp zusammen, obwohl sie für die Projektpraxis von großer Wichtigkeit sind. Immer wieder erlebte ich fasziniert und manchmal auch beunruhigt, wie sensibel sich die Beziehungen zwischen den Kindern und ihren Betreuern gestalten. Alle Phantasie auf Seiten der Studenten zu reizvollen Tätigkeiten im häuslichen Bereich oder Freien will nicht die richtige Freude aufkommen lassen, wenn die Kinder spüren, dass ihre Herkunftswelt gering geachtet wird oder wenn sie sich bedrängt fühlen und nicht auch von sich aus die gemeinsame Zeit mitgestalten können.[2] Am Anfang stehen meistens tastende Annäherungsversuche und irgendwann bilden sich dann Rituale heraus, die den gemeinsa-

---

[2] Zu den studentischen Aktivitäten s. Anlage 2

men Nachmittagen eine verlässliche Struktur geben, in denen sich Kind und Student aufgehoben fühlen. Wenn das gelungen ist, sind die Anfangsschwierigkeiten überwunden, aber bis es so weit ist, gibt es oft schmerzliche Erfahrungen. Manche Kinder sind in unerträglicher Weise unzuverlässig, andere reagieren auf Versagungen mit Gekränktsein, wieder andere sind misstrauisch und launisch. Für die StudentInnen, die voller Optimismus und guten Willens sind, ist es manchmal zum Verzweifeln. Wenn sie gar nicht mehr aus noch ein wissen und aufgehört haben, ihr Betreuungskind zu irgendetwas bringen wollen, ergibt sich oft eine überraschende Wende. Manchmal kann sich dann erst die Beziehung entwickeln.

2.6 Neuralgische Punkte im Projektverlauf

Für die Betreuungstätigkeit gibt es keine Semesterferien, wohl aber Ferien und Urlaub. Die erste Trennung ist die Probe aufs Exempel, ob eine verlässliche Beziehung entstanden ist. Sie muss dem Kind angekündigt werden, glaubwürdig und transparent sein. Manche StudentInnen überbrücken die Unterbrechung, indem sie aus dem Urlaub einen Kartengruß schicken – ein wunderbares Ereignis für ein Kind, das noch nie Post bekommen hat. Sie melden sich zurück, wenn sie wieder da sind. Die Kinder übernehmen mitunter solche Formen und übertragen sie sinngemäß auf den Kontakt mit ihrem Studenten bzw. ihrer Studentin.
Eine besondere Aufgabe stellt die Gestaltung der Abschlussphase dar, in der das Kind nicht passives Objekt, sondern mitgestaltendes Gegenüber werden muss. Aus der Rückschau kann die gemeinsame Zeit noch einmal erinnert und reflektiert werden, beliebte Tätigkeiten können wiederholt und Orte noch einmal aufgesucht werden. Vielfach entstehen Geschichtenbücher oder Fotoalben, die gemeinsam erstellt und beschriftet werden. Einmal hat eine Studentin, die sehr sorgfältig über jedes Treffen Tagebuch geführt hat, mit dem Kind ein Spiel entwickelt, in dem alle Termine und Ereignisse festgehalten wurden. So konnte die gemeinsame Erfahrung über den Abschied hinaus Bedeutung gewinnen. Die Qualität der Abschlusserfahrung ist nicht nur wichtig für die Kinder, sondern ebenso für die StudentInnen. In der Rückschau und aus dem Abstand lässt sich leichter Klarheit gewinnen als mitten im Prozess.

3. Einblick in eine Betreuungsbeziehung: Erfahrungen mit Jim[3]

Jim, ein Mischlingskind, wird von der Lehrerin übermäßig oft getadelt. In der Klasse ist er ein Außenseiter, der versucht, sich durch Geschenke Freunde zu erkaufen, und dann enttäuscht ist, wenn die Beschenkten nicht zu ihm halten. Er wird oft gehänselt (auch mit rassistischen Bemerkungen), ohne dass seine Lehrerin dies beachtet. Er reagiert dann sehr betroffen und schlägt zu. Auf die betreuende Studentin wirkt Jim wie ein Kind, das sehr verletzlich ist und wenig soziale Umgangsformen besitzt. Entgegen der Annahme der Lehrerin, Jim sei ständig in Kämpfe verwickelt, beobachtet sie, dass er sich bemüht, streitende Mitschüler aus-

---

[3] Die Ausführungen in diesem Teil basieren auf den Notizen von Elke Dräbing, der Betreuerin von Jim. Ich danke ihr für die Offenheit, mit der sie Außenstehende an ihren Erfahrungen in der Betreuungssituation teilnehmen läßt.

einanderzubringen. Andererseits zettelt er manchmal ohne ersichtlichen Anlass eine Schlägerei an, als ahme er Fernsehhelden nach.

Die junge Lehrerin, die sich ansonsten offen und tolerant zeigt, hatte zunächst große Schwierigkeiten, das teilweise kleinkindhaft anklammernde Verhalten von Jim zu akzeptieren. Nachdem er mit seinen Vereinnahmungswünschen bei ihr keinen Erfolg hatte, fing er an, sie zu ignorieren, worauf sie gekränkt reagierte. Sie spürt, dass sie mit diesem Kind nicht gut zurechtkommt und ist dankbar für die Unterstützung durch die Studentin.

3.1 Jims Familie

Jim lebt mit seiner berufstätigen (weißen) Mutter und seiner älteren (weißen) Stiefschwester in einem Haushalt. Sein Vater, ein schwarzer Amerikaner, hat sich, als er zwei Jahre war, von der Familie getrennt. Er lebte ohne Kontakt zu ihr noch 4 Jahre in Kassel, bevor er in die USA zurückging. In dieser Zeit sprach er Jim, der seinen Vater nicht mehr kannte, auf der Straße an. Das trug zu Jims weiterer Verwirrung bei. Seine Mutter hatte zwischenzeitlich einen anderen Freund, der sie und die Kinder schlug, was schließlich zur Trennung führte. Jim gegenüber ist das Verhalten der Mutter sehr inkonsequent. Sie schwankt zwischen materieller Verwöhnung (auf sein zwischenzeitlich anklammerndes Verhalten) und Bestrafung (auf seine Verselbständigungsversuche). Emotional vernachlässigt sie ihn, beschäftigt sich kaum mit ihm und erweist sich als äußerst unzuverlässig (was auch die Studentin zu spüren bekommt). Jim idealisiert seinen Vater. Er zieht sich häufig in seine „heile Amerika-Fantasiewelt" zurück. Immer wieder betont er, dass er Amerikaner sei und deutsche Männer nicht möge. Sie machten ihm offensichtlich angst.

3.2. Auszug aus dem Bericht der Studentin

„Das Wichtigste war für mich, Jim in seiner Persönlichkeit Wertschätzung entgegenzubringen, ihn als ganzen Menschen zu sehen, seine Vorerfahrung zu berücksichtigen und Verständnis für seine Handlungsweisen aufzubringen. Zudem war ich bemüht, ihm Rückmeldungen auf seine Verhaltensweisen zu geben. Für mich war es entscheidend, dass ich Verabredungen einhielt und ihm durch feste, regelmäßige Termine Zuverlässigkeit und Beständigkeit vermittelte. Es zeigte sich, dass ich dadurch seine Angst, mich wieder zu verlieren, mindern konnte. Dieses alles vollzog sich jedoch nicht ohne Probleme, denn zunächst war Jim von mir enttäuscht, da wir uns nur (!) zwei- bis dreimal in der Woche sahen. Zudem erfüllte ich seine überzogenen materiellen Wünsche nicht. Obwohl Jim mich anfangs stets ignorierte, merkte ich (bzw. erfuhr ich von der Lehrerin und seiner Mutter), dass er sich auf und über mein Kommen freute. Dieses anfängliche Nichtbeachten (das sich meistens nach einigen Minuten legte), sollte vermutlich eine Strafe dafür sein, dass ich ihn nach unserem jeweiligen Treffen wieder allein ließ. Als ich dann nach einigen Wochen mit ihm anfangen wollte, Leseübungen zu machen, distanzierte er sich völlig von mir. In der nächsten Zeit wehrte er sogar bei außerschulischen Aktivitäten jede Nähe zu mir ab. Nach langen Überlegungen, unfruchtbaren Gesprächen mit Jim sowie mit seiner Mutter und der Lehrerin zog ich es dann vor, mich zurückzuziehen und ihm die Entscheidung für oder gegen eine erneute Kontaktaufnahme zu überlassen. Nach zweieinhalbmonatigem (!) langen Warten (ich schrieb ihm zwischendurch lediglich eine Urlaubskarte) wandte er sich schließlich wieder an mich. Seit dieser Zeit gestaltet sich unser Kontakt äußerst erfreulich: Jim kann jetzt besser akzeptieren, dass wir nur eine begrenzte Zeit zusammen verbringen. Er ist nicht mehr so vereinnahmend und wirkt nicht mehr so niedergeschlagen, wenn ich gehe. Vermutlich hat er durch dieses Trennungserlebnis zum ersten Mal erfahren, dass jemand auch nach einem längeren Getrennt-sein wieder zurückkommt. Damit ist für ihn die zwingende Dichotomie zwischen einem Entweder-ständig-bei-jemandem-Sein (was er durch Anklammern zu erzwingen versucht) oder Für-immer-von-jemandem-getrennt-Sein aufgehoben. Jim konnte in der nächsten Zeit auch seinerseits Verabredun-gen besser einhalten. In der Schule kommt er seitdem besser mit seiner Lehrerin aus, da er weniger Zuwendung von ihr einfordert. Ebenso wichtig war es für ihn, dass ich einen angstfreien Raum schaf-fen konnte, in dem er sich mir anvertrauen konnte, ohne negative Konsequenzen befürchten zu müs-sen oder sich zu blamieren.

Da Jim von sich aus nichts erzählte, war es umso wichtiger, dass wir uns über gemeinsame Aktivitä-ten und Erlebnisse austauschten. Im Laufe der Zeit flossen auch andere persönlich bedeutsame Erfah-rungen in diesen Austausch ein. Dadurch gelang es mir, mögliche Ursachen für seine Verweige-rungshaltung im schriftsprachlichen Bereich zu beseitigen. Das Entscheidende war zunächst, Jim seine übergroße Angst zu nehmen, die ihm vermutlich seine Mutter durch ihre Angst vor Schulversagen vermittelte. Da Jim sich auf freies Schreiben (im Sinne eines Sich-von-der-Seele-Schreibens) nicht einließ, erstellte ich zunächst Wortkarten, die sein individuelles Lebensthema (die unzureichende Erwiderung der Liebe zu seiner Mutter und die tiefen Verlustängste) betrafen, um mit ihm in diesem Bereich zu arbeiten. Die Wörter: „Mama", „Liebe", „ich mag dich" u.a. waren die er-sten Wörter, auf die er sich tatsächlich einließ (dies waren ausnahmslos Wörter, die – misst man sie an den Vorstellungen des klassischen Erstleseunterrichts – für einen Leseanfänger zu schwer sind). In wenigen Wochen erlernte Jim auf sprachspielerische Weise in Verbindung zu unseren gemeinsa-men Erlebnissen viele Wörter und kleine Texte selbständig zu erlesen (später auch zu schreiben!). Dabei freute er sich jedesmal auf seine eigenen „neuen" Wörter, die er stolz enträtselte. Im Gegen-satz zu seiner sonstigen Unordnung hütete er diese Wortkärtchen äußerst sorgfältig."

3.3 Der Lernertrag der Studentin in der Zusammenarbeit mit Jim

In der Kooperation von Jim und seiner Betreuerin lassen sich zwei ineinander verschränkte Lernwege erkennen:

- Die Betreuerin musste es lernen, Jims übermäßigen Ansprüchen (materiell und emotio-nal) Grenzen zu setzen. Obwohl sich Jim zunächst dagegen wehrte, lassen ihre Bemü-hungen eine positive und stabilisierende Wirkung auf Jims Verhalten erkennen.
- Da die Betreuerin nach und nach hinter den störenden Verhaltensweisen von Jim seine lebensgeschichtlich geprägten Motive erkennen konnte, musste sie sich nicht mehr ange-griffen fühlen. Dementsprechend kommt sie zu der Schlussfolgerung: „Grundsätzlich sollten Lehrer unterrichtsstörendes Verhalten von Schülern nicht als persönlichen An-griff werten, sondern als Hilflosigkeit des betreffenden Schülers, die es zu überwinden gilt."
- Die für die Studentin zunächst schmerzliche Unterbrechung in der Zusammenarbeit mit Jim (sie erlebt sie als Entwertung und Vergeblichkeit Ihres Engagements) führt später zur Einsicht, dass es für dieses Kind wichtig ist, „Nähe und Distanz zu einer vertrauten Person selbst regulieren zu können und nicht immer derjenige zu sein, über den bzw. dessen Kopf bestimmt wird".
- Nachdrücklicher als es in den Lehrveranstaltungen vermittelt werden könnte, erlebt die Betreuerin am Leselernprozess von Jim, wie eng Lebenssituationen und Lernverhalten miteinander verbunden sein können und dass Kinder in besonderen Lebenslagen nach besonderen Lerninhalten verlangen.

- In der Summe war das Projekt für die Betreuerin eine nachdrückliche Lektion im Umgang mit der eigenen und der fremden Realität (Ohnmachts- und Allmachtsfantasien waren zu verarbeiten, der Umgang mit eigenen Konflikten musste gelernt werden, die Widerständigkeit des kindlichen Gegenübers richtig eingeschätzt werden u.a.).

Nimmt man die Erfahrungen zusammen, so wird verständlich, warum einige Studenten behaupten, dass das Schülerhilfe-Projekt zum Zentrum ihres Studiums geworden ist, weil darin – wie die StudentInnen sagen – „alles zusammenkommt", d.h. die unterschiedlichen Ebenen und Inhalte des Studiums werden auf eine sinnvolle Weise integriert.

4. Die Projekterfahrung als Brückenschlag zwischen Theorie und Praxis

Der ständige Reflexionsprozess über die Erfahrungen mit den Kindern, den Lehrerinnen, den Eltern, dem Jugendamt, dem Kinderschutzhaus, und wer es auch immer sei, innerhalb der Kleingruppe, der Supervisionsgruppe und im Zusammenhang mit den Foren, lässt sich als ganzer als forschendes Lernen bezeichnen. Die überwiegende Zahl der ProjektstudentInnen fängt nach der Anfangsphase an, ihr Studium um das Projekt herum zu organisieren. Die Arbeit mit ihrem Kind stößt sie auf Fragen und Probleme, die sie sonst womöglich übersehen hätten. Seminare, die mit Randgruppenproblematik, mit integrativer Pädagogik, mit der rechtlichen Situation von Flüchtlingen und dgl. zu tun haben, werden von ihnen besucht. Die Auseinandersetzung mit fallspezifischen Einzelthemen wird mit großer Ernsthaftigkeit betrieben.

Der größte Projektertrag liegt m.E. jedoch nicht in der Befassung mit Spezialthemen, sondern in der Reflexion des eigenen Handelns und der unbewussten Vorstellungen, Wünsche und Normen. Ich möchte dies wiederum an zwei Beispielen andeuten. So schreibt Christiane Müller (1998): „Ich musste lernen, meine Ansprüche an mich selbst nicht zu hoch zu stecken, sondern mich mit gegebenen, nicht zu verändernden Sachverhalten (gemeint ist hier die Familiensituation) abzufinden und mich konstruktiv mit diesen auseinanderzusetzen. Dies fiel mir nicht leicht, da ich das Gefühl hatte, versagt zu haben, wenn etwas nicht nach meinen Vorstellungen verlief. Manchmal drängte sich mein Ehrgeiz in den Mittelpunkt und ließ mich vergessen, dass es eigentlich um Moussas Bedürfnisse und nicht um meinen persönlichen Erfolg ging." Und an späterer Stelle: „Im Nachhinein wurde mir durch das Niederschreiben und das erneute Reflektieren der letzten eineinhalb Jahre unserer Beziehung deutlicher, welche Entwicklung sich vollzogen hat. Ich kann nicht behaupten, Moussas schulische Situation wesentlich verbessert zu haben, genausowenig wie seine sprachlichen und motorischen Fähigkeiten... Allerdings machten wir beide die Erfahrung, gemeinsam durch schwierige Phasen zu gehen und Probleme zu bewältigen. Auch wenn ich ihm in einigen Situationen nicht helfen konnte, so war ich doch in der Lage, ihm das Gefühl zu vermitteln, dass er nicht alleine auf sich gestellt war, sondern dass sich jemand an seiner Seite befand, der zu ihm stand. Durch unseren kontinuierlichen Kontakt fasste Moussa allmählich Vertrauen und wusste, dass er sich auf mich verlassen konnte. Er erlebte eine für ihn neuartige Beziehung zu einer erwachsenen Person, die ihn als gleichberechtigt ansah und die ihn dementsprechend behandelte.

Ich bin glücklich und stolz, dass Moussa mich in sein Leben miteinbezogen hat und ich daran teilnehmen durfte, ohne das Gefühl zu haben, dass ich ihn nach unserem Abschied 'allein gelassen habe'. Wir haben einen begrenzten Zeitraum miteinander erlebt, und es hat sich eine Freundschaft zwischen zwei, in jeder Hinsicht völlig unterschiedlichen Menschen entwickelt, die für mich etwas Ungewöhnliches und Besonderes darstellt und von großer Bedeutung ist."

Eine andere Studentin, Silke Scheffler, äußert sich über Marvin folgendermaßen: „Ich war fest davon überzeugt, dass es mir gelingen würde, seine Schwächen abzubauen und ihn so glücklicher zu machen. Ich war mir sicher, dass er meine Hilfe annehmen würde und dankbar dafür sein wird."

An dem ausführlichen Bericht von S. Scheffler (1997) fällt auf, dass sie ohne kritische Distanz die Erwartungen von Lehrern und Eltern übernimmt. Sie bemüht sich, Marvins schulische Leistungen zu verbessern, gerät dadurch selbst unter Druck und muss die Erfahrung machen, dass sich ihr das Kind, dem sie gutwillig und hilfsbereit entgegenkommt, verschließt. Die Beziehung wird zunehmend problematisch.

Durch den bis in die Nachmittagsunternehmungen hinein verlängerten Leistungsdruck auf Marvin reagiert er mit verzweifelter Aggression, die die studentische Betreuerin zunächst als gegen sich selbst gerichtet erlebt. Als sie schließlich sagt *„Ich habe das Gefühl, Du würdest im Moment am liebsten alles kaputtschlagen"* antwortet er: *„Ja, mich selbst!"* Erst da erkennt sie, dass seine Aggressionen nicht gegen sie als Person gerichtet sind, sondern dass es die Wut war, die er gegen all diejenigen hatte, die von ihm so vieles forderten, was ihnen selbst scheinbar mühelos zu gelingen schien, aber für Marvin selber nicht erreichbar war.

Langsam erkennt die studentische Betreuerin, dass sie Marvin nur helfen kann, wenn sie ihn so akzeptiert, wie er ist, und ihm Freiraum für eigene Wünsche und Entscheidungen gewährt. So entsteht am Ende doch noch ein produktives Miteinander, bei dem sich Marvin zunehmend offener, aktiver und einfallsreicher zeigt. Marvin ist ein fröhlicher und realistischer Junge geworden. Er konnte sich länger konzentrieren, erledigte selbständiger seine Aufgaben und zeigte eine höhere Anstrengungsbereitschaft.

Die in den beiden Beispielen zum Ausdruck kommende Bereitschaft zur Selbstreflexion ist eine unschätzbare Voraussetzung für die berufliche Qualifizierung.

Schließlich gibt es auch einen materiellen Ertrag des Projekts durch Kurzberichte und umfängliche Fallanalysen. Die entstandene Projektbibliothek wird von den nachwachsenden Studenten begierig gelesen und bildet das Basismaterial für Sekundäranalysen über das Projekt hinaus. Die Kurzberichte folgen einer vorgegebenen Struktur. Ausführliche Fallanalysen wurden u.a. zu Kindern fremder Ethnien erstellt (darunter ein Sintikind, türkische und italienische Kinder, Kinder aus Kriegs- und Krisengebieten und Kinder politischer Flüchtlinge). Getrennt davon oder in Verbindung damit kommt ein großes Spektrum sozialer, pädagogischer und schulischer Probleme ins Blickfeld. Die Arbeiten sind im allgemeinen so angelegt, dass die soziale Situation des Kindes und die Betreuungsbeziehung unter einem spezifischen Focus thematisiert wird.

5. Ausblick

In der Projekttätigkeit kommen die Studentinnen und Studenten mit Kernkonflikten der späteren Berufsrolle in Berührung:

- Sie müssen sich mit Allmachtswünschen und Ohnmachtserfahrungen auseinandersetzen
- lernen, Grenzen zu ziehen gegenüber dem Kind, seinen Geschwistern und den Eltern,
- müssen im Schnittpunkt unterschiedlicher Erwartungen (zwischen Familie, Schule und Hochschule) ihre Position klären und vertreten,
- setzen sich mit ihrem Normen- und Wertehorizont, seiner soziokulturellen Bedingtheit auseinander, wobei sie auch seine (bisher vorausgesetzte) Allgemeingültigkeit infrage stellen
- und reflektieren vielleicht zum ersten Mal ihre eigene Erziehungs- und Bildungsbiographie im Hinblick auf unbewusste Erwartungen, die sie in ihr neues Tätigkeitsfeld hineintragen.

Es würde eines eigenen Beitrags bedürfen, dies im einzelnen darzustellen. Am Ende der Projektarbeit steht – angeregt durch die Kleingruppe und die Supervision – die Reflexion der Beziehungsgeschichte im Vordergrund, die durch das Aufeinandertreffen zweier unvergleichlicher Personen charakteristisch ist und beide Seiten verändert. Dabei entsteht für die ProjektteilnehmerInnen die Erkenntnis, „dass Erziehung nicht als kausales Einwirken, sondern nur als dialogisches Geschehen zwischen zwei Subjekten" (Göppel, 1998, 37) gelingen kann. Christina Vockeroth hat ihre Betreuungsgeschichte mit der Schülerin Tanja in einer Graphik zusammengefasst, mit der sie sich darüber Klarheit verschaffen wollte, welcher unterschiedliche Erfahrungshintergrund mit welchen Erwartungen und Problemlösungsstrategien in den verschiedenen Phasen der Zusammenarbeit von beiden Seiten aufeinander traf und Wahrnehmung und Handeln bestimmte. Diese Graphik (s. Anlage 3) soll zum Schluss noch einmal symbolisch verdeutlichen, was es in allen Betreuungsbeziehungen zu bearbeiten gilt, wenn es das Ziel ist, „Kinder verstehen zu lernen".

Literatur:

Bambach, Heide (1994): Ermutigungen. Nicht Zensuren. Libelle Verlag: Lengwil am Bodensee

Devereux, Georges (1967): Angst und Methode in den Verhaltenswissenschaften. Den Haag und Paris.

Friebertshäuser, Barbara/ Prengel, Annedore (1997) (Hrsg.): Handbuch qualitative Forschungsmethoden in der Erziehungswissenschaft. Juventa: Weinheim und München.

Fröhlich-Uhl, Christiane (1983): Lebenswelt Grundschule – Die erste Lehrerin: Schüler erzählen von ihren Erfahrungen. Gesamthochschule Kassel. Forschungsprojekt schulische Selbsterfahrung, Heft 9.

Garlichs, Ariane (1993): Teile und spare. Grundschullehrerausbildung im Rückwärtstrend? In: die Grundschulzeitschrift, 7. Jg. Heft 68, 4.

Garlichs, Ariane (1994): Lebendiges Lernen in der Lehrerausbildung. Das Kasseler Schülerhilfe-Projekt. In: Die Grundschulzeitschrift, 8. Jg. Heft 76, 34f.

Garlichs, Ariane (1995): Forschendes Lernen in der Lehrerausbildung. In: Die Grundschulzeitschrift, 10. Jg. Heft 95, 52-57.

Garlichs, Ariane (1995): Kinderleben heute: Drei ausgewählte Portraits. In: Erhard Wicke/ Rudolf Messner (Hrsg.): Antiquiertheit des Menschen und Zukunft der Schule. Deutscher Studienverlag: Weinheim

Garlichs, Ariane (1996): An der Seite der Kinder. Das Kasseler Schülerhilfe-Projekt. In: Dagmar Hänsel/ Ludwig Huber (Hrsg.): Lehrerbildung neu denken und gestalten. Neue Lehrerbildung und Schulentwicklung. Bd. 1. Beltz-Verlag: Weinheim und Basel

Garlichs, Ariane (1997): Supervision: Hilfe zur Bewältigung des Schulalltags. In: Die Grundschulschrift, 11. Jg. Heft 110, 48-52.

Garlichs, Ariane (2000): Schüler verstehen lernen. Das Kasseler Schülerhilfeprojekt im Rahmen einer reformorientierten Lehrerausbildung. Auer Verlag: Donauwörth

Göppel, Rolf (1998): Eltern, Kinder und Konflikte. Kohlhammer Verlag: Berlin und Köln

Hove, Christiane van (1997): Das Projekt „Schülerhilfe" – Ein Ausbildungselement im Lehramtsstudium für die Grundschule. Diplomarbeit Universität Gesamthochschule Kassel.

Leuzinger-Bohleber, Marianne/ Garlichs, Ariane (1991): Lehrerausbildung für die Arbeitslosigkeit? Spätadoleszente Identitätsbildungsprozesse unter erschwerten Berufsperspektiven. In: Hans Georg Trescher/ Christian Büttner (Hrsg.): Jahrbuch für psychoanalytische Pädagogik 3: Matthias-Grünewald-Verlag: Mainz

Leuzinger-Bohleber, Marianne/ Garlichs, Ariane (1993): Früherziehung West-Ost. Zukunftserwartungen, Autonomieentwicklung und Beziehungsfähigkeit von Kindern und Jugendlichen. Juventa: Weinheim und München

Leuzinger-Bohleber, Marianne/ Garlichs, Ariane (1997): Theoriegeleitete Fallstudien im Dialog zwischen Psychoanalyse und Erziehungswissenschaft. In: Barbara Friebertshäuser/ Annedore Prengel (Hrsg.): Handbuch qualitative Forschungsmethoden in der Erziehungswissenschaft. Juventa: Weinheim und München

Mitscherlich, Alexander (1965): Auf dem Weg zur vaterlosen Gesellschaft. Piper-Verlag: München

Müller, Christiane (1998): Moussas Schullaufbahn. Eine Analyse im Rahmen des Schülerhilfeprojekts. Wissenschaftliche Hausarbeit zur Ersten Staatsprüfung für das Lehramt an Grundschulen. Universität Gesamthochschule Kassel.

Petillon, Hanns (1993): Das Sozialleben des Schulanfängers. Psychologie-Verlags-Union: Weinheim

Prengel, Annedore (1993): Pädagogik der Vielfalt. Leske + Budrich: Opladen

Rauschenberger, Hans u.a. (1998): Untersuchungen zur Transformation des Schulunterrichts in Deutschland. Forschungsprojekt im Fachbereich Erziehungswissenschaft/Humanwissenschaften der Universität Gesamthochschule Kassel. (Die Veröffentlichung der Ergebnisse wird zur Zeit vorbereitet).

Scheffler, Silke (1997): Ganzheitliche Förderarbeit mit einem Grundschulkind. Eine Fallanalyse im Rahmen des Schülerhilfeprojekts. Manuskript. Universität Gesamthochschule Kassel.

Wiedenhöft, Almut (1995): In der Warteschleife – Zur Bedeutung zur Integrationsfähigkeit bei der Bewältigung von Berufsunsicherheit und Arbeitslosigkeit. Peter Lang: Frankfurt a.M.

Witting, Heike (1989): Der Bildungsprozess des Kindes im Übergang von der Familie in die Schule. Peter Lang: Frankfurt a.M.

Zulliger, Hans (1951): Schwierige Kinder. 4. Aufl. (1958) Huber: Bern, Stuttgart

Zulliger, Hans (1966): Die Angst unserer Kinder. Klett: Stuttgart

Anlage 1

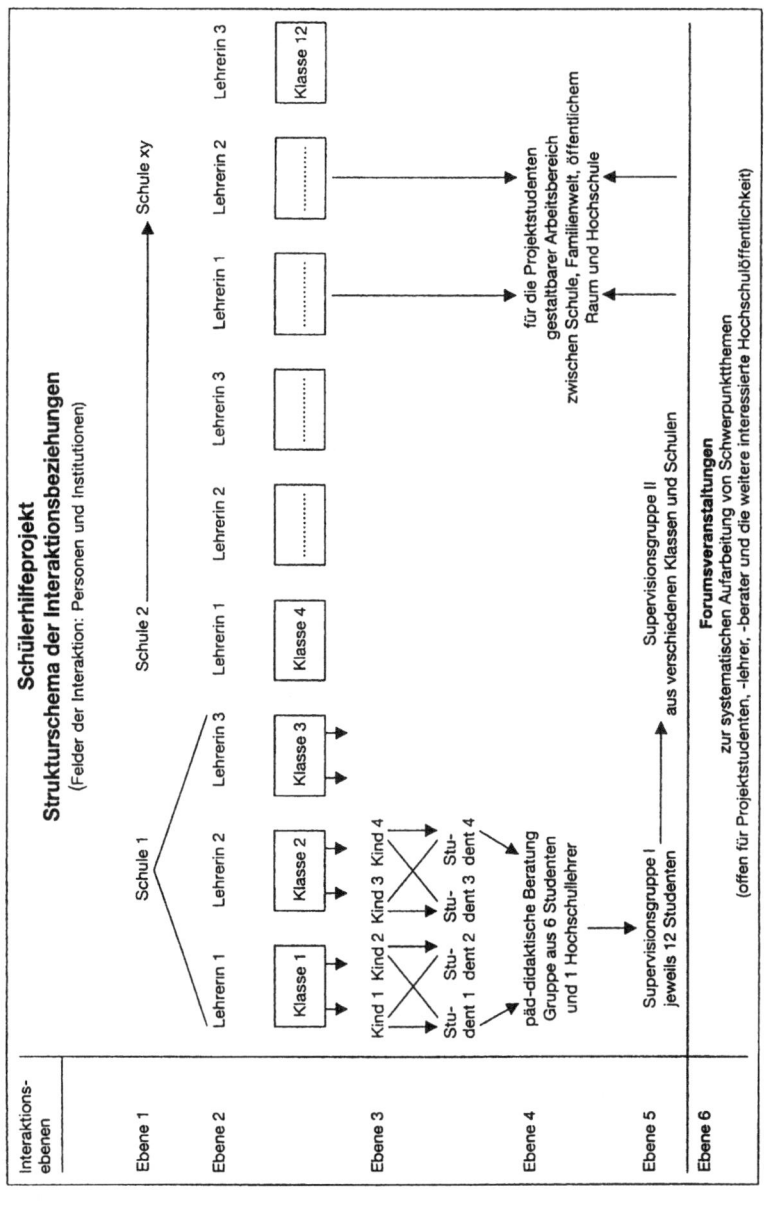

Schülerhilfeprojekt
Strukturschema der Interaktionsbeziehungen
(Felder der Interaktion: Personen und Institutionen)

Interaktions-ebenen		
Ebene 1	Schule 1 .... Schule 2 .... Schule xy	
Ebene 2	Lehrerin 1 Lehrerin 2 Lehrerin 3	Lehrerin 1 Lehrerin 2 Lehrerin 3 Lehrerin 1 Lehrerin 2 Lehrerin 3
	Klasse 1 Klasse 2 Klasse 3 Klasse 4	Klasse 12
Ebene 3	Kind 1 Kind 2 Kind 3 Kind 4	
	Stu-dent 1 Stu-dent 2 Stu-dent 3 Stu-dent 4	
Ebene 4	päd-didaktische Beratung Gruppe aus 6 Studenten und 1 Hochschullehrer	
Ebene 5	Supervisionsgruppe I jeweils 12 Studenten	Supervisionsgruppe II aus verschiedenen Klassen und Schulen
Ebene 6		

für die Projektstudenten gestaltbarer Arbeitsbereich zwischen Schule, Familienwelt, öffentlichem Raum und Hochschule

Forumsveranstaltungen
zur systematischen Aufarbeitung von Schwerpunktthemen
(offen für Projektstudenten, -lehrer, -berater und die weitere interessierte Hochschulöffentlichkeit)

183

Anlage 2

Liste der ausgewählten studentischen Aktivitäten

Aktivitäten in der Anfangsphase der Projekttätigkeit:
- Hospitation in der Klasse
- Gespräche mit der Lehrerin
- Elterngespräche

Mit den Betreuungskindern wurden in den letzten Semestern unter anderem folgende Aktivitäten durchgeführt:

Aktivitäten in der Schule und im Hort:
- Spielstunden in der Schule (unter eigener Regie, mit dem Betreuungskind)
- Erkundung des Freizeitbereichs der Schule
- wöchentliche Unterrichtsbesuche (Hilfestellungen geben, Beobachtungsstunden, Projekte: z.b. Papierherstellung, Ausflüge: z.b. Botanischer Garten)
- Begleitung der Klasse in die Waldschule (zweitägig)
- eigenes Buch erstellen
- Rechenübungen
- Leseübungen
- Diktate üben
- Müsli zubereiten, Grießbrei kochen, Plätzchen backen
- Marionetten und Mobile bauen
- Papiertheater bauen und damit spielen
- Bilderbücher anschauen und vorlesen
- gemeinsames Essen in der Schule
- Besuch im Hort und Teilnahme am „Alltagsgeschehen" des Hortes
- Hausaufgabenbetreuung im Hort

Ausflüge und „Draußenaktivitäten":
- Ausflüge zum Herkules / Besichtigung des Wilhelmshöher Schlosses
- Unternehmungen im Auenpark: Fahrradtour, Spielplatz, Enten füttern, Picknick
- Spaziergänge / Wanderungen
- Stadtrundfahrt mit dem Auto
- Spaziergang durch die Innenstadt
- Besuch der Kinder und Jugendbücherei
- Märchentag auf Burg Sichelnstein (ganztägig)
- Besichtigung eines Bauernhofes
- Besuch bei einem Fahrradkettenhersteller (Maschinen erklären lassen)

- Kleintierzoo
- Kinobesuch
- Schwimmbad
- Theaterbesuch („Kalif Storch")
- Museumsbesuche (Technik / Astronomie)
- Eisessen
- Zirkusbesuch
- Rollschuhlaufen
- Staudamm bauen
- Wettlauf (Hand in Hand) / Kriegen spielen
- Steigenlassen eines selbstgebauten Heißluftballons
- Hinkelkästchen hüpfen
- Ballspiele: Fußball, Basketball, Tischtennis, Minigolf
- an einer Turnstunde im Turnverein teilnehmen
- Sandburg bauen
- Besuch eines Kinderfestes
- Gartenfest mit Modeschau
- Besuch des Wochenmarktes
- Karussellfahren
- Fotosafari im Wohnwagen (Fotos aufkleben und beschriften)
- Besuch bei der Schwester des Betreuungskindes zu Hause
- gemeinsames Essen in der Imbissstube der Schwester des Betreuungskindes
- Besichtigung der Universität (Bibliothek, gemeinsames Essen in der Mensa)

Aktivitäten in der Grundschulwerkstatt:
- Tischexperimente und Zaubertricks (Begegnung mit physikalischen Phänomenen)
- Musikinstrumente anschauen und bauen
- „Regenmacher" (Geräuschmacher) bauen
- Kuchen essen
- Spiele mit dem Artikelwürfel
- gemeinsames Treffen einzelnen Kleingruppen in der Grundschulwerkstatt (Waffeln backen, Adventsfeier, Kerzen verzieren)

Aktivitäten bei der Betreuerin / dem Betreuer zu Hause:
- Ferientage (mit Übernachten) gemeinsam verleben
- Schreibmaschine schreiben / Computer

- mit elektrischer Eisenbahn spielen
- sich gegenseitig fotografieren
- Pfannkuchen, Brot, Kuchen backen
- Essen, Obstsalat und Müsli zubereiten
- „Caro-Kaffe-Klatsch" (in gemütlicher Atmosphäre)
- Kakaotrinken in der Familie der Betreuerin
- gemeinsames Singen / Hausmusik
- Tanzen
- Fische füttern im Gartenteich
- Klettern im Garten der Betreuerin
- Schubkarre fahren – in der Schubkarre gefahren werden

Bastelarbeiten:
- Gipsmasken herstellen
- Papierflieger bauen
- Herstellen einer Handpuppe und improvisiertes Handpuppenspiel
- Töpfern
- einen Drachen aus Ton gestalten
- Gespensterburg basteln
- Musikinstrumente bauen
- Malen mit Wasserfarben / Dispersionsfarben
- Basteln mit Kastanien und anderen Naturmaterialien
- Herbstbilder
- Herstellen eines Fühlbuchstaben-Buches
- Postkarten / Fensterbilder
- Geschenke für Geschwister
- Herstellen von Schlüsselanhängern in der Metallwerkstatt der Uni
- Floß bauen

Spiele:
- Memory, das verrückte Labyrinth, Logo, Bauklötze, Sprachspiele, Kniffel, Kartenspiele, Konzentrationsspiele (z.B. „Feder blasen"), Uno, Riesenschlange mit Uhl-Baukästen, Sagaland, Pantomimen-Spiel, Elektro-Spiel, Frisbee

Lesen und Schreiben:
- dialogisches Schreiben
- Überarbeitung eines freien Textes des Betreuungskindes
- Schreibübung mit Verbesserung
- Schreiben und Stempeln mit Ricto-Set
- Wortkarten lesen
- Kinderbücher lesen, z.B. „Hanno malt sich einen Drachen"
- „Hanno"-Gedichte schreiben

- Kinderbücher vorlesen, z.B. „Eine Woche voller Samstage"
- gemeinsam ein Buch über Meerschweinchen lesen
- Kinderzeitschriften (Mücki-Hefte) gemeinsam lesen
- Texte auf Kassettenrekorder sprechen

Aktivitäten beim Betreuungskind zu Hause:
- Familienbesuche
- Besuch zum Geburtstag
- Hausaufgabenbetreuung
- Leseversuche (gescheitert)
- Krankenbesuche (zu Hause / im Krankenhaus)

Sonstiges:
- Straßenbahn fahren / Rolltreppe fahren
- Einkaufen
- Brief- und Geschenkeaustausch
- Begleitung zum Ohrenarzt
- Besuch in der Betreuungsgruppe (Nachmittagsbetreuung seitens des Jugendamtes) – Teilnahme an Aktivitäten der Betreuungsgruppe
- Besuch eines Elternabends, der von den Eltern nicht wahrgenommen werden konnte

Bei einer Vielzahl dieser Aktivitäten handelte es sich um Ur-Erlebnisse der Kinder, d.h.
- viele Kinder waren noch nie in ihrem Leben in einem Schwimmbad gewesen,
- sie haben noch nie Gelegenheit gehabt, in einem Garten zu ernten,
- sie waren noch nie zuvor in einer Bibliothek,
- sie haben noch nie in ihrem Leben einen persönlich adressierten Brief bekommen

Schematische Darstellung der Betreuungsbeziehung in Phasen

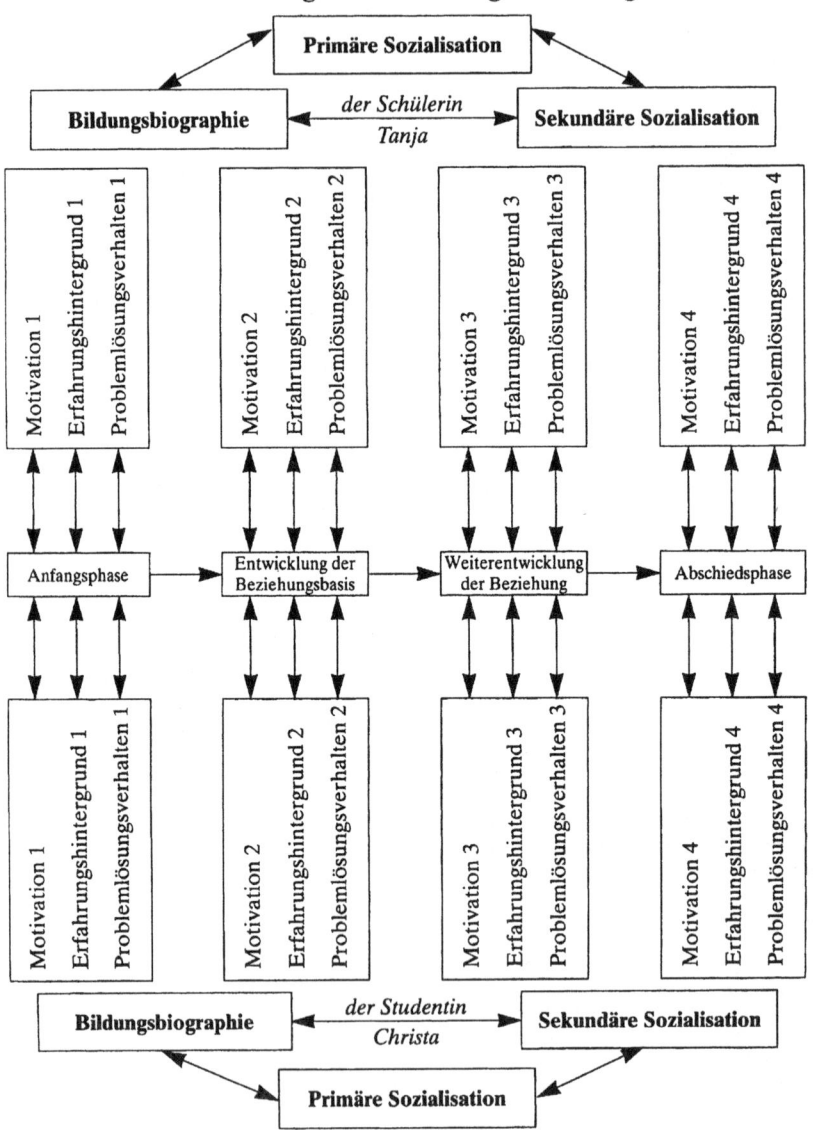

Christina (= Studentin) Tanja (= Schülerin)

Motivation 1
- Freude am Umgang mit Kindern
- Qualifizierung
- Selbstbestätigung
- Dankbarkeit des Kindes
- Freundschaft mit einem Kind

Motivation 1
- Interessante Freizeitangebote
- zusätzliche Spielsituationen (-partnerin)

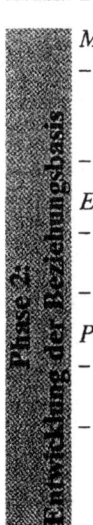

Erfahrungshintergrund 1
- erhöhte Sensibilität gegenüber narzisstischen Kränkungen
- positiver Kontakt zu Kindern
- unentwickelte Fähigkeit zur Selbstkritik

Erfahrungshintergrund 1
- schulische und soziale Versagenserfahrungen
- inkonsequente familiäre Erziehung
- fehlende Bestätigungs- und Vertrauenssituation

Problemlösungsverhalten 1
- Aggressionsverleugnung
- eingeschränkte Fremdwahrnehmung
- geringe Selbstreflexion

Problemlösungsverhalten 1
- Beharrlichkeit
- Verweigerung gegenüber Anforderungssituationen
- keine Kompromissfähigkeit

Motivation 2
- Anpassung von Motivation 1 an Realsituation
- Hoffen auf Entwicklungsmöglichkeiten der Beziehung

Motivation 2
- Bestätigung durch Interesse einer Erwachsenen an ihrer Person
- zusätzliche Freizeitangebote

Erfahrungshintergrund 2
- Entspannung
- Kooperationsbasis mit Tanja
- Erwartungshaltung zu hoch

Erfahrungshintergrund 2
- Entspanntes Einlassen auf die Angebote
- erste Erfolgserlebnisse

Problemlösungsverhalten 2
- Allmähliche Anpassung der Erwartungen und Ziele an Tanjas Voraussetzungen
- Erweiterung der Problemlösekomptenz durch Austausch mit Projektmitgliedern
- Akzeptanzprobleme und Aggressionen werden zugelassen

Problemlösungsverhalten 2
- Verweigerungsverhalten wird aufgegeben
- sonst unverändert

Phase 1: Anfangsphase

Phase 2: Entwicklung der Beziehungsbasis

Motivation 3
- positiver und entspannter
  Kontakt
- Vertrauenszuwachs in Tanja
  und die Beziehung

Erfahrungshintergrund 3
- Erfolgserlebnisse und verbes-
  serte Kommunikation
- Gefühl der Gegenseitigkeit
  der Beziehung
- Sicherheit durch Kontinuität

Problemlösungsverhalten 3
- Empathie für Tanja
- Perspektivenwechsel
- zunehmende Selbstreflexion

Motivation 4
- Freundschaft und Verantwor-
  tung für Tanja
- Wertschätzung der gemein-
  samen Zeit
- Verlustangst

Erfahrungshintergrund 4
- Unbewältigte Abschieds-
  erfahrungen in der eigenen
  Biographie
- Vertrauen und Wertschätzung
  gegenüber Tanja
- Verlustangst
- Schuldgefühle, Tanja im Stich
  zu lassen

Problemlösungsverhalten 4
- Verdrängung
- gegenseitiger Trost in der
  emotionalen Offenheit
- Abschiedsbuch
- Gespräche mit Tanja

Motivation 3
- Erkennen und Wertschätzen der
  freundschaftlichen Beziehung
- Selbstbestätigung

Erfahrungshintergrund 3
- Erleben von äußerer und inne-
  rer Kontinuität
- Erfahrungen mit der eigenen
  Individualität

Problemlösungsverhalten 3
- Perspektivenwechsel (ein-
  geschränkt möglich)
- Interessenhorizont nimmt zu
- Kommunikationsfähigkeit
  nimmt zu

Motivation 4
- Vertrauen in Christina und die
  Beziehung
- Hoffnung auf Weiterbestehen
  des Kontaktes
- Angst vor Kontaktabbruch

Erfahrungshintergrund 4
- Unsicherheit und Angst durch
  frühere Verlusterfahrungen
- emotionale Nähe zu Christina

Problemlösungsverhalten 4
- Äußerung der emotionalen
  Befindlichkeit (Bedauern,
  Wünschen, Aggressionen)
- Akzeptanz und ansatzweise
  Bewältigung der Trennung

Autorinnen und Autoren des Bandes

Günther Bittner, Dr. phil., Diplom Psychologe, Professor für Pädagogik an der Universität Würzburg, Psychoanalytiker

Margit Datler, Dr., Lehrerin an der Oskar Spiel Schule in Wien, einer Schule mit tiefenpsychologischer Ausrichtung. Arbeit in freier Praxis als Psychoanalytikerin

Wilfried Datler, Dr. phil., Ao. Univ.-Professor, Leiter der Arbeitsgruppe Sonder- und Heilpädagogik am Institut für Erziehungswissenschaften der Universität Wien; Analytiker im Österreichischen Verein für Individualpsychologie

Volker Fröhlich, Dr. phil., Diplom Pädagoge, Akademischer Rat am Institut für Pädagogik der Universität Würzburg

Rolf, Göppel, Dr. phil, Diplom Pädagoge, Professor für Allgemeine Pädagogik an der Pädagogischen Hochschule Heidelberg

Ariane Garlichs, Dr. rer. soc., em. Professorin für Erziehungswissenschaften an der Gesamthochschule/Universität Kassel

Annedore Hirblinger, Dr. phil., Dipl. Soz., Promotion in Pädagogik, Psychoanalytikerin in freier Praxis (DGPT), Dozentin der Münchner Arbeitsgemeinschaft für Psychoanalyse (MAP) e.V.

Heiner Hirblinger, Dr. phil., Seminarlehrer für Pädagogik, Lehrer am Gymnasium in den Fächern Deutsch, Geschichte und Sozialkunde, 1. Vorsitzender des „Arbeitskreises für psychoanalytische Pädagogik (ApPS) e.V." in München

Michael Maas, Dr. phil, von 1995 bis 2000 Vorstandsmitglied im Bundesverband der Freien Alternativschulen. Derzeit hauptberuflich tätig als Leiter des Projektes „Lernen wie man lernt" im Deutschen Kinderschutzbund, Ortsverband Essen e.V.

Bernhard Rauh, Diplom-Pädagoge und Sonderschullehrer; Wissenschaftlicher Assistent in der Abteilung Verhaltensgestörtenpädagogik des Instituts für Rehabilitationswissenschaften der Humboldt-Universität zu Berlin

Barbara Rendtorff, Dr. phil. habil., Privatdozentin, Lehrbeauftragte an der Universität Frankfurt/M.

Helmut Wehr, Dr. phil, Akademischer Rat, Abteilungsleiter der Abteilung Allgemeine Pädagogik im Institut für Erziehungswissenschaft an der Pädagogischen Hochschule Heidelberg

März 2003 · ca. 230 Seiten
Broschur
EUR (D) 19,90 · SFr 33,90
ISBN 3-89806-151-5

Der Umgang mit entwicklungs- und verhaltensauffälligen Kindern und Jugendlichen ist Bestandteil des beruflichen Alltags in den unterschiedlichsten psychosozialen Einrichtungen. Die Fachkräfte sehen sich tagtäglich mit einer Fülle sozialer und psychischer Probleme konfrontiert. Für den Umgang mit diesen Problemstellungen benötigen sie ein fundiertes theoretisches und methodisches Wissen.

Seit den Anfängen der Bindungsforschung durch John Bowlby sind mehr als 40 Jahre vergangen. Die neuere Bindungsforschung basiert auf seinen Erkenntnissen und geht davon aus, dass der Wunsch nach Sicherheit und verlässlichen Beziehungen ein entscheidendes Grundbedürfnis des Menschen ist. Für die psychische Entwicklung ist die Qualität der frühen Bindungserfahrungen entscheidend. Belastende Bindungsmuster im Kindes- und Jugendalter erfordern angemessene Antworten durch professionelle Erziehung, soziale Arbeit und Therapie sowie institutionelle Rahmenbedingungen, die haltgebende Funktionen ermöglichen.

P🔲V
Psychosozial-Verlag

Kornelia Steinhardt,
Wilfried Datler,
Johannes Gstach (Hg.)
**Die Bedeutung
des Vaters in der
frühen Kindheit**

erschienen 2002 · 205 Seiten
Broschur
EUR (D) 19,90 · SFr 33,90
ISBN 3-89806-189-2

Dank intensiver Forschung weiß man heute viel darüber, wie Säuglinge und Kleinkinder ihre erste Lebenszeit erleben, wie ihre psychische Entwicklung verläuft und wie sie Beziehungen herstellen. Im Fokus der Aufmerksamkeit stand jedoch in erster Linie die Mutter-Kind-Dyade, aus der der Vater meist ausgeschlossen war. Erst in den letzten Jahren begann man zu untersuchen, welchen Stellenwert die Vater-Kind-Beziehung einnimmt, worin sich die Vater-Kind-Beziehung von der Mutter-Kind-Beziehung unterscheidet und wie sich die Triade von Vater, Mutter und Kind gestaltet. Dabei wird auch auf die Bedeutung des Vaters für die Eltern-Kleinkindtherapie eingegangen.

P🌀V
Psychosozial-Verlag

Publik-Forum:

»Ein Meisterwerk politischer Psychoanalyse«

Besondere Empfehlung für die Sachbuch-Bestenliste der Süddeutschen Zeitung, des NDR und des BuchJournals

erschienen 2002 · 439 Seiten gebunden
EUR (D) 24,90 · SFr 42,30
ISBN 3-89806-044-6

»Die Fallstudien, die Wirth auf Grund genauer Recherchen zur Barschel-Affäre, zu Helmut Kohl (mit zurückhaltendem Einbezug des Freitods von Hannelore Kohl), zur 68er Generation und zu Joschka Fischers stupenden Metamorphosen sowie zu Slobodan Milosevics Paranoia vorlegt, sind sehr ergiebig, besonders eindrucksvoll im Falle Uwe Barschels.«
Ludger Lütkehaus, NZZ

»Harte Bandagen also, die – so Wirth – dennoch nicht zu Politikverdrossenheit verleiten sollten: Erst wenn Bürger und Wähler den ›Einfluss unbewusster psychischer Konflikte auf Entscheidungen höchster Tragweite‹ erkennen würden, könnten ihnen Politik und Politiker wieder ›ein Stückchen näher‹ rücken.«
Der Standard

»Hans-Jürgen Wirth hat die Plattform erreicht, auf der eine allgemeine Psychoanalyse der Politik errichtet werden kann. Der Schritt war unerlässlich.«
Paul Parin

»Wirth erreicht eine Anschaulichkeit, die man in der psychoanalytischen Literatur höchst selten findet.«
Martin Altmeyer in der taz

P🔲V
Psychosozial-Verlag